跨境电商
多平台运营实战基础 第3版

易传识 易传识网络科技 主编
丁晖 赵岑岑 等编著

电子工业出版社
Publishing House of Electronics Industry
北京·BEIJING

内 容 简 介

本书已经出版到第 3 版了，累计印量近 10 万册，已经成为跨境电商行业众多从业者、培训机构和院校学员的参考用书。这得益于本书的主要作者——丁晖老师，他曾在阿里巴巴工作 5 年，拥有 5 年以上跨境电商行业从业经验和 10 年以上电商互联网课题教学研发、培训经验。

这次完全更新的内容占总内容的 40%。作者一直力求做到让本书符合行业最新的一线情况，第 3 版对全书的内容和目录做了重新编排，力求结构分明、兼顾新手和老手的需要，一来让新接触跨境电商的"小白"读者能够快速了解跨境电商的知识全貌，并且按照需要自行阅读，二来也能让已经开始从事跨境电商的卖家在"不知道自己还不知道什么"的情景中，通过符合卖家工作逻辑的目录，快速定位问题的可能板块，通过阅读内容得到启发。

本书从实战操作的角度详细介绍跨境电商 B2C 出口零售（以下简称跨境电商），同时站在中国卖家的角度讲解向全球买家零售商品的各个细节。希望本书能够启发读者的智慧。

未经许可，不得以任何方式复制或抄袭本书之部分或全部内容。

版权所有，侵权必究。

图书在版编目（CIP）数据

跨境电商多平台运营：实战基础 / 易传识网络科技主编；丁晖等编著. —3版. —北京：电子工业出版社，2020.4
ISBN 978-7-121-38644-2

Ⅰ．①跨⋯ Ⅱ．①易⋯ ②丁⋯ Ⅲ．①电子商务－经营管理 Ⅳ．①F713.365.1

中国版本图书馆CIP数据核字（2020）第035565号

责任编辑：张彦红
印　　刷：三河市君旺印务有限公司
装　　订：三河市君旺印务有限公司
出版发行：电子工业出版社
　　　　　北京市海淀区万寿路173信箱　邮编：100036
开　　本：787×1092　1/16　印张：18　字数：366千字
版　　次：2015年7月第1版
　　　　　2020年4月第3版
印　　次：2024年1月第17次印刷
定　　价：79.00元

凡所购买电子工业出版社图书有缺损问题，请向购买书店调换。若书店售缺，请与本社发行部联系，联系及邮购电话：(010) 88254888，88258888。

质量投诉请发邮件至 zlts@phei.com.cn，盗版侵权举报请发邮件至 dbqq@phei.com.cn。
本书咨询联系方式：(010) 51260888-819，faq@phei.com.cn。

前言

本书已经出版到第 3 版了，累计印量近 10 万册，已经成为跨境电商行业众多从业者、培训机构和院校学员的参考用书。

跨境电商 B2C 出口零售至今已有 10 年的历史，在本书第 1 版出版的 2015 年，我们展望了这个行业在此后 5 年的发展，如今回过头看，这些发展大部分都达到甚至超出了当时的推想。

很多读者常常向我们提问：跨境电商行业是不是瞬息万变的？听说每隔 2~3 个月就会更新规则和玩法？现在开始进入会不会太晚？

借此书前言，谈一下我们在今天这个时间点上的看法。

如上所说，在本书第 1 版更新到第 3 版的 5 年时间里，物流变化了，收款方式变化了，平台增加了，也有大体量融资案例了，但反观平台的操作部分，实际上核心逻辑并没有变化：在以二维平面视觉为主要表达方式的 Web 和 App 电商形式里，万变不离其宗的是"有限的屏幕空间"与"海量的商品信息"之间的矛盾，即如何帮助消费者快速地从海量的商品中匹配最符合他购物意愿的那一件，无论是基于搜索的亚马逊、速卖通，还是基于推荐的 Wish，最终都需要在 1~10 个屏幕大小的页面上显示出被筛选出来的候选商品，供消费者进行有限数量的选择，并进入选中商品的详情页面。

上述逻辑是限于技术和硬件的，大部分基于此的电商体系在短期内很难有大的偏离，基于用户习惯培养、效率等因素，我们判断在未来 10 年，这仍旧是主流的电商模式，至少眼下我们没有看到有实力挑战目前电商模式的商用新技术方案。

所以，即便是在跨境电商已经发展了 10 年的今天，我们仍然鼓励读者大胆地从事这个充满潜力的朝阳行业。事实上，在落笔前言的此刻，我们刚刚迎接了跨境电商从一个教学方向升级为一个独立高校专业的历史性时刻，更有新闻报道说新的一年已有 170 多所高校申报此专业，是这一轮新设专业申报数量最多的，这意味着跨境电商已经被社会和高校认可为一个将长期存在且大量缺少人才的上升行业。

  读到这里，我们真心希望翻开此书的你，能坚定信心，至少跟着本书的指引，大胆尝试。

  另外，更新这本书的工作量其实很大，要多方查漏、核对、编排，但是你看，我们不是已经把书更新到第3版了吗？而且，在此刻，我们正着手开始第4版书稿的更新工作。我们一路走来，对跨境电商行业的信心越来越强，我们也希望，能够把这份信心通过这本书传递给你——我们的新读者和跨境电商路上的同路人。

丁晖

目录

第1章 跨境电商概论 ... 1
1.1 跨境电商的定义 ... 2
1.2 中国跨境电商的发展历程 ... 2
1.3 国际电商零售市场 ... 3
1.3.1 北美市场 ... 3
1.3.2 欧洲市场 ... 4
1.3.3 东南亚市场 ... 4
1.3.4 拉丁美洲市场 ... 5
1.3.5 俄罗斯市场 ... 6
1.3.6 中东市场 ... 6
1.4 跨境电商消费税 ... 7
1.5 跨境电商的发展方向 ... 8

第2章 跨境电商平台规则 ... 11
2.1 知识产权规则 ... 12
2.1.1 知识产权的概念和重要性 ... 12
2.1.2 知识产权违规案例 ... 13
2.1.3 回应侵权投诉 ... 13
2.2 平台禁限售规则 ... 14
2.2.1 速卖通禁限售规则 ... 14
2.2.2 亚马逊禁限售规则 ... 14
2.2.3 Lazada禁限售规则 ... 15
2.3 速卖通平台主要规则 ... 15
2.3.1 注册规则 ... 15
2.3.2 交易规则 ... 16

| | | 2.3.3 | 违规与处罚规则 | 22 |
| | | 2.3.4 | 卖家服务等级 | 22 |

第 3 章 选品和市场分析 ... 24

- 3.1 选品的逻辑和原则 ... 25
  - 3.1.1 跨境电商选品原则 ... 25
  - 3.1.2 自我分析 ... 25
  - 3.1.3 经营策略和经营目标 ... 26
- 3.2 跨境选品的调研方法 ... 26
  - 3.2.1 跨境平台买家端 ... 26
  - 3.2.2 国外电商网站 ... 30
  - 3.2.3 社交媒体热点观察 ... 31
- 3.3 速卖通数据纵横选品分析 ... 32
  - 3.3.1 商机发现 ... 32
  - 3.3.2 市场行情 ... 37
- 3.4 第三方数据分析工具 ... 38
  - 3.4.1 Alexa ... 38
  - 3.4.2 Google Trends ... 39
  - 3.4.3 WatchCount ... 42
  - 3.4.4 Terapeak ... 42

第 4 章 市场营销 ... 45

- 4.1 营销策略 ... 46
  - 4.1.1 商品结构 ... 46
  - 4.1.2 商品定价 ... 47
  - 4.1.3 推广计划 ... 48
- 4.2 速卖通店铺自主营销 ... 49
  - 4.2.1 店铺营销工具 ... 49
  - 4.2.2 关联营销 ... 60
  - 4.2.3 橱窗推荐 ... 61
  - 4.2.4 客户关系营销 ... 63
  - 4.2.5 实时营销 ... 65
- 4.3 速卖通平台活动 ... 67
  - 4.3.1 PC 端平台活动 ... 68
  - 4.3.2 App 端平台活动 ... 68
  - 4.3.3 平台大促 ... 68
- 4.4 推广和引流 ... 69
  - 4.4.1 站内自然搜索流量 ... 69
  - 4.4.2 联盟营销 ... 72

目录

    4.4.3 速卖通直通车 74
    4.4.4 社交媒体营销 80

第5章 视觉营销 85

  5.1 视觉设计原则 86
    5.1.1 以销售为导向 86
    5.1.2 跨境电商设计特点 86
    5.1.3 从店铺数据看视觉设计 89
    5.1.4 如何开始设计工作 91
  5.2 设计的内容 93
    5.2.1 主图和辅图 93
    5.2.2 海报 100
    5.2.3 视频营销 104
  5.3 速卖通店铺装修 106
    5.3.1 详情页设计 106
    5.3.2 首页装修 107
    5.3.3 添加热区 111

第6章 跨境物流与增值税 113

  6.1 国际物流分类 114
    6.1.1 标准类物流 114
    6.1.2 商业快递 116
    6.1.3 国家专线物流 117
    6.1.4 速卖通平台专线物流 118
  6.2 运费计算 119
  6.3 运输包装 120
  6.4 速卖通线上发货 120
  6.5 海外仓 121
  6.6 海关和消费税 121
    6.6.1 部分国家海关清关要求 121
    6.6.2 应对海关扣关 122
    6.6.3 欧洲进口税和增值税 123
  6.7 速卖通物流模板设置 127
    6.7.1 认识新手运费模板 127
    6.7.2 新建运费模板 129

第7章 跨境客户服务 138

  7.1 客户服务原则 139
    7.1.1 客服工作目的 139

		7.1.2 客服工作原则	139
7.2	客服工作流程		140
	7.2.1	客服话术库管理流程	140
	7.2.2	催促物流处理流程	141
	7.2.3	发货确认处理流程	141
	7.2.4	售后商品问题处理流程	142
7.3	提升客户满意度		142
	7.3.1	影响买家体验的因素	142
	7.3.2	速卖通纠纷规则	147
7.4	客服回复的经典模板		151

第 8 章 数据分析 155

8.1	数据分析思路		156
	8.1.1	数据分析的目标和定位	156
	8.1.2	数据分析的常用步骤	156
	8.1.3	数据分析常用名词	157
	8.1.4	各平台数据分析要点	158
8.2	行业数据分析		162
	8.2.1	行业情报	162
	8.2.2	选品专家	166
	8.2.3	关键词分析	172
8.3	店铺数据分析		174
	8.3.1	全球消费时间	174
	8.3.2	店铺概况分析	175
	8.3.3	店铺流量来源分析	177
	8.3.4	装修效果分析	180
	8.3.5	自有商品分析	181
8.4	第三方数据工具		187

第 9 章 跨境收款与支付 189

9.1	主流收款工具		190
9.2	买家支付方式		192
9.3	速卖通收款账户设置		194
	9.3.1	收款账户的类型	194
	9.3.2	注册和激活支付宝账户	194
	9.3.3	国际支付宝简介	196
	9.3.4	创建美元收款账户	199
	9.3.5	查询银行的银行国际代码	200
	9.3.6	卖家提现	201

第 10 章 亚马逊平台介绍 204

10.1 亚马逊平台组织结构 205
- 10.1.1 亚马逊自营 205
- 10.1.2 亚马逊全球开店 205
- 10.1.3 亚马逊平台特点 205

10.2 卖家运营要点 206
- 10.2.1 详情页（Listing） 206
- 10.2.2 ASIN 208
- 10.2.3 UPC 208
- 10.2.4 EAN 208
- 10.2.5 GCID 209
- 10.2.6 A+页面 209
- 10.2.7 A9 算法 209
- 10.2.8 商品评论（Review） 210
- 10.2.9 黄金购物车（Buy Box） 210
- 10.2.10 亚马逊销售排名（Best Seller Rank） 211
- 10.2.11 Amazon Business 212

10.3 亚马逊全球物流 FBA 212
- 10.3.1 FBA 的优缺点 213
- 10.3.2 FBA 的费用 213
- 10.3.3 FBA 的操作 213

10.4 运营管理 220
- 10.4.1 刊登商品 220
- 10.4.2 卖家店铺评分 225
- 10.4.3 运营优化策略 226

10.5 优化详情页 226
- 10.5.1 详情页内容 226
- 10.5.2 价格 230

10.6 抢占黄金购物车 231
- 10.6.1 赢得黄金购物车的条件 231
- 10.6.2 影响黄金购物车的变量 231

10.7 营销方式 232
- 10.7.1 亚马逊付费商品推广 232
- 10.7.2 亚马逊平台活动 234
- 10.7.3 秒杀 234
- 10.7.4 抽奖 235
- 10.7.5 亚马逊联盟 236

10.8 北美站 237

	10.8.1 亚马逊北美站优势	237
	10.8.2 北美站注册流程	237
10.9	欧洲站	239
10.10	日本站	239
	10.10.1 Amazon A-to-Z 条款	240
	10.10.2 卖家如何应对 A-to-Z 条款	240

第 11 章 eBay 平台介绍 ... 241

- 11.1 eBay 平台特点 ... 242
  - 11.1.1 eBay 集团 ... 242
  - 11.1.2 独特的销售方式 ... 242
  - 11.1.3 eBay 费用 ... 247
- 11.2 eBay 平台运营 ... 248
  - 11.2.1 开通 eBay 账户 ... 248
  - 11.2.2 设置运营规则 ... 251
  - 11.2.3 刊登商品 ... 251
  - 11.2.4 订单管理 ... 253
  - 11.2.5 售卖专家 ... 254
  - 11.2.6 促销工具 ... 255
  - 11.2.7 PayPal 提现 ... 256
- 11.3 eBay 平台规则 ... 256
  - 11.3.1 卖家表现衡量标准 ... 256
  - 11.3.2 互评机制 ... 257
  - 11.3.3 平台重要违规行为 ... 257
  - 11.3.4 搜索排序系统 ... 258

第 12 章 Wish 平台介绍 ... 259

- 12.1 Wish 平台概况 ... 260
- 12.2 Wish 平台销售特点 ... 261
  - 12.2.1 商品推送原理 ... 261
  - 12.2.2 类目和商品策略 ... 261
  - 12.2.3 平台的流量特点 ... 261
- 12.3 Wish 平台运营 ... 262
  - 12.3.1 创建店铺 ... 262
  - 12.3.2 商品优化要素 ... 263
  - 12.3.3 店铺优化要素 ... 264
  - 12.3.4 物流和售后 ... 265
  - 12.3.5 平台费用 ... 265

目录

第13章 Lazada平台介绍 266
13.1 Lazada平台概况 267
13.2 Lazada平台运营 267
13.2.1 卖家注册 267
13.2.2 商品图片 267
13.2.3 订单管理 268
13.2.4 Lazada物流 272
13.2.5 Lazada收付款 273
13.2.6 Lazada禁限售 274
13.3 促销活动 274

读者服务

微信扫码回复：38644

- 获取博文视点学院20元付费内容抵扣券
- 获取免费增值资源
- 加入读者交流群，与更多读者互动
- 获取精选书单推荐

第 1 章

跨境电商概论

学习目标：

- 正确理解跨境电商的定义
- 熟悉跨境电商的主要模式
- 了解跨境电商的发展历程
- 了解全球主要市场状况
- 了解跨境电商行业的发展趋势

1.1 跨境电商的定义

1. 定义

跨境电子商务（Cross Border E-commerce），简称跨境电商。跨境电商是指分属不同关境的交易主体，通过电子商务平台达成交易、进行支付结算，并通过跨境物流送达商品、完成交易的一种国际商业活动。广义跨境电商分为出口和进口两种贸易类型，出口跨境电商的代表如阿里巴巴速卖通（AliExpress），进口跨境电商的代表如网易考拉。在本书中，我们所讨论的跨境电商仅指出口跨境电商。

2. 主要模式

跨境电商的模式包括：企业对企业（B2B），如阿里巴巴中国供应商平台，该平台主要是企业之间进行生产原材料和生产工具的交易，单笔交易订单金额大、采购数量多；企业对消费者（B2C），如阿里巴巴速卖通平台，该平台上交易的商品多为个人消费品，单笔交易订单金额小、数量少；个人对消费者（C2C），如 eBay 上有些卖家把自己的闲置物品发布在网站上进行交易，这类交易的特点是商品库存少、交易往往是一次性的。

本书所讨论的是 B2C 出口跨境电商模式的多平台运营技巧，会以速卖通平台作为主要的叙述对象，因为速卖通平台是中国最大的出口 B2C 跨境电商平台，对于新手卖家来说相对容易上手操作，并且速卖通平台为卖家提供了丰富多样的运营工具，让卖家有更多自由发挥运营技巧的空间，从学习的角度更有利于读者全面理解和掌握跨境电商的原理与操作。

1.2 中国跨境电商的发展历程

- 1999 年阿里巴巴公司成立，拉开中国跨境电商发展的序幕。最初，阿里巴巴中国供应商只是互联网上的黄页，将中国企业的商品信息向全球客户展示，定位于 B2B 大众贸易。买方通过阿里巴巴平台了解卖方的商品信息，然后双方在线下洽谈、成交，所以当时的大部分交易是在线下完成的。
- 2000 年前后，少量国内卖家开始在 eBay 和 Amazon 等国外平台尝试跨境电商，但并没有形成规模。
- 2004 年敦煌网在北京成立，区别于阿里巴巴中国供应商网上黄页的定位，敦煌网侧重于买卖双方在线完成交易，在敦煌网上发生的交易多数是小额 B2B 贸易。
- 2007 年兰亭集势成立，它是整合国内供应链，以兰亭集势名义向国外销售商品的 B2C 平台。
- 2009 年阿里巴巴速卖通成立，成立之初速卖通是以 B2C 和 C2C 为主要跨境贸易模式的。随着速卖通的发展，很多国内电商卖家和传统外贸卖家逐渐加入到 B2C 跨境电商行业中；几年间，速卖通已迅速赶超其他平台，成为国内卖家最集中的跨境电商平台。

- 2010—2014年，国内跨境电商卖家队伍迅速壮大，不少卖家同时入驻Amazon、eBay等各类电商平台。
- 2013年Wish平台上线，2014年中国卖家开始入驻Wish平台。
- 2015年，国务院设立中国（杭州）跨境电子商务综合试验区；2016年，将天津、上海、重庆、合肥、郑州、广州、成都、大连、宁波、青岛、深圳、苏州共12个城市设为第二批跨境电子商务综合试验区；截至2018年，全国共设立35个跨境电子商务综合试验区。
- 2016年4月起，速卖通取消C2C贸易模式，仅限企业卖家入驻经营；2017年起，速卖通要求所有卖家销售的商品必须有注册商标。
- 2016年阿里巴巴收购东南亚电商平台Lazada，在东南亚与Shopee等平台展开竞争。
- 2017年"天猫出海"项目正式启动，将天猫平台上近20亿国货卖向全球，服务在海外生活的近1亿名华人。
- 截至2018年，商务部等七部委在全国设立14个"市场采购贸易试点"，跨境电商B2C出口合规经营政策逐步明朗。

近年来，跨境电商行业在中国迅速发展，越来越多的企业意识到这个行业的商机及未来良好的发展前景。七年多的时间，中国跨境电商卖家从无到有，逐渐形成规模，团队协作、供应链管理、跨境物流等"卖全球"的基本功在一次次"双11"等大促中被磨练。随着跨境电商相关配套政策日益完善，这些被磨练过的卖家团队将成为未来中国参与国际零售市场竞争的重要力量。

1.3 国际电商零售市场

1.3.1 北美市场

北美电商起步早、成熟度高，除我们熟知的Amazon、AliExpress、eBay、Wish平台外，Walmart、Newegg、Bestbuy、Overstock等本地老牌的零售商品牌也都有电商平台。

北美市场长期以来一直充满活力，拥有旺盛的购买力。北美买家喜欢有创意的商品，不喜欢一成不变的东西。他们注重商品的质量和包装，包装品质应该和商品质量在同样的档次，甚至更高。北美人追求生活体验，喜欢户外运动、园艺、宠物、DIY等；在穿着方面则以舒适休闲为主。

北美零售行业无论是在线上还是在线下，每年的2—5月、7—9月、11—12月都是销售旺季。每年的六大节日（圣诞节、情人节、复活节、母亲节、父亲节、万圣节）都是购物高峰，感恩节之后的"黑色星期五"是传统零售打折促销的狂欢购物节。除此之外，每年还有各类大型活动也会带动周边商品的销售，比如超级碗、NBA、美国足球大联盟、奥斯卡、格莱美等。

在北美，这些活动的社会关注度非常高，大家会聚集在一起，活动期间相关主题服饰、道具和食品的销量会明显提升。

北美社会充满了丰富的文化和潮流，消费者愿意为自己喜欢的文化和潮流买单，做北美市场的卖家要经常关注北美的社会热点和文化潮流，从中发掘商机，打造爆款。

1.3.2 欧洲市场

欧洲电商购买力较强的国家是英国、法国、德国，其次是西班牙、意大利、荷兰等。英国人最喜欢在网上购物，无论是网购人数，还是人均网购消费金额都是欧洲最高的；法国人喜欢网购高品质的时装、箱包、配饰、香水；德国人在网购时对商品品质要求很高，德国买家的退货率也是最高的，想要达到德国买家的要求，无论是商品质量还是外包装，都必须是高标准的。欧洲虽然国家多，但每个国家的人口少，超过四分之一的人会将跨境电商作为购物的首选，Amazon、AliExpress、eBay、Wish 这些跨境电商平台在欧洲有较高的普及度，除此之外，欧洲还有很多本土电商平台，如 Cdiscount、Otto、Fnac 和 Zalando。

Cdiscount 是法国最大的电商平台，在法国，其买家接受度仅次于 Amazon，商品涵盖日用品、食品、电子产品、家用电器、母婴、箱包等，目前已经向中国卖家开放入驻。

Otto 是德国最大的电商平台，在德国，其买家接受度仅次于 Amazon，优势类目是服装服饰和生活用品。该平台的买家覆盖了约 45% 的德国家庭，在 2019 年对中国卖家开放入驻。

Fnac 是法国知名的文化产品和电器产品的线下零售商，2009 年启动线上销售，目前是法国本土第二大电商平台。

Zalando 是欧洲最大的时尚电商平台，是德国第二大本土电商平台。

1.3.3 东南亚市场

东南亚地区的电商将会在接下来的几年中快速发展，其庞大的人口、年轻化的人口结构、不断攀升的移动互联网使用率，为电商行业提供了良好的发展环境。阿里巴巴投资的 Lazada、腾讯投资的 Shopee、新加坡本土平台 Carousell、印度尼西亚本土平台 Tokopedia 等十几个电商平台正以各自的方式迅速开拓东南亚市场。

东南亚地区包括印度尼西亚、菲律宾、越南、泰国、马来西亚、新加坡等 11 个国家。其中，印度尼西亚人口最多，2017 年印度尼西亚买家在线上消费产生的 GMV（网站的成交金额）达 15.66 亿美元，是整个东南亚地区的主要消费力量。电商在印度尼西亚发展的难点是物流派送，岛屿多、居民居住地分散，增加了物流派送的成本。新加坡作为东南亚地区最重要的金融中心和国际贸易中转站，人口虽然不多，但其经济发达，消费能力强，有着极高的互联网和智能手机普及率，是东南亚地区最成熟的电商市场。东南亚地区部分国家的电商数据如表 1-1 所示。

表 1-1 东南亚地区部分国家的电商GMV数据

国家	人口	2017 年电商 GMV	电商占零售总额百分比
新加坡	560 万人	0.54 亿美元	6.7%
印度尼西亚	26400 万人	15.66 亿美元	8.0%
泰国	6900 万人	1.11 亿美元	5.5%

下面简单介绍东南亚地区主要的电商平台。

- Lazada 在 2016 年被阿里巴巴投资,现在已经是东南亚地区电商市场的领军平台。Lazada 是一个在线百货商店和贸易市场,商品范围覆盖全品类,允许包括中国在内的零售商在平台上自主开店销售商品。
- Shopee 在电商行业中是后来者,但在社交媒体和移动电商方面有其独特的优势。
- Qoo10 创立于韩国,销售女性商品和时尚商品是强项,尤其以韩国商品和韩国服饰为特色。Qoo10 在新加坡电商市场占有较大的市场份额,女性消费者占 75%,平均年龄是 27 岁。
- Carousell 是创立于新加坡的本土电商平台,创立初衷是帮助人们轻松地销售二手商品,是东南亚版本的"闲鱼"。Carousell 的口号是"即拍即卖,私讯即买",卖家用手机将商品拍照后直接上传至该平台,买家可以和卖家直接沟通协商,卖和买的过程都很简单、方便。
- Tokopedia 的总部位于印度尼西亚的雅加达,是一个 C2C 的网络销售平台,目前专注于印度尼西亚的市场。

1.3.4 拉丁美洲市场

拉丁美洲主要的电商市场有巴西、墨西哥、阿根廷等。巴西是拉丁美洲最大的国家,也是人口最多、电商购买力最强的国家,曾经是速卖通平台最大的购买国之一。巴西女性喜欢购买性感的服装和夸张的配饰,比基尼泳装在巴西是最热门的商品。

MercadoPago 和 Boleto 是巴西买家最常用的两种付款方式。MercadoPago 是 Mercadolibre 旗下类似于支付宝的在线支付平台。Mercadolibre 是拉美地区最大的电商平台,主要针对中高端消费群体,目前已经覆盖包括巴西、墨西哥、智利等 18 个南美国家。如果你的巴西买家下单后选择 Boleto 付款,你会在 7 天之内收到付款通知。Boleto 的支付流程是,银行给消费者发送一张发票,消费者可以在附近的便利店、ATM 机、邮局或银行进行支付。

在巴西做跨境电商,会遇到物流效率低下的问题。巴西买家在速卖通平台下了订单后,一般要等 1~3 个月才能收到货,原因是包裹在海关清关的速度和出关以后的配送速度都非常慢,而且丢包率很高。巴西是全球最难清关的国家之一,巴西海关规定,寄给当地私人的物品,相同的货品数量不能超过 3 件,否则海关将拒绝清关并将货物退回发货地,所产生的全部费用由发货人承担。相同的商品数量如果超过 3 件，就只能寄给公司，不能寄给个人，而且必须以正式清关的形式进口。

拉丁美洲的另一个国家阿根廷，在 2014 年之前也是速卖通平台上的购买强国，但在 2014 年之后，阿根廷出台了限制国民网购外国商品的条例，规定每人每年从国外购买的商品数量不得超过 5 件，每件商品的金额不超过 999 美元，且相同商品不得超过 3 件。

随着电商的全球发展，拉丁美洲的物流和支付状况将会得到改善，相信很快我们就会看到拉丁美洲市场成为跨境电商的新蓝海。

1.3.5　俄罗斯市场

俄罗斯国内轻工业不发达，跨境电商为俄罗斯人购买生活用品提供了便利的选择，越来越多的俄罗斯人喜欢到国外网站购物，速卖通从上线以来一直是俄罗斯人最喜欢的国外购物网站之一。

俄罗斯本土的电商平台有 Yendex、Mymall、Umka 和 Joom。Yendex 是俄罗斯本土最大的搜索引擎提供商，此外还提供包括电子商务、新闻、地图、邮箱等服务，Yendex 电商业务之所以在俄罗斯占据领先地位，和它的搜索引擎市场份额是分不开的。Mymall 是俄罗斯 Mail.ru 集团旗下子公司 My.com 的跨境电商平台，My.com 还拥有俄语系最大的社交平台 VKontakte（简称 VK），从社交平台带来的订单让 Mymall 在俄罗斯拥有很高的市场份额。Yendex 和 Mymall 都已经向中国卖家开放注册。

俄罗斯人喜欢通过社交渠道购买商品，俄罗斯最大的社交平台是 VK，俄罗斯电商平台 Mymall 有很大比例的订单是从 VK 产生的。速卖通的卖家在向俄罗斯市场做推广时也可以选择在 VK 平台上做营销。

1.3.6　中东市场

沙特阿拉伯和阿拉伯联合酋长国是中东地区电商的主要买家市场。中东海湾国家互联网渗透率超过 90%，智能手机渗透率超过 65%，城市人口以年轻人为主；当地盛产石油，国家富裕，国民消费力高，但是国内可供普通消费者选择的商品种类很少，因此，跨境电商为中东市场的消费者提供了更加多样化的选择，电商行业发展空间巨大。但是，中东地区买家使用在线支付的比例较低，买家对新平台的信任度也低，喜欢选择货到付款的形式（Cash On Delivery, 简称 COD），目前中东的主流电商平台都支持 COD。

中东市场的主要电商平台有 Jollychic、Souq、Noon、Namshi。Jollychic（中文名称：执御）跨境电商平台是一家中国企业创办的，主要针对中东市场销售中国商品，目前在中东市场占有率很高。Jollychic 平台是自营模式，以品类进行区分。中国的供应商想在 Jollychic 平台销售商品,可以在后台上传中文的商品信息,由平台方统一翻译、运营、促销和仓储配送,客户下单后供应商将商品寄送到 Jollychic 的指定仓库,由平台负责国际物流。

全球速卖通在 2018 年开始打造中东市场,首轮针对沙特阿拉伯和阿拉伯联合酋长国进行重点运营,菜鸟物流推出了"中东无忧集运新线路",提高买家收货体验的同时尽量降低卖家的物流成本,卖家如果加入速卖通平台的"中东石油计划",就可以开通 COD 付款方式,并参加速卖通平台组织的针对中东地区的营销活动。

1.4 跨境电商消费税

跨境电商 B2C 和 B2B 在表现上最大的区别是,B2C 通常是少量货物、以小包(邮政小包为主)的形式发货,为了保证时效一般会空运,除非体积较大、重量较重,很少会海运;B2B 则是大批量货物、通过集装箱发货,为了降低成本都是海运。在跨境电商 B2C 兴起之前,各国的进出口税收政策都是针对 B2B 大宗贸易制定的,B2B 贸易货值大,贸易流程各方面工作都在较低频次上开展。在过去的几年时间里,跨境电商 B2C 包裹以个人用品为目的进入目的国,即使涉及贸易也是以寄送样品为主,不是商品贸易的常规形态,因而个人物品的跨境寄送,适用于行邮税,而且个人自用物品采购在各国指定金额或税额以下的享有减免税政策。因此,跨境电商 B2C 发展的前几年几乎较少涉及税收问题。随着跨境小包越来越多,跨境电商对各国海关与关税体系、目的国实体零售商业的冲击越来越明显,跨境电商发展较快的主要国家在针对跨境 B2C 作为贸易形式的认定、海关申报与通关、商检、制定税收政策等方面都已经较为重视。虽然眼前各国的税收政策尚未完全确定,但我们有必要提前了解通关与税收的原则,相信在不久的将来跨境电商 B2C 全面监管与征税就会在主要国家开展。

世界各国的税收政策针对消费行为征税分为两种:VAT(Value Added Tax,增值税)和 GST(Goods and Services Tax,商品和服务税)。VAT 和 GST 背后的原理不同,简单理解就是针对终端消费行为及其上游供应链各环节征收的税。举一个例子,假设某国家征收的 GST 是 10%,一件售价 100 美元的商品,就要征收 10 美元的 GST,消费者为这件商品一共需要支付 110 美元。那么问题来了,支付 GST 的 10 美元由谁付?如何付?对于卖家来说,商品成本、物流成本等都是相对固定且很难降低的成本,而支付 GST 的 10 美元很可能会进一步挤掉利润,因此不愿承担或不愿完全承担,最终通过定价转嫁给买家。

那么买家如何支付消费税呢?目前看可采用的方法有三种:第一种,包裹在海关清关时通知买家支付,然后才能清关,这种方法工作量大,执行起来很困难;第二种,买家在下单时直接支付 110 美元,由卖家向目的国支付 10 美元税,但是卖家遍布世界各地,征税国家管理起来也比较困难;第三种,平台收取 10 美元税额,由平台代为统一缴纳,即由平台代为征税,这种方法对于征税国来说管理简便,但也需要与平台达成共识并完成税务对接。

从 2017 年开始,亚马逊欧洲的站点都要求卖家注册当地国的 VAT 账号,并提交到亚马逊后台，没有及时、正确提交 VAT 的卖家将无法继续销售商品，并且会有其他如资金冻结等损失。继亚马逊欧洲站点之后，预期其他国家和其他平台也会逐渐开始征税，跨境电商 B2C 贸易在税收方面也会逐渐规范。

1.5 跨境电商的发展方向

作为本书的读者，你可能刚刚从事跨境电商不久，心里一定有一个问题：跨境电商 B2C 出口这种模式有发展前景吗？

在职业选择、事业发展上，人们总是顾虑选择背后的沉没成本，导致裹足不前或犹豫不决。笔者很想鼓励正在阅读本书的你，选择跨境电商出口是今天在电商领域所能做出的较好选择。

笔者在 2001 年进入电商相关行业，至今已有 19 年，一路见证电商行业蓬勃发展：早年没有支付平台只能去银行柜台填单转账，没有快递只能通过邮政特快专递或同城见面交易；2003—2005 年电商起步阶段自建网站；2007 年进入阿里巴巴，站在平台立场给成千上万的商家做培训与咨询；2010 年为速卖通做第一轮引入卖家的宣传；2016 年成为全国最大的跨境电商 B2C 出口课题内容提供者；2019 年成功组织举办第一届全国跨境电商创新创业大赛；直到今天看见新经济时代多元化电商模式兴起。

笔者在其中看见几个重要的历史节点，我国卖家从改革开放后大宗出口带动的制造业产业链，逐步走向通过国内电商平台自产自销，甚至出现来自电商平台的线上零售品牌，到今天带动业界称为"新零售"的一轮面向消费体验提升的零售业改革，我们看到这个时代，是中国人从制造"物"到服务"人"的思维改变，也看到兼具买家和卖家双重身份的中国年轻人脱离老一辈对"以物为主"的价值的认知，进而接受和进入"以人为本"的服务价值的更高的零售阶段。

本书所描述的是一种基于互联网平台的跨境贸易新形态的雏形，我们把它称为跨境电商出口 B2C，笔者更喜欢称其为基于互联网的国际零售。这个全新出现的贸易形态，是历史上未曾出现过的，通过互联网和航空货运，商品贸易中的地理距离和心理距离正在大幅缩短。而在国际贸易中，地理距离和心理距离一直都是行业发展的最大瓶颈，也是其中创新利润的最大来源。

从东印度公司开始，近代的商人们一直在通过海运快速缩短国与国、不同生产者和商品到不同消费者之间的距离，使得世界各地的消费者可以享受各国的商品，从而实现生活品质的提升、文化的融合、经济的互通繁荣。

在国际贸易领域，但凡可以做到缩短这个距离的业务形态，就有潜力成为行业发展的下一个方向，而本书所阐述的这种基于互联网的国际零售正是这样的新业务形态。

跨境电商行业仍然存在着很多问题，无论是平台规则，还是书中探讨的策略与方法，很大一部分是在抵御这些问题的过程中产生的，读者在阅读时可以留心思考这些问题。

当一个符合历史潮流的行业正在快速发展时，必定倒逼和推动大量周边产业的快速成熟。谈到地理距离，我们在过去 5 年里，经历了从只有邮政小包发货，到现在小包、专线、海外仓等新的货运方式，而随着国际间航空成本和末端投递成本的进一步下降，我们相信在不远的将来，会看到国际间快递包裹实现 2 日达甚至隔日达，那时我们再来讨论物流，很多由于 2~3 周递送时间导致的问题就会不复存在。

基于互联网的国际间零售，其中一个很重要的背景就是基于互联网。互联网天然的开放、分享、多元文化无距离碰撞交流，使得人与人之间能够更坦诚地对待彼此。

另一个很重要的元素是零售，笔者上面提到我国企业是从制造业逐步走向服务业和零售业等第三产业的，服务业与零售业最重要的思维是"以客户满意为目标"，围绕该目标产生了业务和商业模式，最终以为客户创造省时、省力、愉悦、安心等体验为目标和营收来源。

当人们开始认可他人的服务价值并愿意为其付费时，中国电子商务零售业开始从低价走向个性化、定制化、高品质、品牌忠诚，这一路，中国电商走了十年，从淘宝、天猫的激烈市场竞争中出现了第一批中国最有互联网文化内涵、最懂得如何更好服务客户的新一代商业领袖。

跨境电商对此提出了更高的要求，从业者需要了解在国际化的语境下，如何更好地满足全世界不同文化、不同习惯的消费者挑剔的需求。

在 2019 年，国内跨境电商商家正在普遍"头痛"于利润低、同质化竞争激烈、人才难招、流量碎片化等问题，这与 2007—2012 年以淘宝网为代表的国内电商发展轨迹是完全相同的，2013 年淘宝网提出小而美的发展逻辑，国内电商开始强调以人为本，从而迎合了新一代年轻人各类亚文化的细分市场。

同样，中国卖家的跨境电商也必然经历同样的发展轨迹。以速卖通平台为例，2010—2016 年，这 6 年是平台功能从简陋到完善的时期，如今的重点日益转向如何优化服务品质来支撑平台模式在全球市场的竞争力。

在不断面对平台规则急速变化和来自淘宝时代低价竞争压力的同时，卖家群体正在逐步成长为在全球范围内服务多文化背景消费者的新一代商家。经过笔者多年的观察，中国卖家在这方面是全球零售卖家中最有潜力的。中国大陆跨境电商卖家与平台在 2019 年已从简单粗暴的流量转化，走向流量与老客户复购挖掘、内容引流、社交网络营销与社会化品牌管理等精耕细作，而精细化管理回报给卖家的是较少订单下的更高利润。

那么，在这样的环境下，笔者认为，跨境电商 B2C 出口将向无障碍支付、区域国家间快速投递、航空和陆运持续强化、自动多语言翻译、跨语言实时沟通、信息描述模块化、设计与营销风格国际化、亚文化个性化定制、社交与内容主导引流等方向发展。

短期内，由大型跨国平台主导的跨境电商仍将是主流模式，且在这样求同存异的大平台模式中，在零售领域中国与外国的差异与界限正在消失。

我们这一代跨境电商卖家即将面对的，就是这样一个扩大了 5 倍的中国电商市场，我们每个人在过去十年的电商发展中，无论是作为买家，还是作为卖家，都经历了全球电商中最独特的一个发展阶段，全球制造工厂转型为全民卖货，到全民跨境零售，再到多元消费文化下的个性化定制驱动智能敏捷制造，是这一代中国商人的时代背景和机遇。

所以，正在阅读本书的读者，我鼓励你坚定从事跨境电商的信心，因为你此时此刻正站在一个前所未有的机遇面前，我鼓励你拿出全身心的热情投入到这个充满前景的行业中来，这是一个值得你积极主动学习、耐心点滴积累的事业。希望通过阅读本书的内容，使你完成个人的事业提升，也在国度视角上参与时代变革。

第 2 章

跨境电商平台规则

学习目标：

- 认识知识产权的重要性
- 了解禁限售规则
- 掌握速卖通平台的基本规则
- 理解速卖通卖家等级规则

2.1 知识产权规则

2.1.1 知识产权的概念和重要性

从事跨境电商行业要特别注意知识产权，侵犯知识产权会造成资金损失、店铺评分下降。卖家很难了解全球所有的品牌和设计，为了避免在不知情的情况下触犯知识产权，建议有条件的卖家注册自己的品牌，开发自有商品，上传自己拍摄的商品图片。

知识产权指权利人对其所创作的智力劳动成果所享有的专有权利。未经知识产权所有人的许可，使用其依法享有的知识产权，即为知识产权侵权。知识产权侵权行为包括但不限于三类，如表2-1所示。

表2-1 知识产权侵权行为包括但不限于三类

侵 权 行 为	定 义
商标侵权	未经商标权人许可，在商标权核定的同一种或类似的商品上使用与核准注册的商标相同或相近的商标的行为，以及其他法律规定的损害商标权人合法权益的行为
专利侵权	未经专利权人许可，以生产经营为目的，实施了依法受保护的有效专利的违法行为
著作权侵权	未经著作权人同意，又无法律上的依据，使用他人作品或行使著作权人专有权的行为，以及其他法律规定的损害著作权人合法权益的行为

各大跨境电商平台都严禁卖家未经授权发布、销售涉嫌侵犯第三方知识产权的商品。若发布、销售涉嫌侵犯第三方知识产权的商品，则有可能被知识产权所有人或买家投诉。平台也会随机对商品（包含下架商品）信息进行抽查，若商品涉嫌侵权，则信息会被退回或删除。投诉成立或商品信息侵权属实，平台会对卖家进行处罚。速卖通平台对知识产权违规行为的处罚如表2-2所示。

表2-2 速卖通平台对知识产权违规行为的处罚

侵 权 行 为	定 义	处 罚 规 则
商标侵权	严重违规：未经商标权人许可，在同一种商品上使用与其注册商标相同或相似的商标	三次违规关闭账号
	一般违规：其他未经商标权人许可，使用他人商标的情况	• 首次违规扣0分。 • 其后每次重复违规扣6分。 • 累计达48分关闭账号
专利侵权	严重违规：未经专利权人许可，复制其作品并进行发布或销售，包括图书、电子书、音像制品或软件等	三次违规关闭账号
	一般违规：其他未经专利权人许可，使用他人专利权的情况	• 首次违规扣0分。 • 其后每次重复违规扣6分。 • 累计达48分关闭账号

续表

侵 权 行 为	定　　义	处 罚 规 则
著作权侵权	外观专利、实用新型专利、发明专利的侵权情况（一般违规或严重违规的判定视个案而定）	• 首次违规扣 0 分。 • 其后每次重复违规扣 6 分。 • 累计达 48 分关闭账号。 • 严重违规时，三次违规关闭账号

2.1.2　知识产权违规案例

指尖猴玩具曾有一段时间成为网红商品，很多卖家都发布了类似的玩具，且有不错的销量。指尖猴商品专利属于玩具企业 WowWee，其外观专利如图 2-1 所示，商标权如图 2-2 所示。只要是商品外观和图 2-1 的猴子相似，就侵犯了外观专利。只要在商品包装或商品页标题、介绍、图片等地方出现"WowWee"、"FINGERLINGS"或商标图形，就是商标侵权。

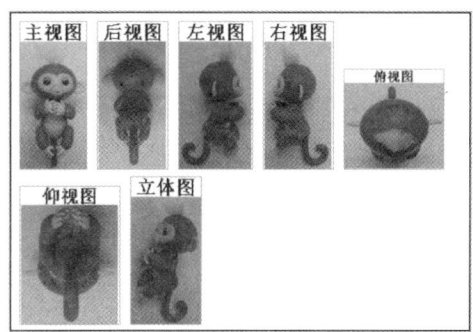

图 2-1　指尖猴商品外观专利

图 2-2　指尖猴商品商标权

关于知识产权的细则，可参考知识产权相关网站。

2.1.3　回应侵权投诉

发生知识产权侵权行为，权利人可能会向电商平台投诉，要求侵权人下架商品，甚至通过法院要求冻结侵权人的资金，也可能会向侵权人发律师函，提出赔偿要求。卖家收到侵权投诉后，如果认为自己的行为确有侵权，应立刻停止侵权，与权利人协商和解；如果不认为自己的行为造成侵权，应积极提供非侵权证明。

2.2 平台禁限售规则

禁售商品指涉嫌违法、违背社会道德或违反销售国规定的商品。限售商品在销售之前需取得商品销售的前置审批、凭证经营或授权经营等许可证明，否则不允许发布。

2.2.1 速卖通禁限售规则

速卖通禁限售商品共有 18 个大类，具体的禁售、限售商品列表参见《全球速卖通禁限售商品目录》。如表 2-3 所示为禁限售积分处罚和店铺处罚表。

表 2-3 禁限售积分处罚和店铺处罚

处罚依据	行为类型	积分处罚	店铺处罚
《禁限售规则》	发布禁限售商品	严重违规：48 分/次（关闭账号） 一般违规：0.5~6 分/次（1 天内累计不超过 12 分）	退回/删除违规信息。 若查到订单中涉及禁限售商品，速卖通会关闭订单。如买家已付款，则无论物流状况如何，均全额退款给买家，卖家承担全部责任

速卖通根据违规积分的等级制定了公平的处罚标准，分数按行为年累计计算。例如，卖家在 2017 年 5 月 30 日被处罚扣 12 分，会被冻结账户 7 天，同时这个处罚记录到 2018 年 5 月 30 日才会被清零。禁限售违规和知识产权一般侵权将累计积分，积分累计到一定分值，将执行账号处罚。

2.2.2 亚马逊禁限售规则

亚马逊针对不同国家站点有不同的禁限售规则，下面以美国站点为例进行讲解。

- 商品不是针对该站点的。例如，针对美国之外的国家生产的商品不能在亚马逊美国站点销售，只能在其他国家的站点销售，包括进口的教科书等。
- 非法商品和潜在的非法商品。
- 攻击性的材料。
- 裸体和色情商品。
- 侵犯个人隐私的商品。
- 广告。
- 商品可用于数字的下载，包括编码、可以用来访问其他网站或平台上的内容。

违反亚马逊禁限售规则的行为，可能会有以下处罚：取消商品列表；限制上架特权；暂停上架特权；免除销售特权。

2.2.3 Lazada 禁限售规则

首先,卖家在 Lazada 平台销售的商品必须是全新、合法的授权商品或自产商品,不可以销售二手商品、法律禁售的商品和食品、食用保健品、未经授权的商品、假冒商品,以及宣传暴力或种族主义、煽动仇恨或触犯当地宗教信仰的商品。

其次,针对东南亚地区不同国家的站点,根据当地国家政策,还有具体的禁限售商品规则。

2.3 速卖通平台主要规则

2.3.1 注册规则

注册速卖通店铺和账号需完成速卖通企业认证或个体工商户认证,进行企业认证后可加入速卖通的"标准销售计划"或"基础销售计划",个体工商户只能加入"基础销售计划"。在注册开店时进行支付宝绑定、电子邮箱验证、手机验证等过程中,不需要向速卖通平台缴纳任何费用,注册流程如图 2-3 所示。店铺注册成功后会有一个系统自动分配的会员 ID,这个 ID 是唯一的,不能修改。一个会员仅能拥有一个可出售商品的速卖通账户(速卖通账户指主账户)。禁止出租、出借、转让会员账户,如果有相关行为,由此产生的一切风险和责任由会员自行承担,速卖通有权关闭该会员账户。

全球速卖通有权终止、收回未通过身份认证且连续一年未登录速卖通或 TradeManager 的账户。用户在速卖通的账户因严重违规被关闭的,不得再重新注册账户;如果被发现重新注册账户,则速卖通将关闭该会员账户。

图 2-3 速卖通平台注册流程

2.3.2 交易规则

1. 搜索排序规则

速卖通的搜索排序以帮助买家找到最符合需求的商品为目标。排序是对商品的信息描述质量、商品与买家搜索需求的相关性、商品的交易转化能力、卖家的服务能力、搜索作弊的情况等因素的综合考量。商品的信息描述质量通常包括类目、标题、属性、详细描述、图片、价格等信息的描述质量。商品与买家搜索需求的相关性包括类目与搜索词的关系、标题与搜索词的关系、属性与搜索词的关系。卖家的服务能力包括好评率、仲裁、服务响应速度、订单执行情况等。

在平台规则反作弊方面,如果商品有信用及销量炒作、类目错放、成交不卖、标题堆砌、重复铺货、超低价或超高价等严重违规行为,则卖家将受到违规商品排名靠后,甚至是全店降权或关闭账户的处罚,如表2-4所示。

表2-4 违规行为类型和处罚措施

违规行为类型	处罚措施
类目错放	1)违规商品给予搜索排名靠后或下架删除的处罚。
属性错选	2)系统核查到的搜索作弊商品将在"产品管理"→"商品诊断"中展示,商品诊断统计中展示的6类违规行为纳入商品信息质量违规计分体系,根据违规商品数系统自动进行每日扣分。
标题堆砌	• 违规商品数为[1,50)个,不扣分。
标题类目不符	• 违规商品数为[50,500)个,扣0.2分/天。
黑五类商品错放	• 违规商品数在500个及以上,扣0.5分/天。
重复铺货	3)在系统自动扣分的基础上,根据卖家搜索作弊行为的严重程度对整体店铺给予搜索排名靠后或屏蔽的处罚;同时,情节特别严重的,平台将依据严重扰乱市场秩序规则进行扣分、冻结或直接关闭的处罚。
广告商品	
描述不符	
计量单位作弊	注:对于更换商品的违规行为,平台将增加清除该违规商品所有销售记录的处罚
商品超低价	
商品超高价	
运费不符	
SKU作弊	
信用及销量炒作	

下面详细说明哪些行为属于严重的搜索违规行为。

- 类目错放

类目错放是指商品实际类目与发布的商品所选择的类目不一致。卖家要避免在商品发布过程中错放类目,需要注意以下几点:

▲ 要对平台的各个行业、各层类目有所了解,知道自己所售的商品从物理属性上讲应该放到哪个类目下,如销售手机壳,应知道手机壳是属于手机类目的;

▲ 可在线上通过商品关键词查看此类商品的展示类目,作为参考;

▲ 根据自己所要发布的商品逐层查看推荐类目层级，也可以使用商品关键词搜索推荐类目，从而在类目推荐列表中选择最准确的类目，在发布时要注意正确填写商品的重要属性。

- 属性错选

属性错选是指用户在发布商品时，类目选择正确，但选择的属性与商品的实际属性不一致。为了避免在商品发布过程中发生属性错选，卖家可参考以下做法：

▲ 对平台各个行业下的所设属性有所了解，知道自己所售商品的物理属性和营销属性都有哪些，如 T 恤有颜色、尺码、材质、袖长、领型等属性；

▲ 可在线上通过商品关键词查看此类商品的展示属性，作为参考；

▲ 为避免错选，可根据自己所要发布的商品选择好类目，逐一考虑发布时待选的属性；还要避免遗漏，例如在商品发布时忘记选择"袖长"属性；同时避免多选，例如商品无明显风格属性，却选择了波西米亚风格。

- 标题堆砌

标题堆砌是指在商品标题描述中多次使用关键词的行为。商品标题是吸引买家进入商品详情页的重要因素，字数不应太多，应尽量准确、完整、简洁。

标题的描述应该是完整、通顺的一句话，例如描述一件婚纱"Ball Gown Sweetheart Chapel Train Satin Lace Wedding Dress"，用 Wedding Dress 作为商品的核心关键词。

- 标题类目不符

标题类目不符是指商品类目或标题中的部分关键词与实际销售商品不符。要避免标题类目不符，可先检查商品的类目是否选择正确，其次检查标题中是否出现了与实际销售商品不符的关键词。

- 黑五类商品错放

商品错放是指订单链接、运费补差价链接、赠品、定金、新品预告五类特殊商品，没有按规定放到指定的特殊发布类目中。这五类商品在平台上的正确发布类目为"special category"，卖家在发布这 5 类商品时，应将其放到"special category"这个特定类目中，这样能够方便买家快速购买所需的商品，从而顺利达成交易，切勿将其放在其他类目中。

- 重复铺货

各个商品要在标题、价格、图片、属性、详细描述等字段上有明显差异。如果仅商品图片不同，而商品标题、属性、价格、详细描述等字段雷同，则视为重复铺货。如果需要对某些商品设置不同的打包方式，则发布数量不得超过 3 个，超出部分的商品视为重复铺货。对于同一个卖家（包括拥有或实际控制的在速卖通网站上的账户），每件商品只允许发布一条在线商品信息，否则视为重复铺货。

在发布商品的过程中切勿将同一个商品发布多次；对于不同的商品，在发布时不要直接使用已有商品的主图或直接复制已有商品的标题和属性；不同的商品，除要在主图上体现差异外，还要填写标题、属性、详细描述等关键信息，以和其他商品区分。

- 广告商品

广告商品是指以宣传店铺或商品为目的，发布带有广告性质（包括但不限于在商品标题、图片、详细描述信息中等留有联系信息或非速卖通的第三方链接等）的信息，吸引买家访问，而信息中商品描述不详或无实际商品，如图2-4所示。

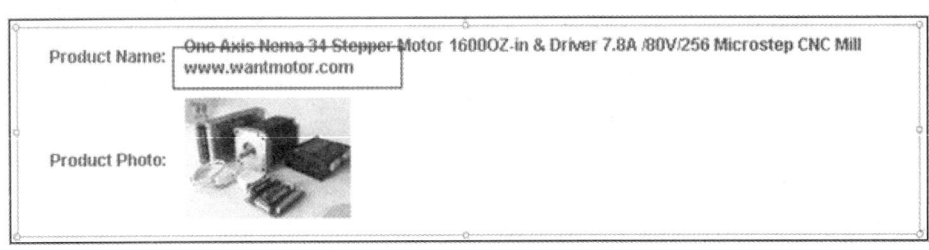

图2-4　广告商品

- 描述不符

描述不符是指标题、图片、属性、详细描述等信息之间明显不符，信息涉嫌欺诈。例如，实际销售商品在属性描述中有误、商品主图与详细描述图片不符、标题最小起订量与设置的最小起订量不符、标题打包方式与实际设置打包方式不符、滥用品牌词描述等都属于描述不符。

- 计量单位作弊

计量单位作弊是指将计量单位设置成与商品常规销售方式明显不符的单位，或者将标题、描述里的包装物也作为销售数量计算，并将商品价格平摊到包装物上，误导买家。例如，卖家在标题中将包装物也作为销售数量计算，让买家误认为单价很低，或者将鞋子以单只的价格进行出售。

- 商品超低价

商品超低价是指卖家以较大偏离正常销售价格的低价发布商品，在以价格排序时，吸引买家注意，骗取曝光。

- 商品超高价

商品超高价是指卖家以较大偏离正常销售价格的高价发布商品，在以价格排序时，吸引买家注意，骗取曝光。

- 运费不符

运费不符是指卖家在标题及运费模板等处设置的运费低于实际收取的运费。例如，一件婚纱的正常销售价格是 159.47 美元，卖家将商品价格设置成 0.01 美元，将运费设置成 159.46 美元；或者在标题中标注了免运费（Free Shipping），而实际商品并不提供针对任何一个国家免运费或只提供部分国家免运费等，都属于运费不符。

- SKU 作弊

SKU（Stock Keeping Unit）即库存进出计量的单位，可以以件、盒、托盘等为单位。SKU 作弊是指卖家通过刻意规避商品 SKU 设置规则，滥用商品属性（如套餐、配件等）设置过低或不真实的价格，使商品排序靠前（如价格排序）；或者在同一个商品的属性选择区放置不同的商品。

SKU 作弊大致分为以下几种情况。

▲ 将不同的商品放在一个链接里出售（如触摸笔和手机壳）。

▲ 将正常商品和不支持出售（或非正常）的商品放在同一个链接里出售。

▲ 将常规商品和商品配件（如手表和表盒）放在一个链接里出售。

▲ 将不同属性的商品捆绑成不同套餐或捆绑其他配件放在一个链接里出售。例如，将 A 款手机和 A 款手机绳捆绑成一个套餐、将 B 款手机和 B 款手机绳捆绑成另一个套餐，放在同一个链接里出售。

▲ 卖家想通过标低价的 SKU 商品来获得虚假的销售量，或者通过虚假 SKU 的超低价格获得价格搜索排名，这样的行为都属于 SKU 作弊，是平台严厉打击的行为。

▲ 更换商品是指修改原有商品的标题、价格、图片、类目、详情等信息后发布其他商品（含更新换代的商品，新商品应选择重新发布），对买家的购买造成误导。如果修改只涉及对原有商品信息的补充、更正，而不涉及商品更换，则不视为"更换商品"的行为。

经系统识别或被他人投诉举报涉嫌更换商品，经人工二次核查属实，平台将清除该商品所有销量记录并进行商品排名靠后处理；若屡次出现销量炒作的情况，则平台有权下架或删除该商品，并且保留对卖家/店铺做出整体处罚的权力。

- 信用及销量炒作

信用及销量炒作是指通过非正常交易手段提高商品的销量及信用，借此获得更多的曝光，造成不正当竞争，同时也对海外买家选购商品产生误导，扰乱市场秩序。平台对此类行为做以下两种处理。

▲ 对于被平台认定为信用及销量炒作的卖家，平台将删除其违规信用积分、商品及销量记录且进行搜索排序靠后的处罚，对信用及销量炒作行为涉及的订单进行退款操作，并根

据店铺违规行为的严重程度，分别给予 6 分/次、12 分/次、24 分/次、48 分/次或直接清退的处罚。

▲ 对于第二次被平台认定为信用及销量炒作的卖家，不论行为的严重程度如何，平台一律做清退处理。

2．订单超时规则

买家下单后，买卖双方需要在规定的时间内完成交易。自买家下单起 20 天内，如果买家没有及时付款，则订单会自动关闭；买家付款后到卖家发货前，买家可以申请取消订单。

买家付款成功后，卖家需要在约定的备货时间内完成发货，如果无法及时发货，可以与买家协商延长发货时间，如果卖家没有在约定的备货时间内完成发货，则订单自动关闭，货款返还给买家。

卖家完成全部发货后，买家需在卖家承诺的运达时间内确认收货，如果买家一直未收到货物，可以由卖家延长买家收货时间；如果买家一直未确认收货且未申请退款，则该订单买家确认收货超时并视为交易完成。

如果卖家承诺的运达时间小于 10 天（自然日），则在卖家发货后，买家就可以申请退款；如果卖家承诺的运达时间大于或等于 10 天，则在卖家发货后的 10 天之后，买家可以申请退款。

3．物流规则

卖家可以自由选择发货采用哪些物流服务，买家可以在卖家提供的物流服务中选择物流方式，买家选择物流方式后，卖家必须按照买家所选择的物流方式进行发货。卖家填写发货通知时，所填写的运单号必须完整、真实、准确，并可查询。

4．评价规则

交易完成后，买卖双方可以互相评价，评价规则包括信用评价（Seller Summary）和店铺评分（Detailed Seller Ratings）。通过大量买家对卖家进行打分和评价，卖家会得到综合得分，这些综合得分和评价细节将对卖家产生多方面的影响，如搜索权重、申请速卖通平台大促活动资格、影响未来潜在买家的购买决策等。

信用评价包括"好评率"和"评论内容"。评论内容包括"文字评论"和"图片评论"。信用评价买卖双方可以进行互评，买卖双方也可以针对自己收到的差评进行回复。买家给予的差评会影响未来潜在买家做出购买决策，如果卖家收到买家的无理差评，可以通过回复功能进行解释，扭转对潜在买家的负面影响。信用评价在买家端的展示情况如图 2-5 所示。

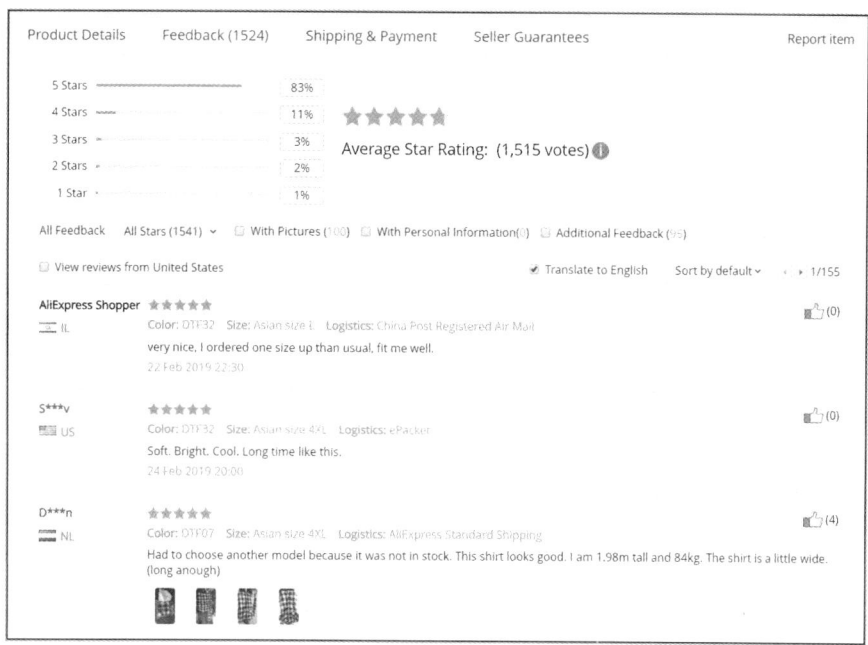

图 2-5　买家端的店铺信用评价

店铺评分是指买家在订单交易结束后以匿名的方式对卖家在交易中提供的商品描述的准确性（Item as Described）、沟通质量及回应速度（Communication）、商品运送时间的合理性（Shipping Speed）三个方面的服务做出评价，是买家对卖家的单向评分，总分为 5 分，如图 2-6 所示。

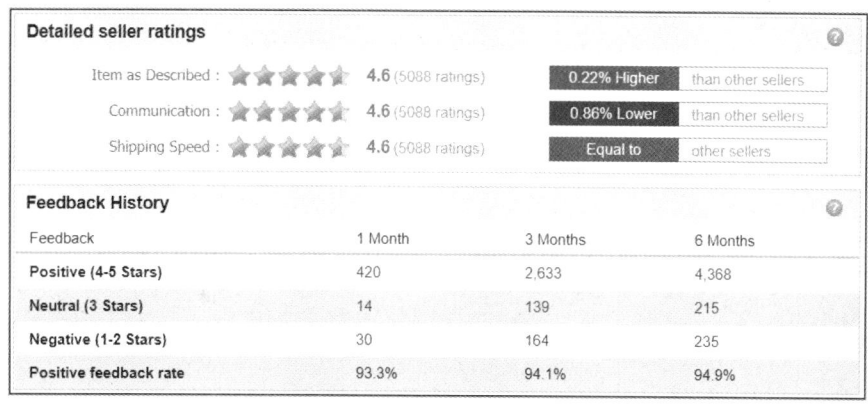

图 2-6　买家端的店铺评分

商家好评率（Positive Feedback Ratings）、商品评分和店铺评分（Feedback Score）的计算原则是：

- 四星和五星加 1 分，三星既不加分也不减分，一星和二星减 1 分；
- 成交金额低于 1 美元的订单不计入好评率和商品评分；

- 补运费/差价、赠品类目、定制化商品等特殊商品的评价不计入好评率和商品评分。

5．放款规则

一般情况下，速卖通平台将在交易完成、买家无理由退货保护期届满后向卖家放款，即买家确认收货或系统自动确认收货加 15 个自然日后向卖家放款。针对经营状况优秀的卖家，平台系统会根据卖家经营情况和信用进行综合评估，可以为部分订单在交易结束前提前放款。

6．佣金规则

卖家在申请开通经营类目时向速卖通平台缴纳的技术服务年费，在达到平台要求的销售额后，平台会返还技术服务费。除此之外，平台会按照订单成交总金额（包含商品金额和运费）向卖家收取一定比例的交易佣金，有些类目佣金比例为 5%，有些类目佣金比例为 8%。

2.3.3 违规与处罚规则

速卖通平台将卖家的违规行为分为 4 大类：知识产权禁限售违规、交易违规及其他、商品信息质量违规、知识产权严重违规。同时，设计了 4 套积分体系，处罚节点如表 2-5 所示。

表 2-5　四套积分体系处罚节点

违规类型	违规节点	处罚
知识产权严重违规	第一次违规	冻结账号
	第二次违规	冻结账号
	第三次违规	关闭账号
知识产权禁限售违规	分数累计达 2 分	严重警告
	分数累计达 6 分	限制商品操作 3 天
	分数累计达 12 分	冻结账号 7 天
	分数累计达 24 分	冻结账号 14 天
	分数累计达 36 分	冻结账号 30 天
	分数累计达 48 分	关闭账号
交易违规及其他	分数累计达 12 分	冻结账号 7 天
	分数累计达 24 分	冻结账号 14 天
	分数累计达 36 分	冻结账号 30 天
	分数累计达 48 分	关闭账号
商品信息质量违规	12 分及 12 分的倍数	冻结账号 7 天

2.3.4 卖家服务等级

卖家服务等级是速卖通平台对卖家的各方面指标进行考核后，将卖家分为优秀卖家、良好卖家、及格卖家和不及格卖家，不同等级的卖家可以获得的平台资源不同。在速卖通卖家后台可以看到"当月服务等级"和"每日服务分"两项评分结果。如图 2-7 所示的卖家由于订单量不足，暂不能参加考核。截至上月月底，过去90天内订单量大于或等于60笔的卖家才能参与考核服务分，才会有相应的每日服务分和每月等级的展示。

图2-7　卖家订单量不足，不参加考核

如图2-8所示是卖家的每日服务分展示，我们可以看到，每日服务分是由7个因素加权得出的综合分数。每日服务分分数越高，对搜索排序越有利，但搜索排序受多个因素影响，每日服务分只是其中的一个因素。

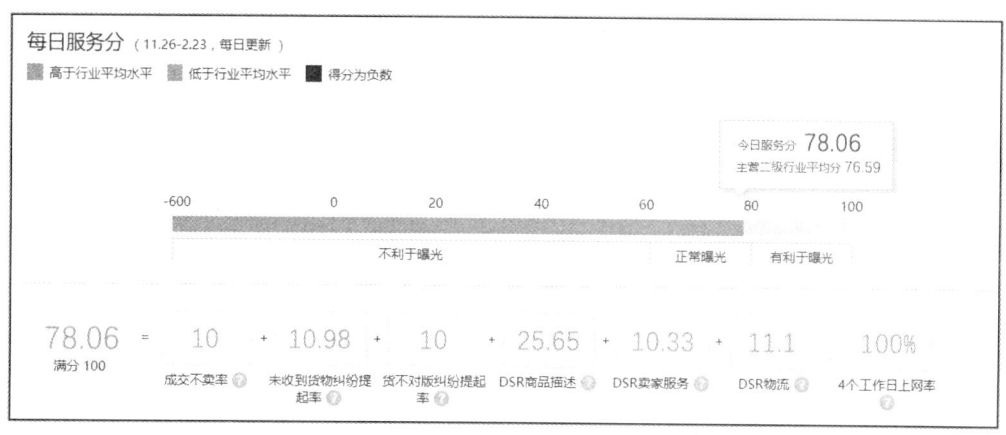

图2-8　卖家的每日服务分展示

当月服务等级不同的卖家会得到平台不同的资源，具体资源分配如表2-6所示。

表2-6　当月服务等级不同的卖家的平台资源分配

	不及格	及格	良好	优秀
定义描述	上月每日服务分均值小于60分	上月每日服务分均值大于或等于60分且小于80分	上月每日服务分均值大于或等于80分且小于90分	上月每日服务分均值大于或等于90分
橱窗推荐数/个	0	0	1	3
平台活动权利	不允许参加	正常参加	正常参加	优先参加
直通车权益	无特权	无特权	开户金额返利15%，充值金额返利5%（需至直通车后台报名）	开户金额返利20%，充值金额返利10%（需至直通车后台报名）
营销邮件数量/封	0	500	1000	2000

第 3 章

选品和市场分析

学习目标：

- 掌握跨境电商的选品原则
- 掌握亚马逊和速卖通平台的选品方法
- 了解部分国家的本土电商网站
- 学会从社交媒体观察流行趋势
- 认识常用的数据分析平台

3.1 选品的逻辑和原则

在开始经营之前，第一个问题就是我要卖什么。在跨境电商领域有一句话：七分产品，三分运营。选对商品并赶在一拨潮流趋势的前头，可能收获颇丰；看到市场爆款后跟风销售，可能订单量不错但是利润稀薄。选品不应依据个人喜好，也不能仅看数据报告，选错商品的后果是库存积压、资金浪费。本章将介绍选品的一些基本方法，这些方法只能供读者作为了解市场的手段，选品不是一个按部就班的工作，而是应该建立在对商品了解和对目标市场需求了解的基础上，做出综合判断。读者在熟练运用这些基本方法后，要结合自己的运营经验总结适合自己的选品方法。

3.1.1 跨境电商选品原则

选择跨境商品时要考虑三个原则：符合平台规则、符合目标市场法律法规、适合跨境物流寄送。跨境运输费用高、时间长、不确定因素多，运输途中可能遇到恶劣天气、海关扣留、物流周转路线长等情况，因此在选择跨境商品时，应尽量选择保质期长、耐挤压、体积小、重量轻的商品。除以上原则外，选品时还可以酌情考虑以下几点。

- 使用简单的商品，不需要太复杂的操作。如果你经营的是大众商品，那么最好选择不需要复杂操作的，否则会增加售后解释的成本，有些买家耐心有限，没有看使用说明就投诉商品有问题，要求退货退款。
- 复购率高的商品。最好是快消品，买家可以反复购买，如果商品因使用性质的原因复购率不高，则必须有足够的利润，且适合口碑传播。
- 供应链稳定。商品卖爆时需要马上补货，如果无法及时补货或因赶工导致商品质量下降，则会给卖家造成很大困扰。
- 市场容量够大。有的类目虽然竞争不激烈，但是买家需求也少，即使在市场中成为绝对的"老大"，也不足以支撑运营成本。大类目虽然竞争激烈，但因为有庞大的市场容量，新手卖家也很容易分得一杯羹。
- 大卖家数量少。如果一个类目已经被几个成熟的大卖家占据了大部分市场份额，那么新手卖家就很难参与竞争。

在市场竞争中要关注商品的生命周期，保持商品的竞争力，可以借鉴六点：人无我有，人有我优，人优我快，人快我新，人新我廉，人廉我转。

3.1.2 自我分析

首先，分析供应商资源。我国很多地区都有大规模的产业带，比如广州女装产业带、义乌小商品市场、苏州婚纱产业带等。产业带的特点是商品丰富，相关的上下游商品都很齐全，价格也有明显的优势。如果身边有可以合作的工厂，与工厂直接合作不仅可以控制价格，还可以实现小批量定制化生产，拿到独特的商品。如果这些供应链资源都没有，我们还可以寻求线上的供应商，比如阿里巴巴1688批发平台也有海量的货源可以选择。

其次，团队优势是研发型，还是铺货型。如果团队成员有研发和生产的背景，就可以利用这项优势做专而精的商品路线，即使是小众类目，只要市场容量够大，也值得深耕。

再次，评估资金情况，合理分配资金。分配资金时要考虑回款周期和补货周期，尽量减少库存，避免资金积压。

3.1.3 经营策略和经营目标

确定自己的经营策略和经营目标，考虑店铺定位、商品策略、市场定位和平台选择。

店铺定位。走进一家线下实体店，你一眼就能看出这家店的定位是什么，是海量商品的杂货铺，还是有独特风格的精品店。在速卖通平台上，有明确定位的店铺更容易给买家留下深刻的印象，提高买家的复购率。

商品策略。有些商品适合低利润走量，比如橡皮筋；有些商品适合做高利润精品，比如真皮包。选择低利润走量的商品就要突出价格优势，选择高利润精品就要突出商品的独特性。

市场定位。全球有近200个国家，每个国家的地理环境、社会环境不同，消费习惯也有很大区别，想要一款商品在全球都热卖可能性很小，所以针对目标市场调整商品特性非常重要。比如，一款男士T恤在亚洲市场最好卖的码是M码和L码，XL码及以上码卖家可能很少备货，但是在北美市场，经常会有买家需要XXL码，甚至XXXL码。

平台选择。每个跨境电商平台的用户群体都有所不同，在速卖通上卖得好的商品不一定在亚马逊上也能卖得好，反之亦然。所以，在选品时应重点考虑平台因素，充分利用平台提供的信息资源做好市场调研。

3.2 跨境选品的调研方法

3.2.1 跨境平台买家端

1. 速卖通平台

平台活动。参加平台活动的商品一般都是热销品类，比如速卖通的Flash Deals。可以在速卖通首页单击Flash Deals查看活动商品，如图3-1所示。

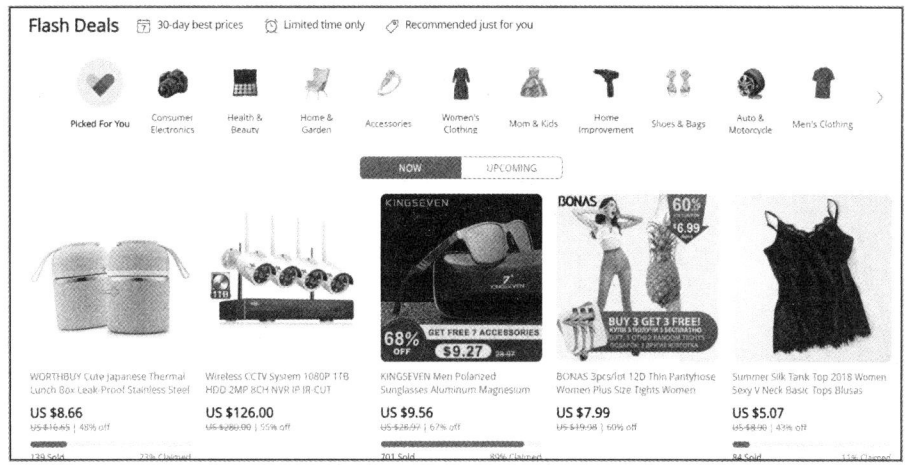

图 3-1　速卖通的 Flash Deals 页面

推荐词和关联词。速卖通的搜索框有推荐词和关联词功能。如图 3-2 所示为搜索框下方的推荐词。如图 3-3 所示为输入关键词后，系统列出的热门词汇。如图 3-4 所示为搜索框下方匹配的关联词。

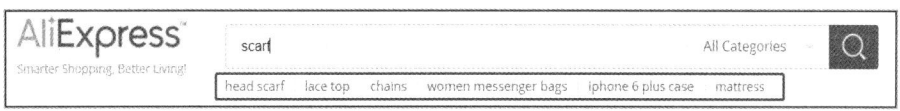

图 3-2　搜索框下方的推荐词

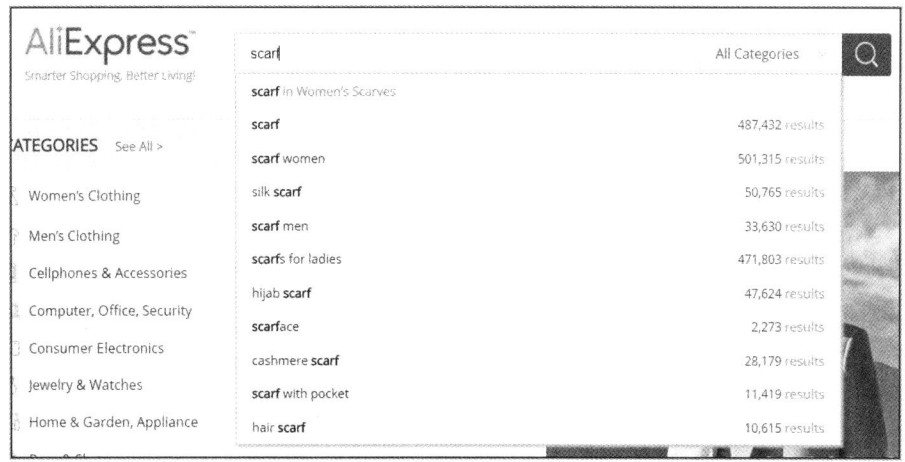

图 3-3　与关键词相关的热门词汇

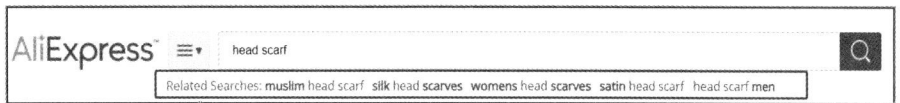

图 3-4　搜索框下方匹配的关联词

同行卖家的商品。 在买家首页搜索想了解的商品，比如 high heels，以订单降序排列，可以查看目前平台上高跟鞋类目下销量好的商品，如图 3-5 所示。

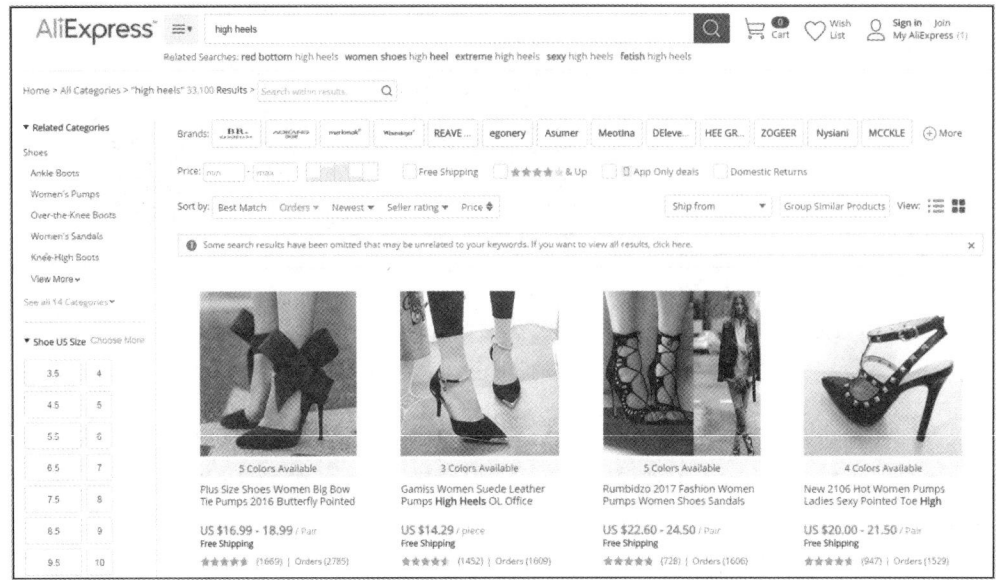

图 3-5　查看同行卖家的商品

2．亚马逊平台

下面这些频道的商品推荐可以作为选品参考，为卖家选品提供灵感。

- Best Sellers 是某个类目下最受欢迎的商品，数据每小时更新一次。在商品展示页，有些商品的左上角会显示橙色的"Best Seller"，如图 3-6 所示。将鼠标指针指向"Best Seller"后，右侧会显示该商品的类目，图 3-6 的类目为"in Women's Mules & Clogs"，单击之后即展示该类目下的热销商品，如图 3-7 所示。
- Hot New Releases 是热门新品榜单，每小时更新一次数据。
- Movers & Shakers 是一天内销量上升最快的商品，通过这个数据可以寻找潜力商品。
- Most Wished For 是愿望清单，是买家想买但是还没买的商品，一旦愿望清单里的商品降价，平台就会主动发通知给买家。
- Gift Ideas 是最受欢迎的礼品，如果你的商品具有礼品属性，就可以关注这个数据，它会每日及时更新。

卖家需要注意，不同国家的市场，热销商品会有所不同。

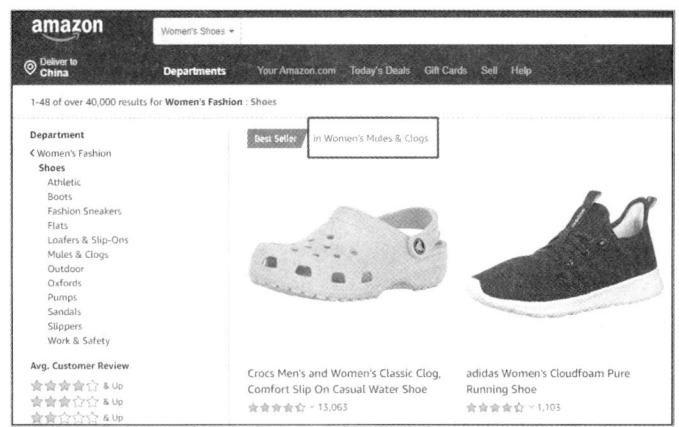

图 3-6　有些商品的左上角会显示橙色的"Best Seller"

图 3-7　Best Sellers in Women's Mules & Clogs 类目下的热销商品

有了初步的选品目标后，需要进一步了解平台上同类或相似商品的销售情况，通过观察"Review"和"Best Sellers Rank"（简称 BSR）两个数据可以判断市场容量和竞争情况。

例如，想要了解玩具汽车的市场容量，可以搜索玩具汽车，把销量最多的几款商品的"Review"数量相加，通过结果预估市场容量。如果"Review"数量总和只有几十或一百多，说明市场容量很小，缺乏开拓空间。

打开销量最多的几款商品的页面，查看它们的 BSR 排名，如图 3-8 所示是一款评论数量有 1700 多条的玩具汽车的 BSR 排名，在最大的类目 Toys & Games 里排名第 117 位，单击"See Top 100 in Toys & Games"可查看该类目下销量最好的商品，了解这些热销商品中同类玩具汽车占了几个。同理，还可以查看 Pre-Kindergarten Toys 类目下的热销商品中同类玩具汽车占几个。如果在同类目的 Amazon Best Sellers 列表中，玩具汽车已经占据多个位置，则说明该玩具汽车的市场竞争很激烈，大卖家已经占据绝对优势，新进卖家参与竞争难度很大。

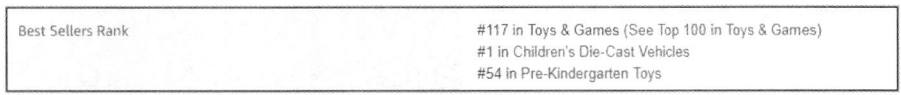

图 3-8　一款玩具汽车的 BSR 排名

3.2.2 国外电商网站

做跨境电商需要经常浏览国外网站，可以在 Google 中输入关键词搜索国外的行业网站，了解海外市场最近的热销商品。例如，可以通过观察欧洲的服装行业网站，了解近期欧洲市场的热销款式，然后在国内的供应商渠道寻找类似款式。由于欧洲的很多商品都是在中国加工的，所以很容易在国内找到相似款。下面介绍不同国家的一些电商网站。

1. 美国电商网站

Walmart（沃尔玛百货），美国最大的线下零售商，是经营连锁折扣店和仓储式商店的跨国零售公司。

Best Buy（百思买），是一家美国跨国消费电子公司，专注于消费类电子产品。

Macy's（梅西百货），是一家美国中档连锁百货公司，以销售消费类商品为主，商品种类丰富。

Sears（西尔斯），是一家美国著名的连锁百货公司，和梅西百货类似。

2. 俄罗斯电商网站

Ulmart 是俄罗斯最大的电商平台，成立于 2008 年，经营 12 万种商品，包括家电、手机、电脑、汽配、服装、母婴用品、家装、图书等品类。

Ozon 是俄罗斯老牌电商平台，于 1998 年上线，主营业务为在线销售图书、电子产品、音乐和电影等。

Wildberries 是时尚类电商平台，成立于 2004 年，是俄罗斯本土的鞋服及饰品在线销售平台。

Citilink 是 3C 家电的电商平台，成立于 2008 年，为客户提供数码下载、电脑、3C 家电等商品。

Lamoda 是时尚服装电商平台。

3. 巴西电商网站

Mercadolivre.com.br 是巴西本土最大的 C2C 平台，利用这个平台可以了解巴西各类商品的物价指数、消费趋势、付款习惯等市场信息。

Americanas 是巴西本土的一家连锁零售商店，1929 年成立于里约热内卢，目前该公司在巴西的 25 个州及首府拥有 860 家实体商店。

4. 西班牙电商网站

Elcorteingles 是西班牙最大的百货集团，同时也有电商平台，在该平台可以看到一些西班牙本土的商品。

5．法国电商网站

Cdiscount 是法国排名靠前的购物网站，拥有 1600 万个买家，平台经营范围涉及文化产品、食品、IT 产品等诸多品类，商品销往南美洲、欧洲、非洲等地。

Fnac 是法国老牌的图书和电子产品零售商，拥有线下数百家实体店。

PriceMinister 是欧洲地区流量较高的电商平台，总部在法国，主营 3C 家电、时装及家居用品。

La Redoute 是法国时尚品牌，1995 年开始从事网络销售，现覆盖 120 多个国家，拥有 70 多个品牌。

3.2.3　社交媒体热点观察

社交媒体通常是信息和流行的发源地，人们的购买行为经常会受到其他人的影响，比如"网红"穿的衣服很快会成为电商平台上的爆款，一线城市流行的款式过一段时间会在二、三线城市流行。跨境电商卖家应对社交媒体保持高度关注，特别是和商品类目相关的话题，要从中发掘可能即将流行的商品。下面介绍一些海外常用的社交媒体。

1．Instagram

Instagram 是明星和时尚达人最喜欢用的图片分享网站，从 Instagram 上产生过很多流行趋势和爆品。Instagram 上的照片大多有独特的风格，"Ins 风"现在已经是电商网站上常用的关键词，用来形容风格类似的商品。

Instagram 创立于 2010 年，以图片和视频分享为主，每月拥有 8 亿个活跃用户，超过 400 亿张的照片在这里被分享。用户以年轻时尚人士为主，大多数是 18~29 岁，32%的用户是在校大学生。

2．Pinterest

Pinterest 是图片瀑布流，适合用户在手机端浏览图片。在 Instagram 上用户喜欢分享生活方式类的图片，而在 Pinterest 上有很多设计师或其他专业人士分享具有创意的图片。Pinterest 创立于 2010 年，每天约有 200 万个用户在 Pinterest 上保存购物 Pins，也适合卖家做创意类商品营销。

3．Facebook

Facebook 于 2004 年创办，每天使用 Facebook 的用户高达 14 亿人，Facebook 用户的年龄大多为 25~34 岁。大部分的品牌商或电商卖家都会使用 Facebook 进行选品或营销。在 Facebook 上搜索你关心的商品名称，就可以看到一些卖家的销售广告；如果你还不知道要卖什么，不如试试搜索"free shipping"之类的关键词，出现的商品或许会给你一些灵感。

4．Snapchat

Snapchat 是一款阅后即焚的照片分享 App，每月有 3 亿多个活跃用户，在每天的活跃用户中，有 7700 万用户来自于美国，60%的用户年龄为 18~34 岁。

5．LinkedIn

LinkedIn 于 2002 年成立，主要为职业人才网站，除个人用户外，还有超过 2000 万个企业用户。LinkedIn 是一个男性用户比例高于女性用户比例的社交平台。

6．Reddit

Reddit 是一个新闻社交论坛，是新鲜事件和热点事件的源头。在 Reddit 中有很多细分板块，每个版块都有一个特定的主题，在一些以产品为主题的板块里，用户会讨论最新的产品，卖家可以在这里找到大量灵感。

7．VK

VK 是目前俄语系国家中最受欢迎的社交网站，俄罗斯的年轻人在这个社交平台上非常活跃，速卖通平台也在 VK 上投入了大量资源为平台做推广。

8．Itao

Itao 网站是速卖通针对俄罗斯市场做的商品分享网站，有很多俄罗斯买家会在上面分享从速卖通上买来的商品。买家可以使用自己在速卖通上的买家账号直接登录 Itao 网站，非常方便。

在以上平台上我们可以关注意见领袖分享的信息，这些意见领袖穿的、玩的东西可能马上会成为爆款；可以关注院线未来一年的上映计划，选出被观众期待的电影，这些电影可能会带动一股文化潮流，卖家可以提前准备周边商品。

当我们在社交媒体上发现潜力商品时，应迅速组织供应链，尽快上架。一方面，这些商品走红的速度很快，中小卖家如果能赶在市场火爆之前开始销售，就可以赚到更多的利润；当市场上大部分卖家跟进的时候，这款商品的利润就会越来越少，中小卖家很难和大卖家同台竞争。另一方面，有些网红商品的生命周期很短，如果组织货源速度慢，可能等你上架时这款商品已经不热销了，所有商品都变成了库存。

最后，在开始销售前，一定要注意该商品是否有侵权的可能，尤其是电影周边商品很容易产生侵权行为。

3.3 速卖通数据纵横选品分析

3.3.1 商机发现

为了帮助卖家了解行业动态，速卖通在后台的"数据纵横"数据分析工具中提供了"商机发现”功能，卖家可以将“商机发现”中的数据信息作为选品参考，这里的数据信息同样适合做营销计划，关于营销的部分将在后面的章节中详细说明。

“数据纵横”数据分析工具的“商机发现”功能中有三项数据信息：行业情报、搜索词分析、选品专家，如图 3-9 所示。

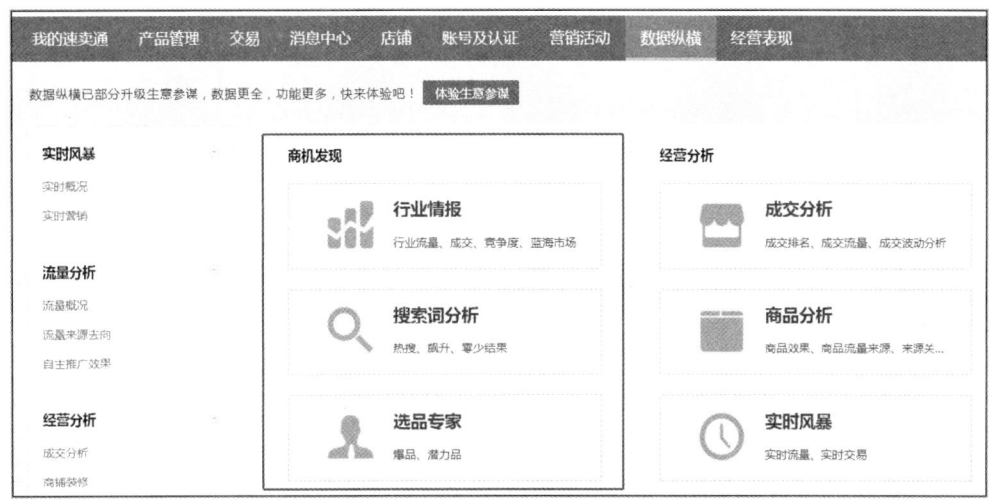

图 3-9　“商机发现”功能中的三项数据信息

1. 行业情报

如图 3-10 所示，笔者选取男装下属类目“卫衣帽衫”子类目进行举例说明，表格中的“流量分析”和“成交转化分析”数据是指“卫衣帽衫”子类目占上一级父类目总量的比例。访客数占比越高的子类目机会越大，支付金额占比越高的子类目机会也越大。“市场规模分析”中的“供需指数”数据越大，代表卖家与买家的比例越大，即竞争越激烈。

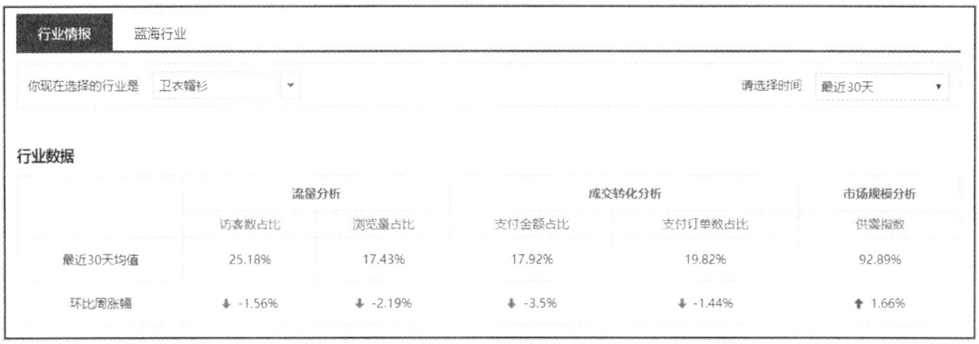

	流量分析		成交转化分析		市场规模分析
	访客数占比	浏览量占比	支付金额占比	支付订单数占比	供需指数
最近30天均值	25.18%	17.43%	17.92%	19.82%	92.89%
环比周涨幅	↓ -1.56%	↓ -2.19%	↓ -3.5%	↓ -1.44%	↑ 1.66%

图 3-10　“行业情报”数据信息

在如图 3-11 所示的行业趋势图上，可以看到在所选定的时间段里流量和支付的情况，通过趋势可以判断接下来这个类目可能的走势。

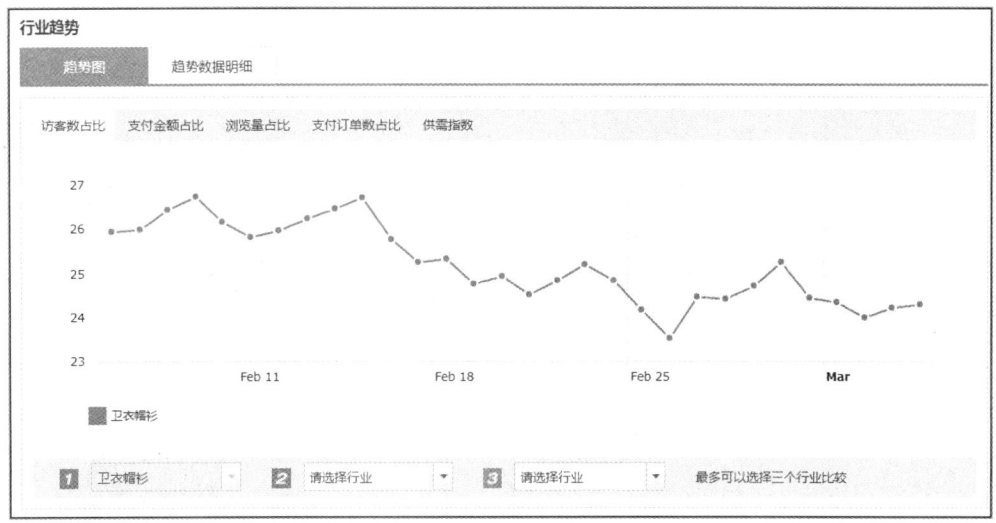

图 3-11 行业趋势图

在如图 3-12 所示的行业国家分布图中，可以看到"卫衣帽衫"子类目在各国访客数和支付金额方面所占的比例。可以看到，美国（US）买家对卫衣帽衫的需求量明显高于其他国家买家对卫衣帽衫的需求量，美国买家购买的卫衣帽衫占平台该子类目总量的28.95%，而第二名俄罗斯（RU）买家仅占8.08%。由此可知，美国买家对卫衣帽衫非常青睐。在第1章中笔者提到美国人喜欢穿舒适的服装，卫衣帽衫的款式正好符合这个需求。我们可以结合美国人喜欢的主题，如嘻哈、摇滚、"超级碗"等开发相关主题的卫衣帽衫商品。

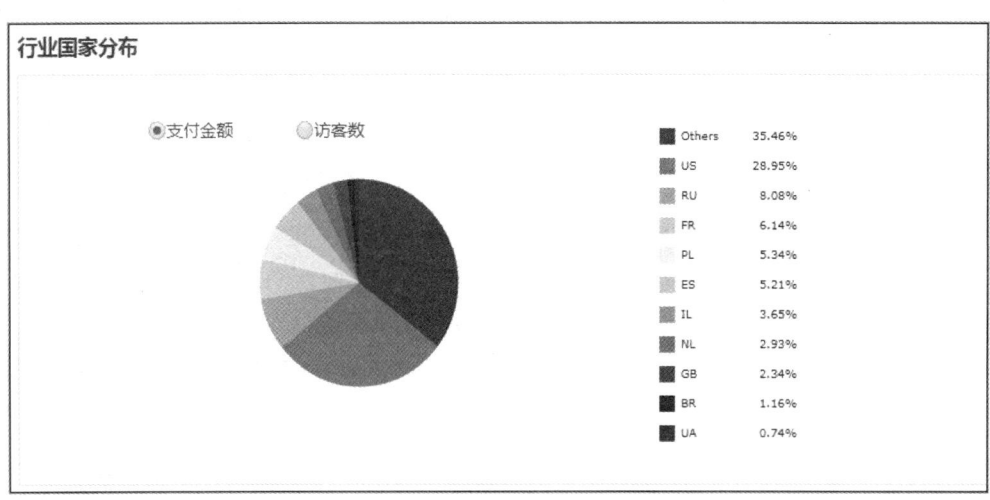

图 3-12 行业国家分布图

2．选品专家

选品专家页面会显示大小和颜色不同的圆圈，每个圆圈里有一个商品特性的关键词。圆圈大小代表该子类目销量的多少，圆圈越大销量越多；颜色代表该子类目的竞争状况，越偏红竞争越激烈，越偏蓝竞争越不太激烈。如图 3-13 所示，在女装这个类目中，dress（连衣裙）的成交量是最多的，其次是 blouse（短上衣）和 T-shirt（T 恤），这三个子类目的竞争也是最激烈的。

选品专家数据信息是我们选品和判断市场的参考，最终选择什么商品还应根据自身情况综合确定。市场容量大的类目卖家数量也多，在供应链和营销预算方面有实力的卖家可以尝试参与竞争；小卖家要尽量避免与大卖家正面竞争，比如 Jumpsuit（连体裤）子类目的销量还不错，竞争也不算太激烈，适合新手卖家尝试。

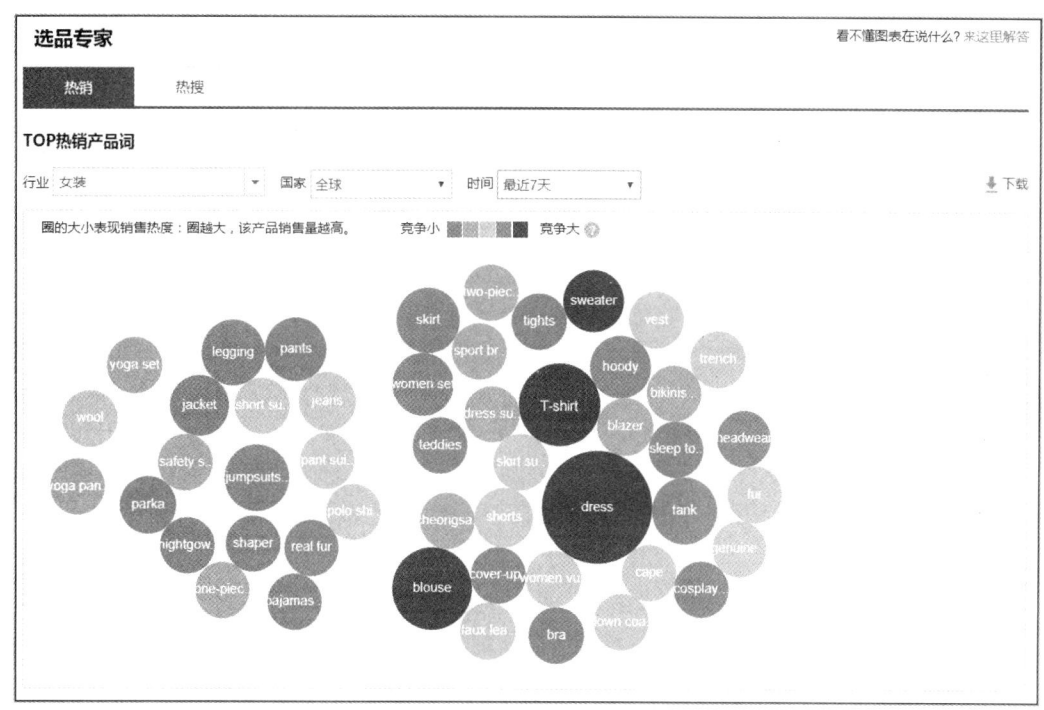

图 3-13　女装选品卖家页面

单击"Jumpsuit"圆圈，可以看到有几个关联的圆圈，这些关联的圆圈代表买家在浏览、点击、购买连体裤的同时也关注了这些子类目，如图 3-14 所示。这种关联关系为我们选品提供了更多的灵感，当我们选择用连体裤作为主推款的时候，可以关联这些款式。比如，在主推一款连体裤服装时，可以搭配销售若干款式的 T 恤，买家可能会一同购买，提高客单价。

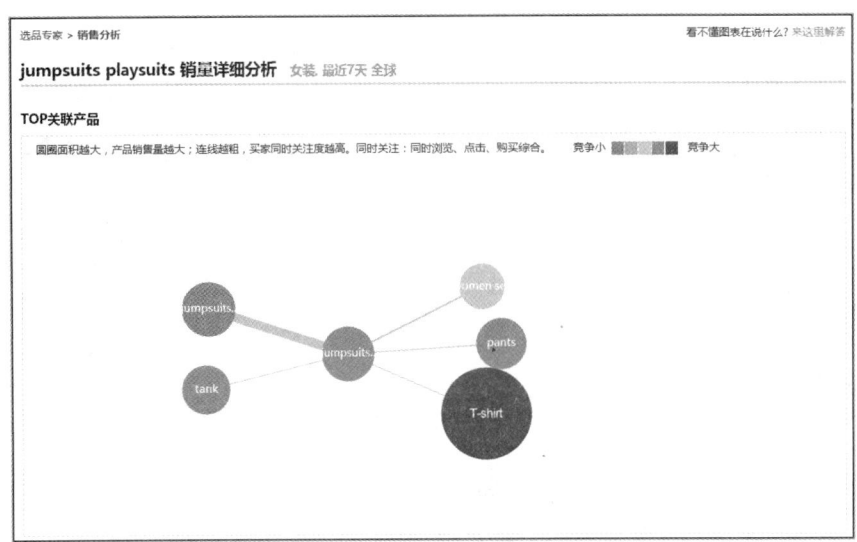

图 3-14　关联子类目

3. 搜索词分析

如图 3-15 所示,"热搜词"是买家最近 7 天在男装类目搜索的关键词的排行榜;"飙升词"是搜索数量快速增加的关键词;"零少词"是被极少数人搜索过的关键词。通过搜索词分析可以了解最近哪些商品的热度开始上升,还可以看到搜索该关键词的 Top3 国家是哪些,结合季节的变化、节日的来临、社会的热点等因素,我们可以对未来可能热销的商品进行预判。

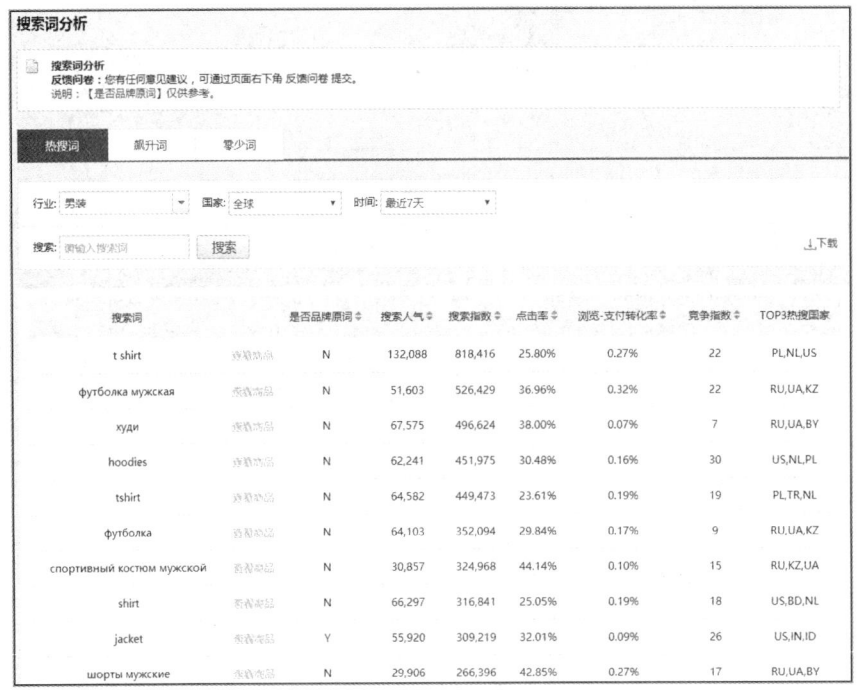

图 3-15　搜索词分析页面

3.3.2 市场行情

在"国家市场"板块我们可以了解商品在不同国家的销售情况。如图3-16所示为女装类目近30天在各个国家的销售情况，我们可以选择"高GMV 高增速"（GMV为成交总额）的国家作为目标市场，针对这些国家开发商品。美国和俄罗斯这两个国家的买家的支付金额占比最高且远高于其他国家的买家的支付金额占比，并且这两个国家国土面积大、人口众多，又是速卖通平台主要开拓的市场，所以要做女装类目，美国和俄罗斯一定是重点经营的国家，要针对这两个国家的气候、文化、消费习惯开发商品。以色列买家的支付金额占比也比较高，以色列国土面积不大，人口总数也不多，为什么占比排第三呢？因为以色列买家在中东地区擅长做贸易，有的是在速卖通小额批发商品，有的是将速卖通平台作为一件代发的供应商，拿到顾客订单后再从速卖通下单。所以，我们可以针对以色列买家开发一些适合当地人的服装款式，并且对买家进行一定让利，维护长期合作关系。

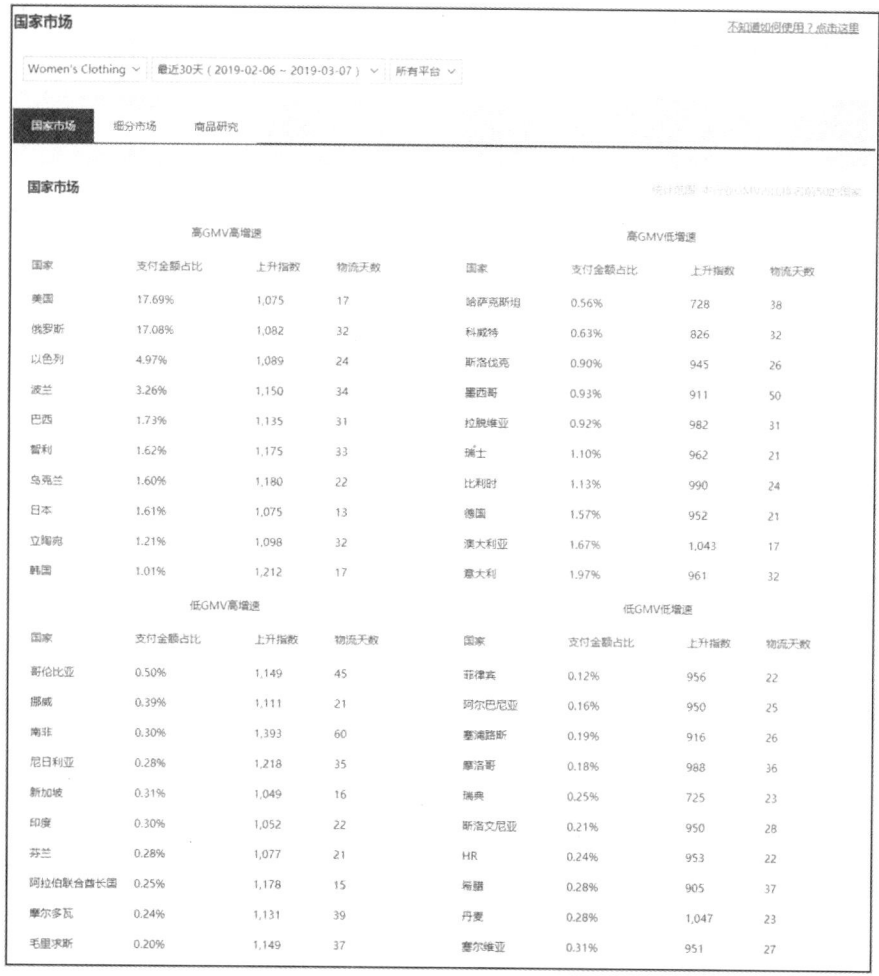

图3-16 女装类目的"国家市场"板块

3.4 第三方数据分析工具

市场上有很多可以提供数据的工具（平台），这些数据可以为我们进行市场调研与选品做参考，下面介绍几个第三方数据分析工具（平台）。

3.4.1 Alexa

在 Alexa 网站上可以查看全球网站的访问量数据，以及网站的综合排名和分类排名。以速卖通为例，如图 3-17 所示，我们可以看到 2018 年 4 月—2019 年 2 月速卖通平台的流量走势，目前在全球网站中排名第 35 位，速卖通最好的排名在俄罗斯，为第 9 位。图 3-17 左侧的曲线图表明速卖通平台从 2018 年 4 月开始一直处于上升趋势，随着速卖通平台市场排名的提升，卖家的发展机会也更多。

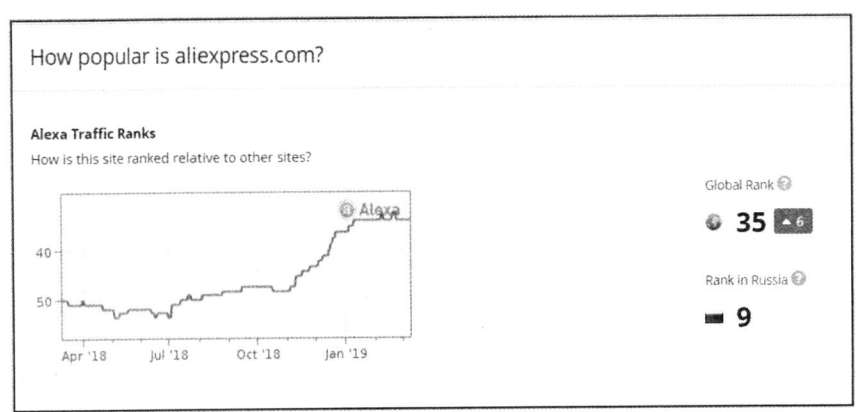

图 3-17　在 Alexa 上查看速卖通排名

如图 3-18 所示显示了速卖通访问量较大的一些国家：俄罗斯、西班牙、美国、巴西。国内卖家在速卖通上销售商品，这些国家应作为重点开发市场。

Country	Percent of Visitors	Rank in Country
Russia	18.4%	9
Spain	5.6%	14
China	5.5%	83
United States	5.1%	137
Brazil	3.8%	25

图 3-18　速卖通上访问量较大的国家

如图 3-19 所示显示了用户从哪些网站来到速卖通平台,从这里我们可以了解速卖通的流量来源,通过进一步研究上游网站的用户特点,可以更清晰地了解速卖通用户的特点,甚至可以考虑在这些上游网站做营销,为店铺引流。

Upstream Sites
Which sites did people visit immediately before this site?

Site	Percent of Unique Visits
1. yandex.ru	11.6%
2. google.com	7.7%
3. vk.com	7.6%
4. youtube.com	7.2%
5. mail.ru	3.6%

图 3-19　查看用户从哪些网站来到速卖通平台

如图 3-20 所示列举了与速卖通平台有关联的网站,其中 alibaba.com 和 mail.ru 都是电商网站,这些电商网站的商品应该和速卖通平台有一定的相关性,因此这些网站也是帮助我们选品的不错参考。

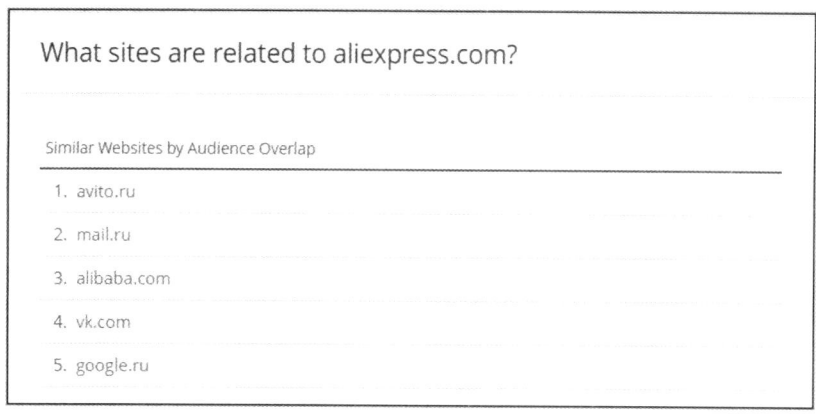

图 3-20　与速卖通平台有关联的网站

上面列举了 Alexa 的基本功能,如果你的商品定位是有模仿对象的,那么不妨在 Alexa 上分析模仿对象的官网,了解模仿对象的用户群体特点也就是了解自己的目标买家的特点。比如,你的商品定位是年轻人休闲时装,那么可以分析 A&F 和 Forever 21 之类的品牌官网,了解它们的用户群体特点。

3.4.2　Google Trends

Google Trends(谷歌趋势)通过分析谷歌用户的互联网使用行为,展现全球不同地区用户的搜索趋势。谷歌趋势为我们选品、市场调研和做营销计划提供了很好的参考。在这里可以了解行业趋势和商品趋势，还可以了解用户搜索的关键词信息。在谷歌趋势里可以看到每个关键词的搜索趋势，根据趋势升高或降低来判断商品最近的销售情况。

下面以关键词 wedding dress 为例讲解谷歌趋势的使用方法。如图 3-21 所示，搜索关键词"wedding dress"，可以看到过去一段时间内该关键词在全球被搜索的趋势变化。图中曲线显示，在过去 5 年内 wedding dress 的搜索量没有明显的变化，但是随着季节变化有明显的起伏规律。可以确定全球市场对婚纱的需求是稳定的，而且会集中在天气温暖的几个月。

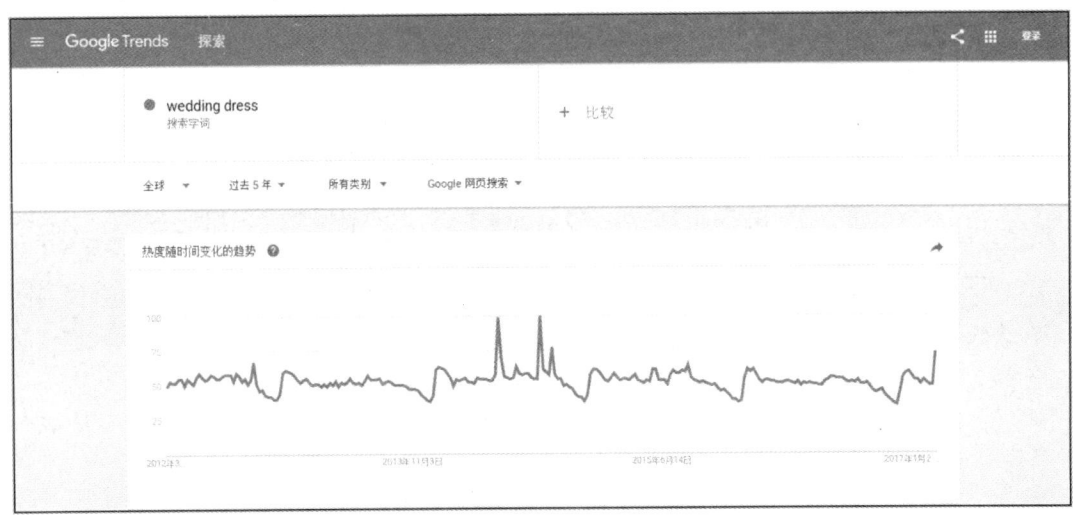

图 3-21　关键词"wedding dress"在全球被搜索的趋势变化

如图 3-22 所示显示了不同国家的买家搜索"wedding dress"的热度，可以看到搜索量最高的几个地区，接下来要结合国家情况进行具体分析。

图 3-22　不同国家的买家搜索"wedding dress"的热度

接下来我们使用"Google 购物"功能来查看婚纱的网购趋势。

如图 3-23 所示，选择"Google 购物"数据趋势，在 2015—2017 年关键词"wedding dress"有明显的搜索上升趋势，结合这段时间全球跨境电商交易量的迅速增加，以及智能手机的普及率逐年快速上涨，可以大致判断通过智能手机采购婚纱的买家数量会持续增长。

图 3-23　选择"Google 购物"数据趋势

其中，英国、美国、澳大利亚的买家搜索量最高，假设我们把主要目标市场锁定为美国，接下来可以具体观察美国市场的数据情况。

如图 3-24 所示，选择"美国"后，就会显示美国各个州的具体搜索数据。

图 3-24　显示美国各个州的具体搜索数据

与婚纱类目相近的还有晚礼服类目，在判断选婚纱还是选晚礼服作为主要销售款的时候，可以通过对比关键词来了解哪种商品的市场需求量更大，如图 3-25 所示。

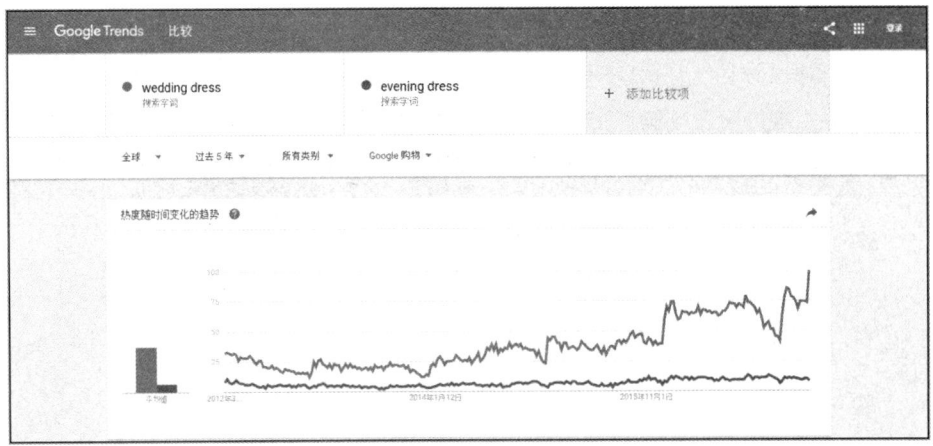

图 3-25　对比关键词来了解市场需求量

3.4.3　WatchCount

WatchCount 是基于 eBay 平台的选品工具，可以查看在 eBay 平台上受欢迎的商品，也可以作为其他相近平台的选款参考。WatchCount 搜索结果如图 3-26 所示。

图 3-26　WatchCount 搜索结果

3.4.4　Terapeak

使用 Terapead 可以查找 eBay 平台上的商品销售数据。

首先，了解热销商品的类目。如图 3-27 所示，单击"Research"→"Hot Research"（热门调研）选项，列表中会出现热搜关键词及关键词所在的类目和销售数据。从这些数据可以了解哪些是热销商品、哪些是热销的类目。

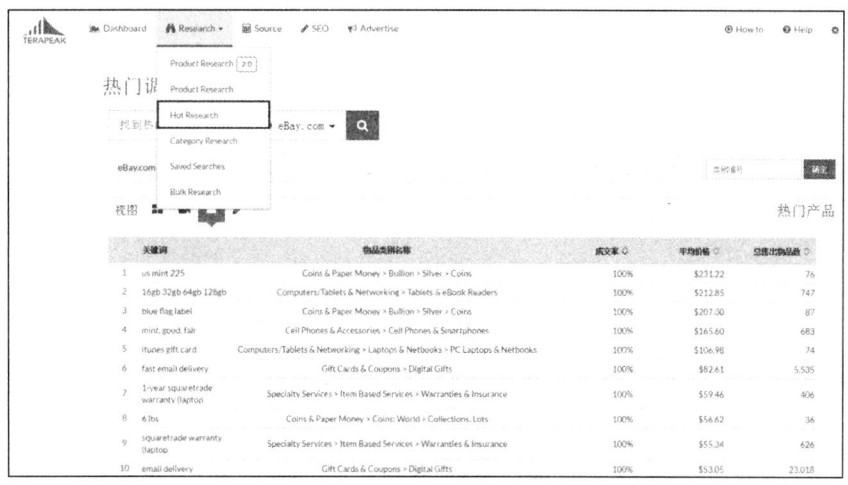

图 3-27　热销商品的类目

接下来，进一步了解所经营商品的类目情况。如图 3-28 所示，搜索关键词"dress"，列表中会出现涵盖关键词"dress"的搜索情况及销售数据，可以看到不同的商品类别在成交率、均价、销售数量上的数据明细。eBay 针对不同国家有多个站点，可以分站点查看不同地区的搜索情况。

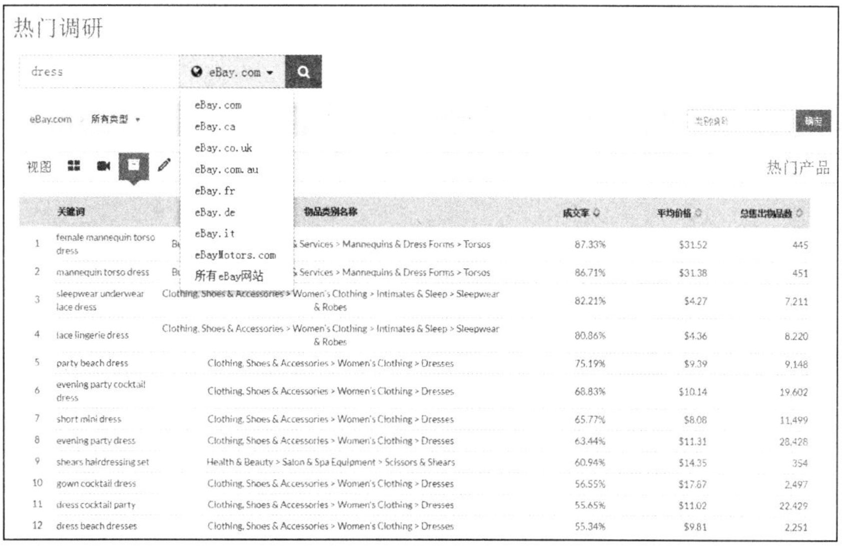

图 3-28　搜索关键词"dress"

然后，进行具体的商品调研。单击"Research"→"Product Research"选项，输入要查询的关键词"wedding dress"，同时选择要查询的时间段，如图 3-29 所示选择了过去 30 天的信息查询。

图 3-29 选择要查询的时间段

根据上面的查询条件显示的搜索结果如图 3-30 所示，这里展示了涵盖关键词"wedding dress"的商品在过去 30 天的详细销售数据。

图 3-30 搜索结果

第 4 章

市场营销

学习目标：

- 掌握营销策划的思路
- 熟悉速卖通平台提供的营销工具
- 掌握速卖通直通车的使用方法
- 了解速卖通平台的大促活动
- 在社交媒体上与"网红"合作

4.1 营销策略

每个电商平台都会组织特有的大型促销活动,比如 AliExpress Global Double 11、Amazon Prime Day。除此之外,电商平台还会配合当地节日开展不同规模的促销活动。活动期间平台流量和销售额都会有显著增长,卖家应积极参与平台活动,以提升销量。

促销是把双刃剑,有人因销量翻好几倍而大赚,也有人因成本计算不当而利润亏损。应该如何打折、如何在打折之后保持利润,有智慧的卖家应该为促销活动提前做规划,有策略地打折、引流和销售。

4.1.1 商品结构

国际上有一种职业叫作买手(Buyer),一名优秀的买手应该具备数据分析能力、商品策划能力、供应链管理能力和一定的市场营销理念。在跨境电商行业负责选品的人就是在做买手的工作,不仅要判断市场行情,还要做好商品结构的规划。通常,一家店铺会按照商品职能将商品分为三类:引流款(爆款)、利润款、形象款。

引流款(爆款)的职能是尽可能抢占搜索排序靠前的位置,增加曝光机会,为店铺引流,并带动店铺其他商品的销售。引流款商品有每日稳定销量后,即可称为爆款。引流款商品通常是性价比高的商品,且适合大部分消费者使用。例如,如果是女装店铺,则引流款通常是适合大部分女性穿着的经典款式,且提供多个颜色选择,定价较行业中相似款式的定价偏低;如果是电器店铺,则引流款通常是只具备基本功能的商品,且价格便宜。

利润款的职能是为店铺获取更高的利润,所以定价会高于引流款的定价。例如,电器类目的利润款会在引流款功能的基础上增加额外的进阶功能,如液晶显示屏、自动感应,如果买家喜欢这些功能,就会多花一部分钱购买,而多出的这部分钱就是卖家更高的利润。

形象款的职能是一个店铺的品牌定位,是一个品牌功能最全、价格最高的款式。例如,一个时尚类奢侈品牌通常会有高级定制、高级成衣/箱包、彩妆和护肤产品,其中高级定制就是形象款,高级成衣/箱包是利润款,彩妆和护肤品是走量的引流款。

速卖通卖家通常会把引流款(爆款)的比例定在 30%~50%,卖家可能希望爆款越多越好,但是打造爆款需要成本,且需要找准市场机会,所以不能做到将所有商品都卖成爆款,这时就需要补充其他商品种类来完善店铺的商品结构。商品种类之间有关联才适合做搭配销售,买家若能在一家店里买齐所需商品,自然会提升客单价。同时,商品种类太多会增加库存管理的难度,卖家应根据自身情况不断优化库存管理。

4.1.2 商品定价

计算定价前应充分了解商品的所有成本，**成本=商品成本+国际运费+佣金+其他**，公式中的每项因素都有变动性。

商品成本指商品本身的成本，除采购费用外，还包括商品包装成本、从供应商处运输至卖家仓库所需的运费、可能存在的破损概率和物流小包丢失的风险等。

国际运费指包裹寄到买家手上的国际运费，如果是海外仓，则还需要计算商品运输至海外仓的头程运费和清关费，以及存放在海外仓的仓储费和打包服务费。对于包邮的商品，这些费用都应算入成本。

佣金包括平台销售佣金、提现手续费、联盟营销佣金、直通车费用和其他营销费用。

其他成本包括人工费、房租、水电费等。

定价=成本+利润。在考虑利润的时候应提前预留出打折空间，卖家在参加速卖通平台活动时，会要求至少有50%的折扣，所以理论上利润至少应该是成本的1倍，即定价=成本×(1+1)。如果买家一次购买了多件商品，那么平摊到每件商品的运费成本是不是就降低了呢？为了使引流款商品更有竞争力，可以适当降低利润的比例，比如定价=成本×(1+0.8)；而对利润款商品可适当提高利润比例。综上所述，利润的比例大致可以是成本的0.8~3倍。

一件商品会有三种价格状态：上架价格，即上传商品时填写的价格，可以理解为原价；销售价格，即打折后显示的价格；成交价格，除单件商品打折外，店铺还会做满立减等营销活动，所以用户最终下单支付时会有另外一个成交价格。

当商品数量很多时，不可能对每件商品依次计算定价，新手卖家最好根据自己的成本情况制定一个价格计算表，不同职能的商品使用不同的利润比例，可以很方便地计算出商品定价。如图4-1所示，有底纹的部分需要卖家输入数值，加粗的文字是计算之后的结果，最后别忘了把价格换算成美元。

国际运费计算公式

运费单价 （单位：元/kg）	商品重量 （单位：g）	包装重量 （单位：g）	挂号费 （单位：元）	运费折扣	国际运费总额 （单位：元）
113.7	150	15	6	90%	**22**

包邮商品定价公式

定价(元)	商品成本(元)	国际运费(元)	利润/成本比例(元)	利润(元)	50%Off(元)	40%Off(元)	30%Off(元)
195	50	22	2	145	**97**	**117**	**136**

图4-1 价格计算表

计算出商品定价后,可以去平台上看看其他卖家的定价,查看相同的商品自己定的价格是否有竞争力。我们不鼓励打价格战,如果其他卖家已经把价格压得很低了,那么就该考虑做差异化商品,即"人无我有,人有我优",寻找优质的商品、争取合理的利润才能持续发展。

4.1.3 推广计划

一场营销活动需要公司内部和外部的不同团队进行协作,即使是小团队运作,也要尽量将计划写下来,这样在准备和执行阶段才不会遗漏必要的环节。设置推广计划时可以从以下方面进行考虑。

1. 确定推广目标

有明确目标的推广活动的最终结果与没有目标的推广活动的最终结果有明显的区别。确定目标时应有总目标和分目标,例如,今年"双11"店铺的总目标是销售额达到5万美元,分目标是三款主推商品要完成3万美元的销售额,其他商品完成2万美元的销售额。按照以上销售额目标,可以进一步细化为引流目标:过去30天店铺客单价是25美元,要完成5万美元的销售额需要2000个客户下单,过去30天的平均转化率是4.1%,即需要引入大约49000个访客流量才能实现。将引流总目标分配给各个渠道,使每个渠道负责人都有清晰的分目标。

2. 做好商品分层

选择销量多、转化率高、客户反馈好的商品作为主推款,用这些商品去引流,报名参加平台大促销时的秒杀活动,或者参加平台主会场5折精品活动。主推商品的折扣一般在40%~60%,为了促进全店商品的销售,也要给其他商品设置一个15%~30%的折扣。

3. 设置优惠政策

给主推款商品设置一个有吸引力的折扣,如果平时的折扣是40%,则在"双11"时可以将折扣设置为50%,店铺内的其他商品也可以设置适当的折扣。

可以使用速卖通提供的店铺自主营销工具设置满立减、优惠券等活动,设置优惠政策时要考虑实际的成本,不要亏本销售,设计优惠政策的目的是提升转化率、提高客单价。

4. 策划推广渠道

速卖通站内推广渠道包括橱窗推荐、直通车、各类平台活动、联盟营销等,将能争取到的推广资源列在表格上,并预测每个渠道可以引入多少流量,根据以往店铺平均转化率预测这些流量可以完成多少销售额。

唤回老客户,挖掘老客户价值,将优惠信息发送给老客户,并给老客户发定向优惠券。

开发站外资源,与"网红"合作,开展社交媒体营销。

把能使用的资源都列在表格中，按照列表准备推广素材，推广素材包括图片、视频、商品链接、特定渠道的优惠券、给"网红"的返佣链接等。如果没有整理成列表，则这些琐碎的工作很容易被遗漏，给整个推广活动造成损失。

5. 设计关联营销

所有的推广渠道都会把流量引入到主推商品，要想让客户买更多的商品，就要设计好关联营销，增加店铺内其他商品的曝光机会，或者通过优惠政策（比如满99元减5元）引导客户浏览更多商品，提高客单价。

6. 沟通客服话术

在营销活动期间，客户可能会有一些特别的问题，比如优惠政策怎么使用、新客户怎么使用平台功能等。把客户可能提出的问题提前录入客服话术库，提高活动期间客户服务效率。

7. 协调供应仓储

提前检查库存是否能够满足活动需求，如果库存不足，则要及时补货，避免补货渠道也断货；如果需要向工厂下单生产商品，则要预留生产周期，并且要考虑活动期间工厂订单量激增无法按时交货的情况，提前预留弹性时间。

在活动期间，发货压力也会突然增加，发错货的概率会变大，跨境电商包裹退回来的成本很高，如果发错货，则只能支付高额运费退回来，或者折价给买家，无论选择哪种方式，对卖家来说都有很大的损失。因此，要给发错率定一个标准，帮助发货团队合理安排发货流程、加快发货速度、降低发错率。

4.2 速卖通店铺自主营销

4.2.1 店铺营销工具

速卖通平台为卖家提供了六种自主营销工具，分别是限时限量折扣、全店铺打折、满件折/满立减、店铺优惠券、购物券和店铺互动。在店铺运营过程中，卖家可以有策略地使用这些营销工具。

1. 限时限量折扣

限时限量折扣可以增加店铺人气、活跃气氛，调动客户的购买欲望。限时限量折扣活动适合推新款、打造爆款、清库存和优化排名，使用特点如下。

- 每月可创建60组活动，总时长共2880小时。
- 可以为定向人群（新客户或关注店铺的客户）设置专享优惠。
- 创建后12小时生效，活动商品生效前后无法修改状态。

- 可跨月设置活动,可控制供应数量。
- 全店铺打折和限时限量折扣的时间及折扣力度均以限时限量折扣优先。
- 同一款商品可同时报名时间不冲突的限时限量折扣活动和平台其他活动(除团购和秒杀);限时限量折扣活动和全店铺打折活动时间冲突时,优先展示限时限量折扣活动。

例如,卖家小王针对 A 商品设置了以下活动:

1) A 商品参加全店铺打折活动,活动时间是 1 月 3 日 00:00—1 月 15 日 00:00,A 商品的折扣为 20%;

2) A 商品参加限时限量折扣活动,活动时间是 1 月 6 日 00:00—1 月 8 日 00:00,A 商品的折扣为 40%;

3) A 商品参加了平台活动,活动时间是 1 月 9 日 00:00—1 月 10 日 00:00,A 商品的折扣为 50%。

在 1 月 3 日—1 月 15 日,A 商品的销售折扣经历了 5 个阶段的波动:

- 1 月 3 日—1 月 6 日,20% 折扣;
- 1 月 6 日—1 月 8 日,40% 折扣;
- 1 月 8 日—1 月 9 日,20% 折扣;
- 1 月 9 日—1 月 10 日,50% 折扣;
- 1 月 10 日—1 月 15 日,20% 折扣。

A 商品折扣情况如图 4-2 所示。

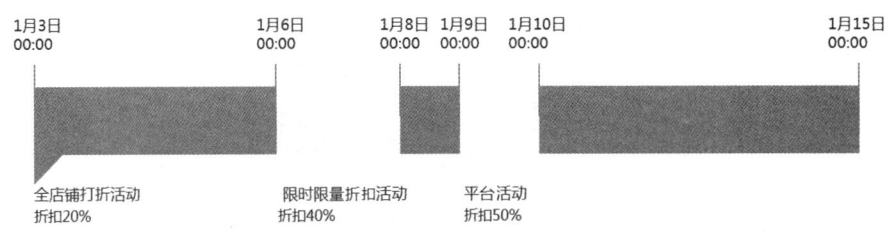

图 4-2　A 商品折扣情况

限时限量折扣活动由三部分构成,即活动名称、开始时间和结束时间,设置步骤如下。

1)单击"营销活动"→"店铺活动"选项,在"限时限量折扣"选项卡中单击"创建活动"按钮,如图 4-3 所示。

第4章 市场营销

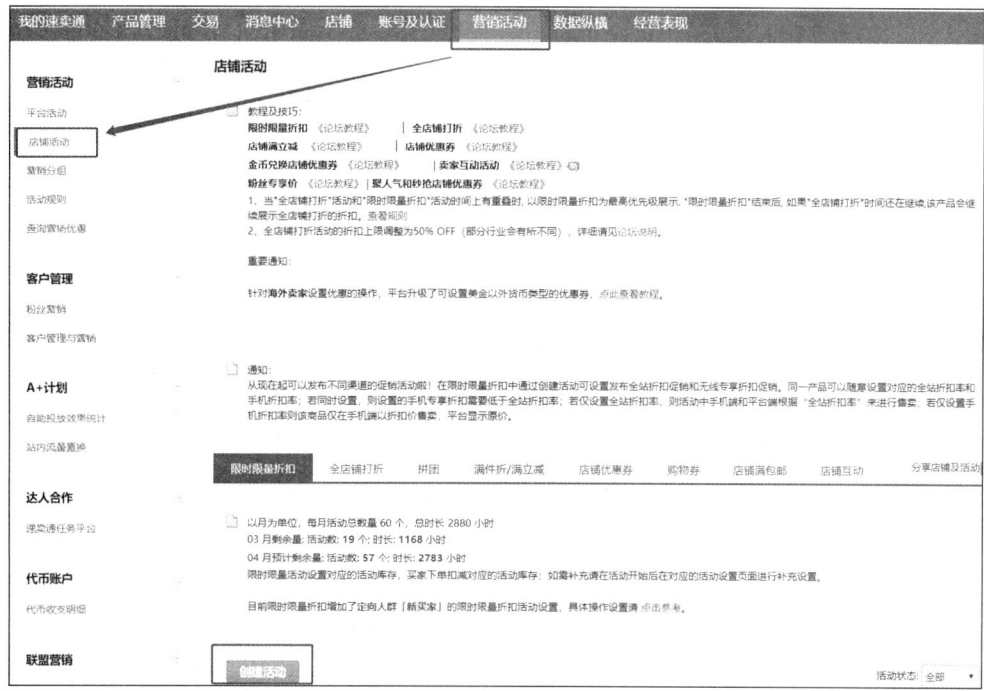

图 4-3 单击"创建活动"按钮

2）输入活动名称，设置活动开始时间和活动结束时间，单击"确定"按钮，如图 4-4 所示。活动名称的设置应简洁明了，例如"新款推荐"。设置的时间应是美国太平洋时间，通常将活动时间设置为一周左右，时间设置得太长，客户会缺乏紧迫感。

图 4-4 设置活动名称、活动开始时间和活动结束时间

3）活动时间设置完毕后，单击"添加商品"按钮并选择参加折扣活动的商品，然后设置折扣率和限购数量，设置方法如图 4-5~图 4-7 所示。

图 4-5 单击"添加商品"按钮

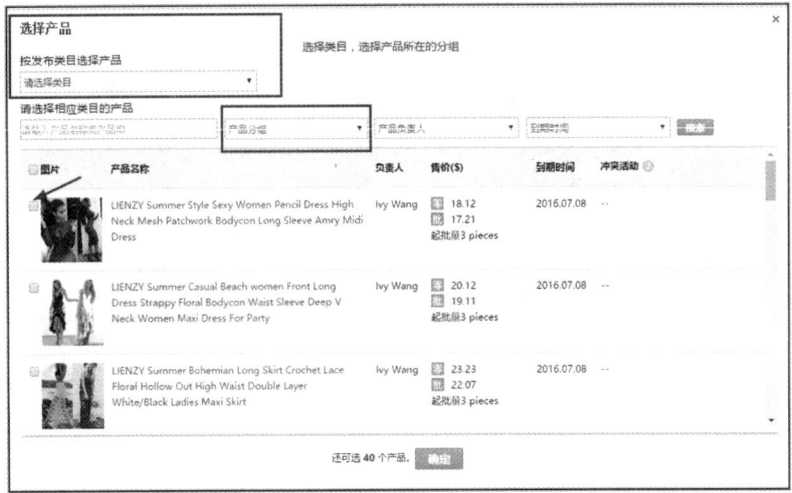

图 4-6 选择参加折扣活动的商品

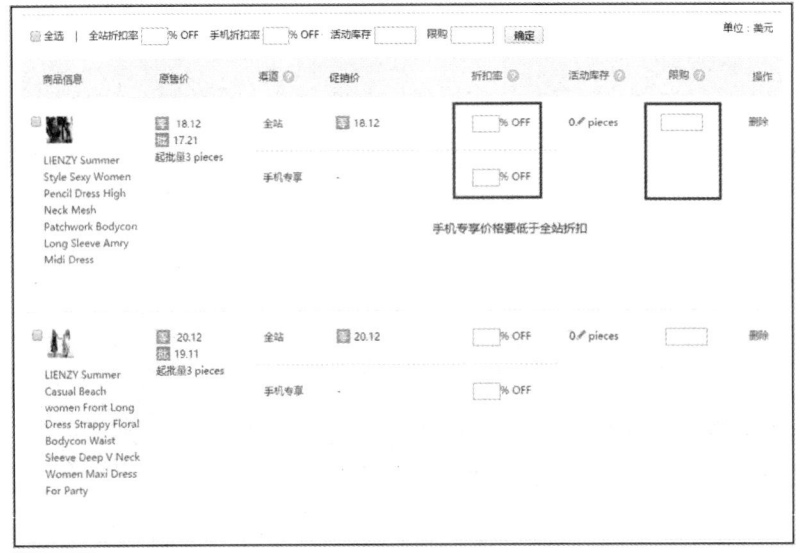

图 4-7 设置折扣率和限购数量

4）设置完毕的活动有 4 个不同的阶段：未开始、等待展示（6 小时后）、展示中、已结束。如图 4-8 所示的示例显示了 3 个活动商品的 3 个阶段。

活动名称	活动开始时间	活动结束时间	当前状态	商品数	操作
Fashion T Shirt Discount	2019/03/20 00:00	2019/03/27 23:59	未开始	10	编辑 复制
New Arrival	2019/03/10 10:00	2019/03/15 29:59	等待展示	15	复制
Spring Discount	2019/03/01 00:00	2019/03/09 29:59	已结束	10	复制

图 4-8　设置完毕的活动显示不同的阶段

设置限时限量折扣的注意事项如下。

- 准确核对库存，如果商品有多个 SKU，则该商品下的所有 SKU 商品普通库存量非 0 且"正在销售"状态的均会参加到活动中。
- 目前全站活动和手机专享活动不支持独立库存，卖家需设置恰当的活动折扣率以避免预期外的损失。
- 对于手机专享活动，同一个商品必须先设置全站折扣，才能设置手机专享折扣。若设置手机专享折扣，则需要低于全站折扣；若不设置手机专享折扣，则手机端价格根据全站折扣率售卖。
- 前期商品定价要考虑折扣空间，如果某款商品要参加活动并参加 50% 的折扣，则在初次上传商品定价时要预先留好折扣空间。
- 商品分组，在上传商品时把所有准备参加活动的商品放到一个分组里，方便以后按组设置营销活动。
- 联合营销，设置限时限量折扣的同时可以联合其他营销工具一起使用，加强营销力度。

2．全店铺打折

全店铺打折是店铺自主营销"四大利器"之首的活动，对于新店铺效果明显，能快速提高店铺销量和信用，增加店铺综合曝光率。全店铺打折活动有 3 个使用特点：

- 每月 20 次活动，共 720 小时，可以跨月设置活动；
- 创建后 24 小时生效，活动开始前的 12 小时不可编辑商品信息；
- 可根据不同折扣力度设置营销分组。

设置全店铺打折需要注意以下几点：

- 全店铺打折的开始时间为美国太平洋时间，创建的活动在 24 小时后生效；
- 在设置全店铺打折前，要对店铺中所有商品的利润进行把控，避免出现某款商品亏本销售的情况；

- 提前做好活动计划，当活动处于等待展示阶段时，不能再修改活动信息，所以提前做好计划再操作。

设置营销分组可以帮助卖家有效地控制店铺所有商品的折扣力度，建议卖家在设置营销分组时把可以承受的相同折扣率的商品放在同一个组里，以后设置全店铺打折时就能清晰地看到折扣力度的控制范围。要进行营销分组设置，首先单击"营销活动"→"店铺活动"选项，在"全店铺打折"选项卡中单击"营销分组设置"按钮。

进入"营销分组设置"页面后，把每个商品的利润进行整体核算，清楚每个商品最高能设置多少折扣、利润空间有多少。如图4-9所示，这是一个已经做好的营销分组，可以看到，最高折扣相同的商品被统一放在一个组里。

图4-9 设置营销分组

例如，"10% discount"组的商品只有10%的利润，在参加全店铺打折活动时，这个组的商品最高只能设置10%的折扣，如果设置5%的折扣，则卖家就有5%的利润。这样全店铺的利润就可以清晰地把控。对于组内商品管理，有"添加产品""移出分组""调整分组"3个功能，如图4-10所示。

图 4-10　组内产品管理

- 移出分组：把商品移出原来的组，被移出去之后，系统会默认将其放到"Other"组中，在参加全店铺打折活动时，要特别注意"Others"组的折扣设置。
- 添加产品：要添加更多相同折扣的商品到同一个组中，可以使用这个动能。
- 调整分组：将某个组的商品调整到其他组，可以使用这个功能。

设置好营销分组后，就可以设置全店铺打折了。首先单击"营销活动"→"店铺活动"选项，在"全店铺打折"选项卡中单击"创建活动"按钮，如图 4-11 所示。

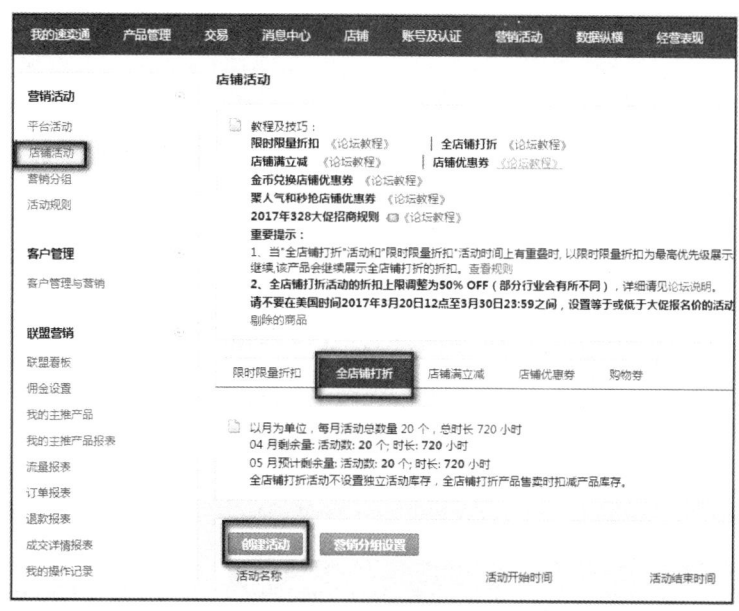

图 4-11　单击"创建活动"按钮

创建活动之后，打开活动设置页面，如图 4-12 所示，该页面主要由"活动基本信息"和"活动商品及促销规则"两部分构成。活动基本信息由活动名称、活动开始时间和活动结束时间组成。

图 4-12　活动设置页面

下面是活动商品及促销规则的填写事项。

- 命名：活动名称的命名原则是让人一目了然，可以直接在"活动名称"文本框中输入"月底大促销"，方便后续观察活动效果。
- 周期：设置开始时间和结束时间，由于全店铺打折活动的力度比较大，因此全店铺打折时间不宜设置得过长，建议时间在 3 天以内。
- 注意"Other"组：不在分组里的商品全都默认被放进"Other"组里，卖家在为"Other"组设置折扣时，要仔细查看这个组里的商品再操作，避免折扣力度过大导致亏本。
- 结合 CRM 进行营销：进行客户分析，使用邮件等营销工具，有针对性地给目标客户发送促销计划。
- 推广：在全店铺打折期间，最好能 24 小时进行直通车推广，通过直通车引流新客户。客户进入店铺之后，发现店铺内的所有商品都在打折，很有可能顺带买一些商品，自然就提高了客单价。

3. 满件折/满立减

满件折和满立减功能的主要作用是提高客单价和关联商品的转化率，展示页面如图 4-13 所示。

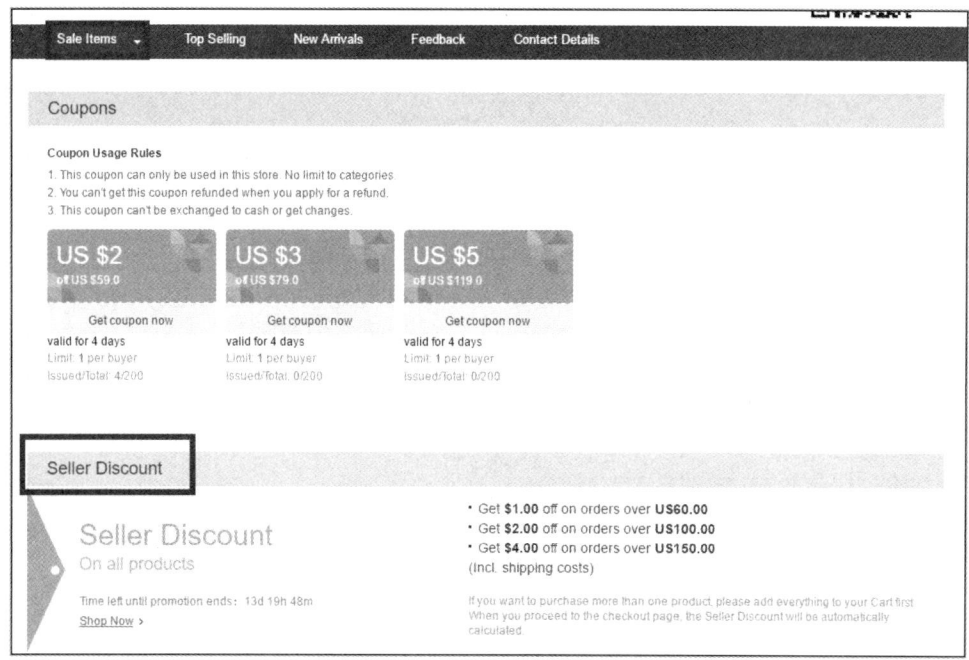

图 4-13　满件折/满立减展示页面

满件折/满立减的使用特点有以下几个方面：

- 满件折活动和满立减活动均不限制活动时长和活动次数；
- 满件折/满立减的优惠与店铺其他优惠可以叠加使用，买家购买时以折扣后的价格计入满件折/满立减规则中；
- 可以设置多梯度满减；
- 可以针对部分商品和所有商品设置活动范围。

设置满件折/满立减的目的是提高客单价，在设置之前应对店铺以往的客单价有充分的了解，从而合理设置折扣力度。要了解以往的客单价，可以单击"数据纵横"→"商铺概况"选项，查找最近 30 天的交易概况。店铺满立减分为"全店铺满立减"和"商品满立减"两种，它们的区别在于参加满立减活动的商品数量，一个是全店铺商品参加，另一个是部分商品参加。

单击"营销活动"→"店铺活动"选项，在"满件折/满立减"选项卡中单击"创建活动"按钮，就可以进行满件折/满立减的设置了，如图 4-14 所示。

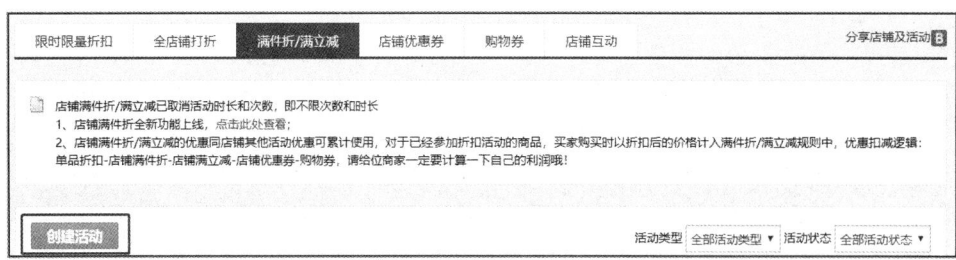

图 4-14 单击"创建活动"按钮

设置满件折/满立减需要卖家填写"活动基本信息"和"活动商品及促销规则",如图 4-15 所示。

图 4-15 卖家填写"活动基本信息"和"活动商品及促销规则"

活动类型有"全店铺满立减""商品满立减""全店铺满件折""商品满件折"4 种。全店铺满件折/满立减默认选择全店商品;商品满件折/满立减需要卖家选择参加活动的商品,每次最多可以添加 200 个商品。对于活动开始时间和结束时间的设置,需要注意:

- 同时使用打折工具和满件折/满立减工具时一定要计算好利润空间,优惠政策同时生效后减掉的金额可能会超出你的利润承受范围;
- 活动开始后无法编辑商品信息,也无法退出活动;
- 同时参加平台秒杀、手机抢购、预售、试用等活动时无法同时享受满件折/满立减。

4．店铺优惠券

使用店铺优惠券可以提高客单价，刺激买家下单，为店铺引流。优惠券金额的设置比较灵活，可以设置小金额的优惠券，也可以设置使用门槛。海外客户有使用优惠券的习惯，拿到优惠券的客户很大比例会把优惠券使用掉。优惠券的使用有以下特点：

- 店铺优惠券设置后即时生效（实际可能会有 1~2 小时延时）；
- 优惠券分为 5 种类型，即领取型优惠券、定向优惠券、金币兑换优惠券、秒抢优惠券和聚人气优惠券；
- 优惠券分有条件优惠券和无条件优惠券；
- 每个订单只能使用一张优惠券。

下面以领取型优惠券的设置为例讲解设置店铺优惠券的操作步骤，其他 4 种优惠券的设置步骤不展开介绍。

单击"营销活动"→"店铺活动"选项，在"店铺优惠券"选项卡的"领取型优惠券活动"中单击"添加优惠券"按钮，打开创建领取型优惠券的页面，如图 4-16 所示。

图 4-16　创建领取型优惠券的页面

领取型优惠券的创建页面由 3 部分构成：活动基本信息、优惠券领取规则设置、优惠券使用规则设置。

在创建领取型优惠券时,有以下几点需要注意。

- 面额:为了提高客单价,可以设置有门槛的优惠券。例如,某家店铺的客单价为 15.41 美元,可以设置满 2~20 美元的优惠券。为了提高转化率,在店铺能承受的前提下,也可以设置不限条件的优惠券。
- 活动开始时间和活动结束时间:如果没有其他因素限制,活动时间可以持续 7~10 天。
- 使用条件:设置不限条件的优惠券,就直接选择"不限"单选按钮;设置需要满足一定条件的优惠券,输入使用该优惠券需要满足的金额即可。

5. 购物券

购物券是平台发起、卖家参与的。例如,平台针对周年大促活动向买家共发放总金额为 100 000 美元的购物券,卖家可以认领其中一部分购物券。卖家可以为购物券选择一种使用方式,比如满 2~15 美元即可使用。买家在领取购物券之后只要满足门槛即可使用,可以在同一家店铺使用,也可以跨店铺使用。

6. 店铺互动

店铺互动是指卖家可以设置"翻牌子""打泡泡""收藏有礼"3 种互动活动,活动时间、买家互动次数和奖品卖家可自行设置,通过店铺互动给店铺引流。

4.2.2 关联营销

关联营销是指在一个页面中同时推荐了其他同类、同品牌、可搭配的关联商品。前面我们讲过每款商品都有自己的职能,通过引流款把买家引入店铺内,再通过关联营销的方式让买家多买。关联营销的形式有很多,包括直接在详情页中放置其他款式的商品介绍、向买家推荐比购买单一商品更实惠的组合套餐、在买家将要结账时提供优惠换购商品等。关联营销可以提升转化率、提高客单价、提高店铺内商品的曝光率。

1. 商品搭配

关联营销的商品搭配方法有以下几种。

- 搭配关联:搭配推荐的商品和主推商品可以同时在一个场景下使用,如充电宝和充电线、上衣和裤子。
- 替代关联:搭配推荐的商品可以替代主推商品,通常在同一个使用场景下只能选其一,如长裙和短裙、红色 T 恤和白色 T 恤。
- 满足同类需求关联:搭配推荐的商品和主推商品满足同一个消费者的相似需求,如奶瓶和尿不湿、登山鞋和户外帐篷。

如图 4-17 所示是替代关联的案例,在一个商品详情页中推荐了不同款式的女童裙子。

图 4-17 替代关联的案例

2. 关联营销的位置

关联营销可以设置在商品详情页的顶部和底部。详情页顶部通常会设置主力推荐的关联营销商品，为了提高关联营销的转化率还可以设置购买套餐的优惠政策。详情页底部通常会设置替代关联的商品，可以挽留看完详情页未产生购买欲望的客户。

为了使关联营销效果更优，在设置关联营销时应突出主推商品，搭配套餐要满足客户的某种特定需求，如购买组合套餐更优惠。可以多测试几款搭配的商品，从数据判断如何搭配可以最大化地提高转化率。

4.2.3 橱窗推荐

速卖通橱窗位通过增加商品的排序分值来提高商品的曝光度，在同等条件下，橱窗商品比非橱窗商品排名靠前。速卖通的橱窗没有特定的展示位置，但是可以有效提升商品曝光度，有效提高卖家 GMV（Gross Merchandise Volume，成交总额）。如图 4-18 所示是店铺等级和橱窗位的关系，要增加橱窗位，首先要提高卖家服务等级，也就是减少店铺的不良体验订单、增加店铺的好评率。

卖家服务等级详解	不及格	及格	良好	优秀
定义描述	上月每日服务分均值小于60分	上月每日服务分均值大于或等于60分且小于80分	上月每日服务分均值大于或等于80分且小于90分	上月每日服务分均值大于或等于90分
橱窗推荐数	无	无	1个	3个
平台活动权利	不允许参加	正常参加	正常参加	优先参加
营销邮件数量	0	1000	2000	5000

图 4-18 店铺等级和橱窗位的关系

橱窗推荐的数量是有限的,因此要选择最优的商品,利用橱窗推荐带来的曝光度有效地提高成交量。我们可以根据商品过往的销售数据,选择点击率高、转化率高、好评率高、收藏数量多的商品做橱窗推荐,这些商品经过市场验证,积累了一定数量且正面的买家评价,可以有效承接流量并转化为订单。反之,刚上新的商品由于没有经过市场验证,不确定是否可以有效转化,因此不适合做橱窗推荐。

要设置橱窗营销,首先打开卖家后台,在"店铺动态中心"中会显示橱窗推荐可使用的数量,如图4-19所示。

图4-19 卖家后台页面

在有橱窗推荐可使用的情况下,单击"产品管理"→"管理产品",在打开的页面中单击"更多操作"→"橱窗推荐"选项,如图4-20所示。

图4-20 创建橱窗推荐

4.2.4 客户关系营销

1. 策划客户关系营销

跨境电商行业引流成本越来越高,开发一位新客户的成本是维护一位老客户成本的5~8倍,我们可以合理利用老客户资源,降低营销成本。客户关系管理(CRM)可以有效地帮助我们了解客户需求、发掘市场潜力、降低营销成本、稳定销售业绩。店铺客户关系营销的重要性如下:

- 提升客户黏性,提高老客户回头率,稳定客户群;
- 提高客单价,引导客户增加购买数量;
- 稳定销售业绩,降低营销成本;
- 形成口碑传播是最好的营销方式;
- 提升客户体验、店铺等级和DSR评分;
- 改进生产工艺或销售流程,获取终端客户的反馈,促使卖家自身改进。

在开展客户营销工作之前,必须做好客户信息收集和客户分类工作。首先是信息收集,一切有利于做客户营销的数据都可以收集,比如客户所在地、性别、年龄、下单金额、在平台上的账户等级等。其次,针对收集的信息进行分类,可以按照不同维度进行分类,比如以平台账户等级区分初级买家、中级买家、高级买家。最后,针对不同类别的客户群体有针对性地设计营销方案。

我们以客户生命周期作为划分维度进行讲解。在经典零售学里有一个客户生命周期的概念,处于不同周期中的客户与企业之间的关系不同,为企业贡献的价值也不同。我们可以围绕客户生命周期策划客户关系营销,定期进行客户激活,尽量延长客户处于活跃期的时长,培养客户的品牌忠诚度。跨境电商零售与传统零售相比,客户生命周期中的引入期明显缩短,甚至没有明显的引入期。如图4-21所示是跨境电商零售客户生命周期的发展趋势,如果我们没有对老客户进行激活,则在下单三个月后老客户可能就永远流失了。对老客户进行定期激活,老客户生命周期的发展趋势可能如图4-22所示,老客户会周期性地回来下单,最终变成忠诚客户。

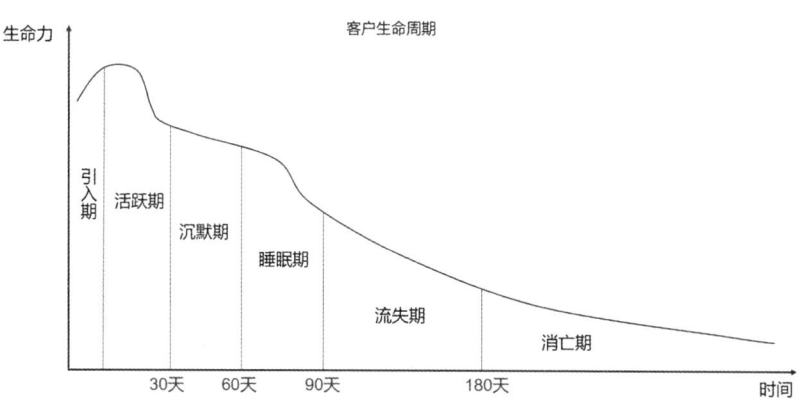

图4-21 跨境电商零售客户生命周期的发展趋势

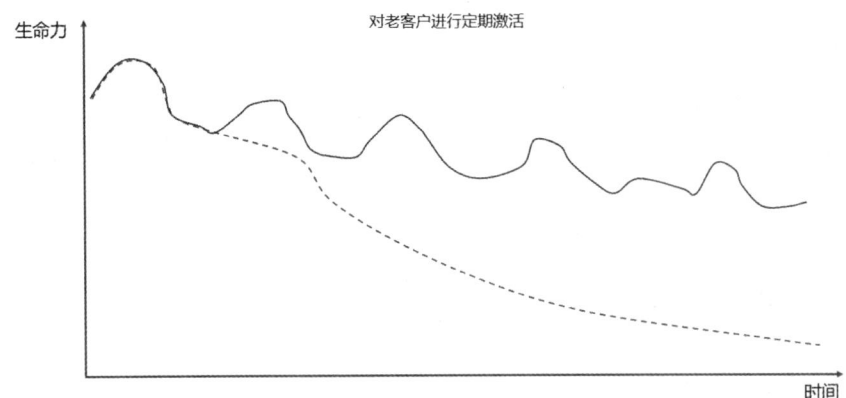

图 4-22 对老客户进行定期激活的客户生命周期的发展趋势

设计客户关系营销的思路如下。

- 在客户下单到货物签收期间，可以与客户沟通的信息有：催付款、发货情况、赠品情况、物流信息，在物流延误时主动为客户查询物流状态，目的是提供优质的服务。
- 当客户签收货物时，可以向客户提供使用说明，邀请客户参加好评送券、分享有礼等活动，为商品积累优质的评价，提升店铺 DSR 评分。
- 在客户活跃期内，可以进行 1~2 次营销，主题如新品上架、定向优惠券。
- 在沉默期和睡眠期，可以进行 3~4 次营销，主题如店铺活动、定向优惠券、VIP 专享。
- 在流失期内，可以进行 1~2 次营销，主题如节日关怀、会员特权提醒。
- 针对处于消亡期的客户，可以在每年大促期间进行一次营销维护。

在设计客户关系营销时不可贪多，应该控制营销频率，频繁地打扰客户会使客户反感，结果适得其反。

2．速卖通客户关系营销工具

速卖通为卖家提供了很好的客户管理工具和客户营销通道，单击"营销活动"→"客户管理与营销"→"客户管理"，打开如图 4-23 所示的页面，在店铺内下过单的客户的相关信息都会被记录下来（但是基于欧盟 GDPR 法案，不能查询和保存未经欧盟用户同意的信息）。

在"客户分组规则管理"选项卡中可以按照我们设计的维度对客户进行分组，如图 4-24 所示，假如我们定义活跃期的客户是指最近 30 天访问过店铺，且在店铺中浏览页面数大于或等于 2 的客户，按照这个维度筛选出 1329 位客户，在右侧单击"定向营销"链接就可以针对这个分组的客户发送定向优惠券，或者发送营销邮件。

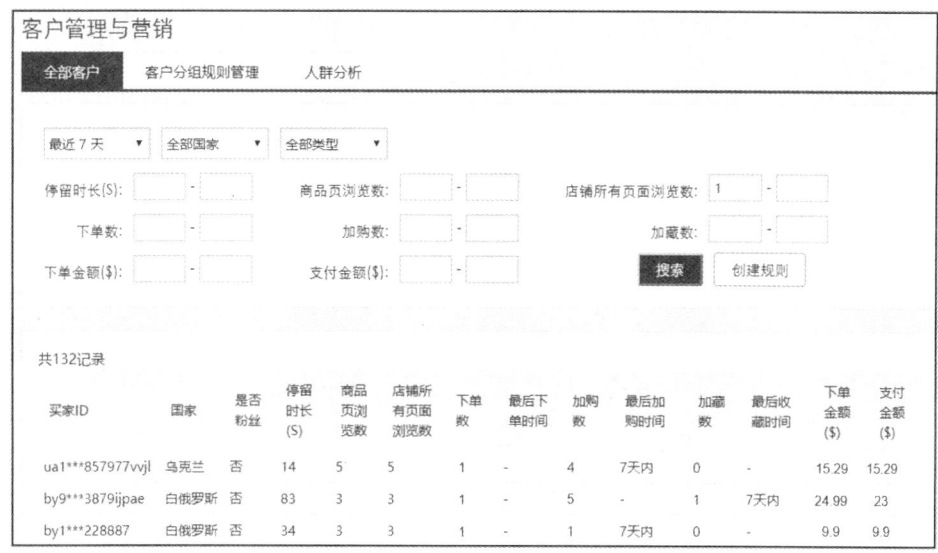

图 4-23　在店铺内下过单的客户信息

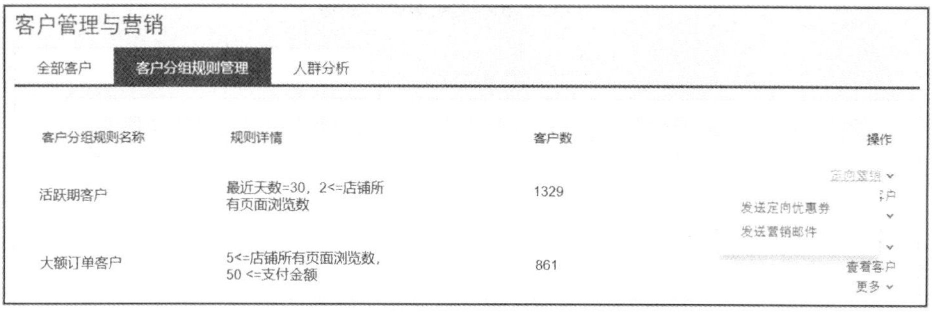

图 4-24　对客户进行分组

3. "粉丝"营销

速卖通后台客户关系营销的另一个工具是针对店铺"粉丝"进行营销，类似于淘宝网中的"微淘"，如图 4-25 所示是从买家端看到的展示效果。在"粉丝趴"上可以刊登上新帖、文章帖，设置"粉丝"专享价，其中"粉丝"专享价的转化效果最好。在运营"粉丝"趴上的内容帖时，要注意选择对客户有价值的内容，多放优质的图片，因为这是一个读图的时代，与阅读文字相比，客户更喜欢看图片。

4.2.5　实时营销

利用实时营销功能可以随时观察客户动向，及时与客户互动，提高转化率和客户黏度。

单击"数据纵横"→"实时营销"，在打开的页面中可以观察实时访客的信息，这些信息包括访客 ID、会员等级、访客类型、访客行为、首访时间、浏览量、添加收藏次数和下单金额等，如图 4-26 所示。

图 4-25　粉丝营销

访客ID	会员等级	访客类型	访客行为	首访时间	浏览量	浏览商品数	下单订单数	支付订单数	添加购物车次数	添加收藏次数	下单金额	支付金额
CO_dd95622d	A0	没有买过	感兴趣	2016-05-30 21:05:35	1	1	0	0	0	0	0.00	0.00
FR_4b2c6fb9	A0	没有买过	感兴趣	2016-05-30 21:04:47	2	1	0	0	0	0	0.00	0.00
PE_0e7adef0	A0	没有买过	感兴趣	2016-05-30 21:04:43	1	1	0	0	0	0	0.00	0.00
MY_b009b678	A0	没有买过	感兴趣	2016-05-30 21:04:39	1	1	0	0	0	0	0.00	0.00
BR_c7c3b4d5	A0	没有买过	感兴趣	2016-05-30 21:04:27	2	1	0	0	0	0	0.00	0.00
BR_40fe974c	A0	没有买过	感兴趣	2016-05-30 21:03:28	3	3	0	0	0	0	0.00	0.00
KR_f3d6c748	A0	没有买过	随便逛逛	2016-05-30 21:02:50	3	1	0	0	0	0	0.00	0.00
IN_2ec0db18	A0	没有买过	随便逛逛	2016-05-30 21:01:23	1	1	0	0	0	0	0.00	0.00
RU_6bdd293a	A0	没有买过	随便逛逛	2016-05-30 21:01:19	1	0	0	0	0	0	0.00	0.00
CL_ff607312	A0	没有买过	感兴趣	2016-05-30 21:00:40	1	1	0	0	0	0	0.00	0.00
BR_cebeb79e	A0	没有买过	感兴趣	2016-05-30 20:59:40	2	2	0	0	0	0	0.00	0.00
CO_fb47b288	A0	没有买过	感兴趣	2016-05-30 20:58:59	3	3	0	0	0	0	0.00	0.00
PE_04383f55	A0	没有买过	感兴趣	2016-05-30 20:58:50	2	2	0	0	0	0	0.00	0.00
JP_e956f4e3	A0	没有买过	感兴趣	2016-05-30 20:54:00	3	3	0	0	0	0	0.00	0.00
KR_b195f7a3	A0	没有买过	随便逛逛	2016-05-30 20:53:28	1	1	0	0	0	0	0.00	0.00

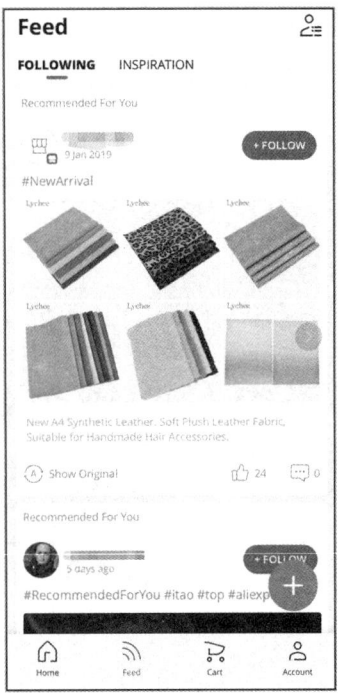

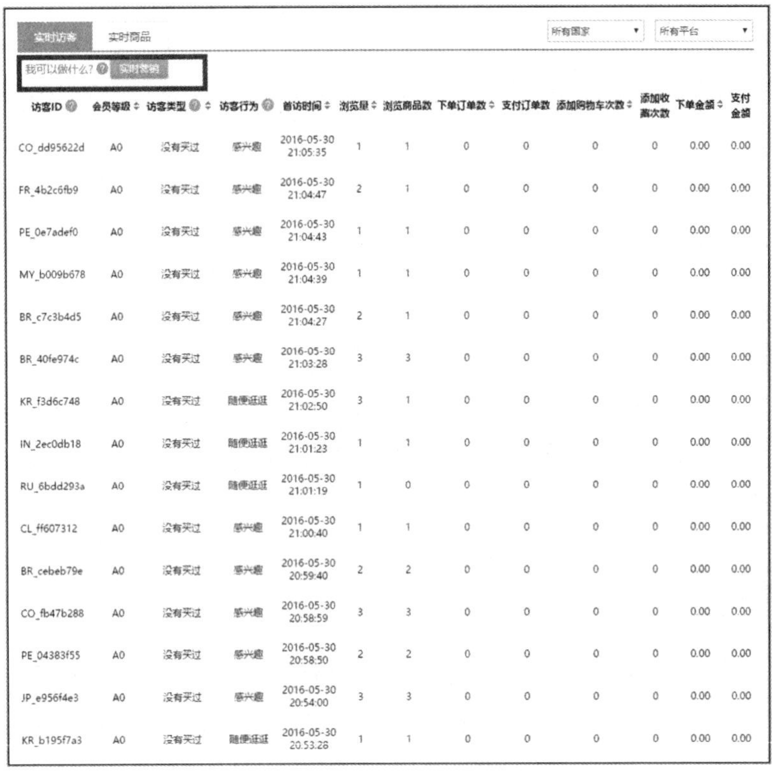

图 4-26　实时营销页面

针对实时访客有两种营销方式："一键催付"和"定时定向优惠券"。对于已下单但未付款的访客，可以使用"一键催付"功能，如图4-27所示，催付信息会在买家下单时以订单留言的形式提醒买家。

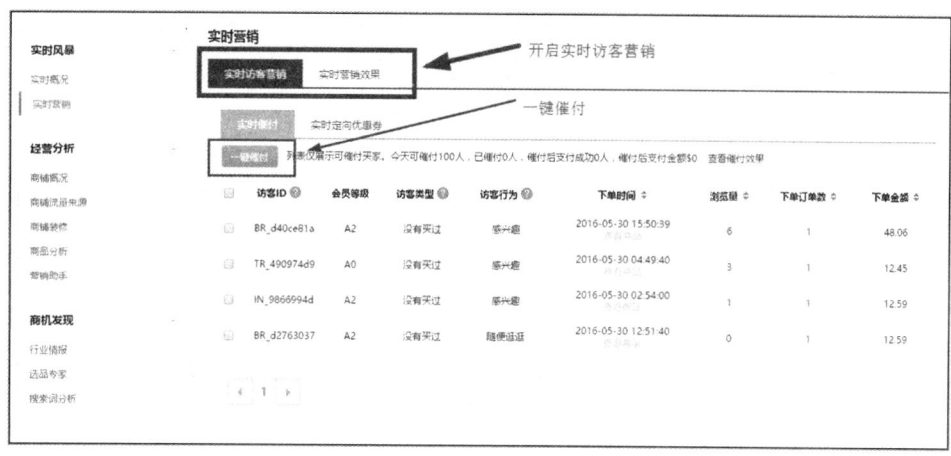

图4-27 使用"一键催付"功能

对于已将商品加入收藏夹的访客，可以使用"定时定向优惠券"功能催促买家下单，如图4-28所示。

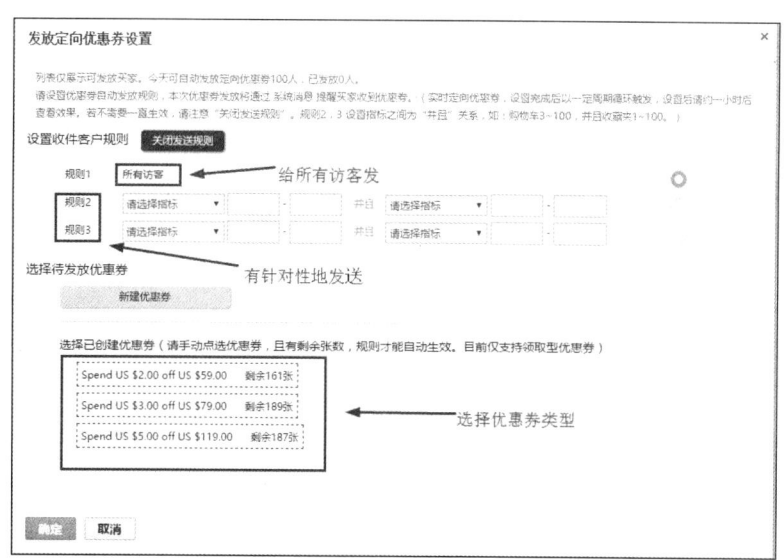

图4-28 使用"定时定向优惠券"功能

4.3 速卖通平台活动

平台活动是指由平台组织、卖家参与的主题营销活动，以促进销售为主要目的。通常，活动期间的买家流量和下单数量会显著增加，参加活动的卖家在活动期间成交订单量会激增，短期内订单量大幅上涨通常称之为"爆单"。平台作为活动组织方会对参与活动的卖家和商品有一定要求，符合要求的卖家可以自主选择报名，如果报名的卖家和商品数量超过平台预设的数量，平台会对报名的商品进行筛选。下面介绍速卖通平台的大促活动和参与方式。

4.3.1 PC 端平台活动

1．天天特价活动（Flash Deal）

天天特价活动流量非常高，参加该活动的商品要求近 30 天全球销量在 30 件以上，参加活动的价格是近 30 天的最低价，要求至少设置俄罗斯、美国、英国、西班牙、法国免邮。报名时会被要求填写参加活动的库存数量，在活动中该库存售罄即停止销售，这里要注意填写库存数量时不要写太少，也不要写太多，写少了很快售罄浪费流量，写多了到活动结束还没有售罄可能影响下一次报名。

2．俄罗斯团购

俄罗斯团购是针对俄语系市场的营销活动，参加该活动的商品必须对俄罗斯、乌克兰、白俄罗斯包邮，而且该商品近 30 天在俄语系国家的销量要大于或等于 4 件。

4.3.2 App 端平台活动

1．无线试用频道（Freebies）

在无线试用频道，买家可以申请免费试用，如果被平台选中即可获得试用商品，试用者在收到商品后需要提交详细的试用报告。利用试用频道的资源我们可以为新品积累非常优质的客户反馈，有利于后期转化率的提升。报名无线试用时最好选择新、奇、特且价格不是太低的商品。

2．无线金币活动（Coins & Coupons）

买家可以使用一定数量的金币抵扣部分货款，买到低价商品。

4.3.3 平台大促

速卖通每年最主要的大促是"328 周年"大促和全球"双 11"大促。为了在这两次大促中取得好成绩，卖家需要提前几个月开始做准备。计划在大促期间参加活动的商品，要在前几个月多参与活动进行预热，并将 DSR 评分控制在 4.5 分以上。大促期间所有能报名的资源都要尽可能争取。

4.4 推广和引流

4.4.1 站内自然搜索流量

搜索引擎会根据每个商品的搜索权重对商品进行排序展示，要获得更多的自然搜索流量，必须遵守排序规则，并且完善商品信息让商品得到更高的权重。搜索排序规则在 2.3 节已详细说明，要完善的商品信息主要包括商品属性和商品标题两部分。

1. 商品属性的完整和正确

完整且正确的商品属性可以有效提升买家体验。完整的商品属性有助于提升排名、增加曝光率。商品属性填写完整后，买家在搜索任何一个和你的商品有关的关键词时，你的商品都可以被展示。正确的商品属性有助于提高转化率，如果买家通过关键词搜索到你的商品，但是商品本身并不符合这个关键词的特点，就会给买家造成不好的购物体验，而且买家最终不会下单。

如图 4-29 所示是男士休闲鞋类目下的商品属性，其中标星号的是必填项，标叹号的是重要项，建议卖家将属性填写完整。为了规范卖家填写属性内容，部分属性是可以通过下拉列表进行选择的，如右侧"鞋面材质"下拉列表中基本涵盖了所有可能用来做鞋面的材质。所有规定的属性填写完成后，底部还有"添加自定义属性"选项，可以根据需要自行添加，这里也建议卖家将未详尽描述的属性进行补充。自定义属性可以填写颜色、尺码等。

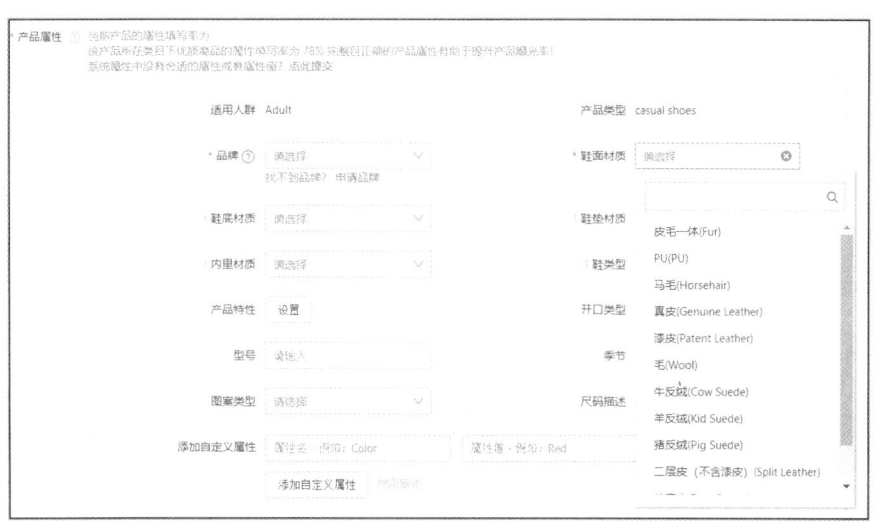

图 4-29　男士休闲鞋类目下的商品属性

如何找到搜索流量大的属性词呢？可以使用速卖通的"数据纵横"工具。打开"数据纵横"后进入选品专家，查看 Top 热销属性，如图 4-30 所示。可以看到，在 leather casual shoes 周围有很多小圆圈，每个圆圈是一个相关属性，每个小圆圈中都有一个"+"，单击后可以显示更多的相关属性词。图 4-30 的方框中展示的是 shoes type 相关属性词。圆圈越大代表销量越多，我们可以在这里找到一些销量多的属性词添加到商品自定义属性中。

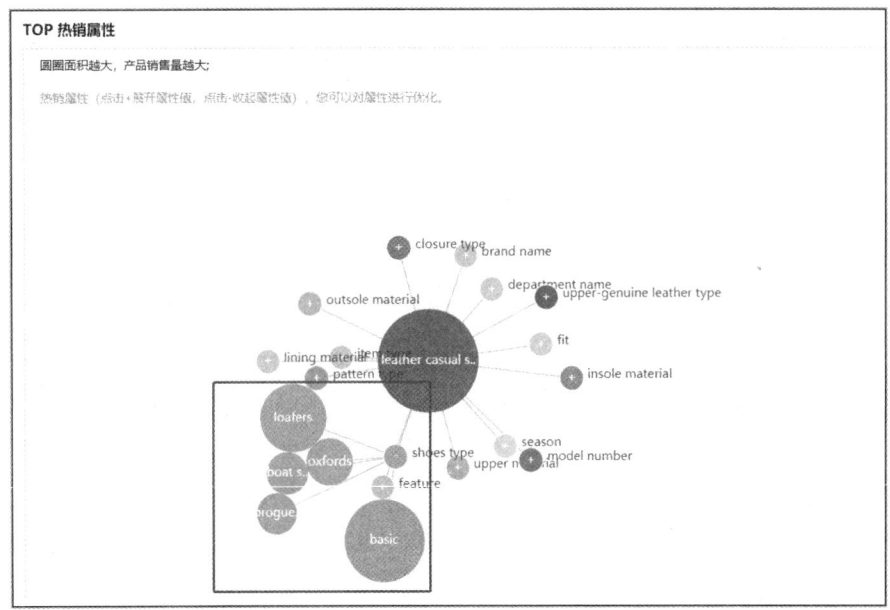

图 4-30　TOP 热销属性

2. **商品标题的优化**

- 标题排布优化

标题最多可以填写包含空格在内的共 128 个字符，要把这 128 个字符尽量写满，而且每个词都要经过筛选，因为输入的每个词都会关系到搜索排序的结果和点击转化的结果。标题中的前 50 个字符是最重要的，因为在搜索结果页中只能展示标题中的前 50 个字符。如图 4-31 所示，左图的标题是在搜索结果页中显示的内容，右图的标题是详情页中显示的内容。因此，标题中的前 50 个字符一定要放主词和重要属性词，因为这些词会影响用户是否点击你的商品。如果一件商品曝光度高，但点击数低，则很可能是标题中的前 50 个字符设置不合理造成的。

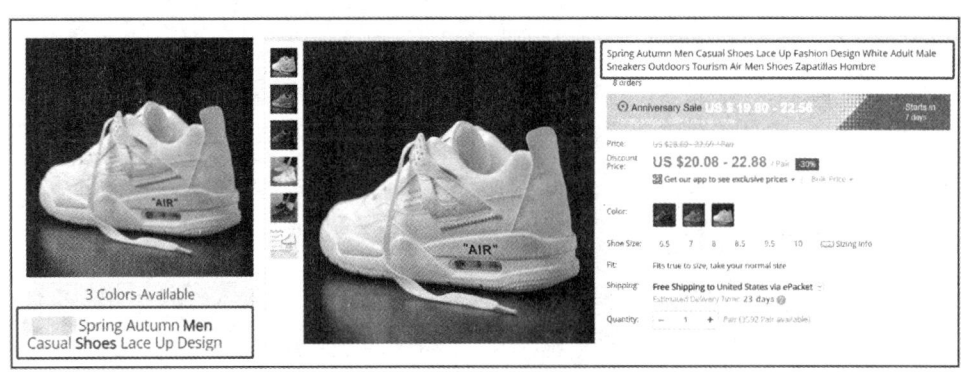

图 4-31　搜索结果页和详情页的标题

相同的词出现频率不宜过多，多次出现不仅浪费 128 个字符空间，给客户造成不良体验，还可能会被隐性降权。

- 标题内容优化

标题内容一般包含关键词、属性词、品牌词和促销词。

关键词是用来表达商品名称的，比如 Shoes。Shoes 是鞋子的统称，再具体一点可以用 Sneakers。不同地区的买家用词习惯不同，同一件商品可能会有几个不同的关键词，比如钱包可以用 Wallet、Purse、Money Bag、Card Holder 等关键词。

属性词是用来描述商品特点、材质、颜色、风格的，比如 Sneakers 可以用 Skateboarding、Casual、Running、Breathable 等词来形容，在属性词中也可以区分关键属性词和非关键属性词。

促销词如 Free shipping 等。

上面说到标题中的前 50 个字符最重要，直接影响点击率和转化率，在编排时要把主要的关键词和属性词放在前面，把次要的词放在后面。促销词虽然有助于转化，但是会占用前面宝贵的位置，建议也放在后面。再次提醒不要过度堆砌关键词，例如，某商品标题为 "cell phone, mobile phone, mobile telephone, oem cell phone"，将会被搜索排名降序。

- 标题关键词优化

标题里的每个关键词都应该有助于商品的最终销售，选词的第一原则是挑选被客户搜索次数多的词，我们可以使用速卖通提供给卖家的"数据纵横"和"直通车"工具分析关键词的搜索指数，也可以使用站外的数据分析工具，这里不展开讲解。需要强调的是，并不是流量大的词就越好，有些词的流量很大但是不精准。虽然我们的商品得到了曝光，但是没有被用户点击，导致转化率降低，系统判断这件商品的搜索权重得分越来越低，对商品销售不利。

有人可能会想：我的商品是针对俄罗斯市场的，在标题里放一些俄语关键词是不是更有助于客户搜索到？其实这是不需要的，添加小语种并不会增加搜索权重，速卖通平台会将英文翻译成各国语言，方便买家阅读，如图 4-32 所示是系统自动翻译的商品标题。

图 4-32 系统自动翻译的商品标题

4.4.2 联盟营销

联盟营销通常指网络联盟营销,由专业的联盟营销机构将各类网站上的广告资源组织起来,为广告主(卖家)提供全网范围的广告推广。速卖通联盟营销是速卖通官方推出的一种"按效果付费"的推广模式,联盟营销的站长来自全球 100 多个国家,覆盖广泛的消费群体。

1. 加入联盟营销的推广流程

加入联盟营销的推广流程如下:

1)卖家将自己的商品加入联盟营销并设置好佣金比例;

2)海外的网站站长在自己的网站上刊登相关广告;

3)客户看到广告,点击进入速卖通网站,下单购买商品;

4)卖家发货,完成交易后,平台将佣金支付给刊登广告的站长。

这些刊登广告的网站包括搜索引擎(如 Google)、社交媒体(如 Facebook、VK)、折扣比价类网站、返现或领券类网站、测评或导购类网站等。各项统计数据表明,现在买家通过朋友推荐和社交网站下单购买商品的比例越来越高,尤其是中东地区,该比例达到电商总成交量的一半以上。加入联盟营销可以有效利用这些渠道的媒体资源，得到大量海外网站的曝光机会，对店铺订单量的增长有很大帮助。

2. 联盟营销的佣金设置

速卖通联盟营销的佣金模式是按照订单金额的比例支付的，即CPS（Cost Per Sale），加入联盟营销无须预先支付费用，曝光是免费的，客户确认收货后才支付佣金。CPS模式的优势是有成交才需付费，对于新上市的商品，转化率有待优化，使用"按点击付费"的推广方式可能花了钱却没有销量，而选择联盟营销是非常好的测试市场反馈的方式。

卖家可以自行设置佣金比例，也可以选择默认比例。不同类目默认最低佣金比例不同，在3%~8%之间；所有类目可设置的最高佣金比例为50%。在设置佣金比例时，针对已经热销的商品，可以适当设置比较低的佣金；针对尚未积累销量的新品，可以设置较高的佣金。这种设置佣金的策略是：热销商品的利润空间可能已经被压得很小，卖家无法再支付高比例佣金，但是热销商品的销量稳定，对于推广者来说更容易拿到佣金；而给新品或销量少的商品设置高比例佣金则是对推广者的激励。

佣金设置分为以下四类。

- 店铺默认佣金。在加入联盟营销时，需设置店铺默认佣金，店铺内所有商品在未进行特殊设置的情况下均按照店铺默认佣金计算。
- 类目佣金。卖家可以针对类目进行佣金设置，在该类目下，所有商品在未进行特殊设置的情况下按照类目佣金计算。
- 主推商品佣金。想要长期推广的商品可以设置为主推商品，并给主推商品设置特殊佣金比例，参考比例为10%~20%。
- 爆品商品佣金。想在短期内重点提高销量的商品，即打算多花营销预算迅速提高销量的商品，可以设置为爆品商品，参考佣金可设置为20%~30%。

以上四类佣金设置在计算佣金时的优先级是：爆品商品佣金 > 主推商品佣金 > 类目佣金 > 店铺默认佣金。

3. 联盟营销的佣金计算方法

客户从联盟网站通过特定链接访问卖家的速卖通店铺，在15天之内，如果客户在该店铺下单，并且这笔订单最终交易完成，则此订单算有效计算佣金的订单。15天的计算时间从最近一次通过特定链接访问开始，如果在这15天内客户又通过推广链接进入，则重新开始计算15天。

在交易期内，客户进行退款的联盟订单会退回联盟佣金；交易结束后，客户正常退货，联盟佣金不退还，因为联盟网站已经起到了导购的作用。折扣商品按照实际销售价格计算联盟佣金，运费不计算联盟佣金。

4. 案例解说

以下案例摘自速卖通官方论坛。

速卖通卖家王先生于 2018 年 3 月 30 日加入速卖通联盟计划，加入时，设定 5% 为店铺默认佣金比例。2018 年 4 月 1 日，为了提高所卖商品的竞争力，他为自己的珠宝类目、钟表类目设置了 6% 的佣金比例。根据佣金生效时间，佣金比例将在三个工作日后生效。同日，为了更好地推广自己的热销单品，他选择了一款项链作为主推商品，并设置了 10% 的佣金比例。同样，佣金比例将在三个工作日后生效。

- 在 2018 年 4 月 2 日，买家 Janet 通过联盟网站 A 看到王先生店铺的主推款项链，下单购买了一件，金额为 58.78 美元，运费为 20 美元。虽然王先生设置了珠宝类目 6% 的佣金比例和该项链 10% 的主推佣金比例，但因为顾客购买时新的佣金比例尚未生效，所以佣金比例是默认的 5%，王先生需要支付 58.78 美元×5%≈2.94 美元的联盟佣金。
- 在 2018 年 4 月 5 日，买家 Tom 通过联盟网站 A 购买了王先生店铺的主推款项链（58.78 美元），进入店铺后又购买了两件珠宝产品（每件金额 55 美元），运费为 30 美元。因为王先生设置了珠宝类目 6% 的佣金比例，而项链作为主推商品有 10% 的佣金比例，所以王先生需要为这笔 198.78 美元的订单支付 58.78 美元×10%+ 5 美元×2×6%≈6.48 美元的联盟佣金。
- 在 2018 年 4 月 10 日，买家 Janet 收到货后很满意，又直接访问王先生的店铺，下单购买了主推款项链 5 条（每条 58.78 美元）和 1 个小件电子产品（每件 100 美元），运费 20 美元。这个买家是联盟网站带来的，并在 15 天的有效期内，所以应该支付联盟佣金。项链有 10% 的佣金比例，而电子产品没有设置单独类目，所以是 5% 的默认佣金比例。王先生需要为这笔 413.9 美元的订单支付 58.78 美元×5×10%+100 美元×5%=34.39 美元的联盟佣金。
- 在 2018 年 4 月 12 日，买家 Jim 通过联盟网站 A 看到了王先生店铺的主推款项链，进入店铺后只购买了两件电子产品（价格分别为 100 美元和 120 美元），运费为 30 美元。电子产品没有设置单独类目，所以是 5% 的默认佣金比例。王先生为这个买家优惠了 50 美元，商品的总价是 220 美元–50 美元=170 美元（不算运费），王先生需要为这笔订单支付（100 美元×5%+120 美元×5%）×170 美元/220 美元=8.5 美元的联盟佣金。

4.4.3 速卖通直通车

1. 直通车特点

直通车是一种按效果付费的广告，简称 P4P（Pay For Performance）。直通车的付费方式是按点击付费，简称 CPC（Cost Per Click）。

客户在速卖通平台购买商品的一般流程是：搜索关键词→浏览搜索结果页→点击感兴趣的

商品进行浏览。商品是否能展示在搜索结果页靠前的位置直接影响商品的点击率。直通车通过竞价排名让卖家的商品展示在搜索结果页靠前的位置。卖家通过有竞争力的出价使自己的商品靠前展示，展示不需付费，客户点击该商品后卖家才需支付广告费。

- 竞价排名基本原理

竞价排名即通过竞争出价的方式获得网站的有利排名位置，达到高曝光率、高流量的目的。

竞价排名的基本原理是：卖家选择一批和商品相关的关键词，并对这些关键词进行出价；买家搜索该关键词时，出价高的卖家商品会被展示在靠前的位置。在实际操作中，影响商品最终排名的主要因素是推广评分和关键词出价，推广评分和关键词出价越高，排名靠前的机会越大。

推广评分用于衡量商品在该关键词下的推广质量，与关键词和商品的相关度、商品信息质量、买家喜好和卖家账户质量4个因素有关。推广评分分为"优""良""--"三档，"优"级别可以竞争主搜位，"良"级别代表需要优化，"--"级别无法参与推广。

- 扣费规则

最终的扣费金额并不等于推广出价金额，实际扣费金额与卖家自己的推广评分、排在卖家后面另一位卖家的出价金额及他的推广评分相关，多数情况下实际扣费金额会低于出价金额，卖家自己的推广评分越高，实际点击扣费越低。系统会过滤无效点击，包括中国大陆地区点击、重复的人工点击、非人工的自动点击等。

- 直通车推广的作用

▲ 推新品，快速引流，打造爆款

新上线的商品没有销售数据积累，在搜索结果页自然排名展示位置靠后，通过直通车可以快速获取大量曝光，增加销售机会，提升订单量和交易额，积累商品权重，从而提升商品自然排名。

▲ 店铺选品测款

为多个商品同时开启直通车，筛选出转化效果好的商品进行重点优化和推广，起到为店铺筛选潜力款的作用。

▲ 提升店铺整体流量

单品销量提高的同时会带动店铺其他商品的销售，全店的流量和交易额都会呈现出上涨的趋势。

2. 直通车展示位

直通车展示位的展示效果和自然排序展示位的展示效果无明显区别，但直通车展示位在右下角会有"AD"符号，直通车展示位有以下几个地方。

- PC 端搜索结果第一页第 12、20、28、36、44 位共 5 个位置；第二页及以后第 8、16、24、32、40、48 位共 6 个位置；每个搜索结果页最下方的 4 个位置，如图 4-33 所示。

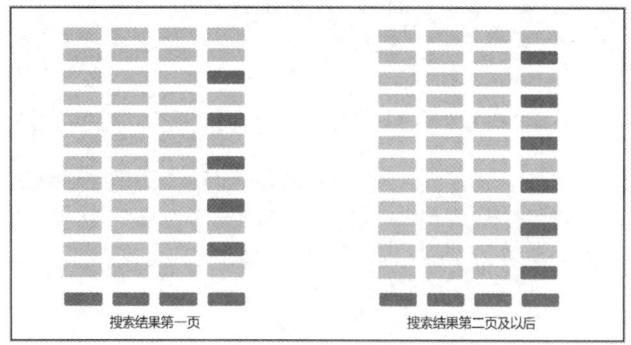

图 4-33　PC 端直通车展示位示意图

- 手机端搜索结果页第 8、16、24 位，以此类推，如图 4-34 所示。

图 4-34　手机端直通车展示位示意图

- 商品详情页底部 5 个推荐位置，如图 4-35 所示。

图 4-35　商品详情页底部的直通车展示位

3. 直通车新手策略

直通车有两种推广计划：重点推广计划和快捷推广计划，如图 4-36 所示。重点推广计划用来推广已确定是潜力款的商品，可精确选词，重点打造，推成爆款；快捷推广计划用来批量选词、批量推广，查看推广数据，筛选出有潜力的商品。

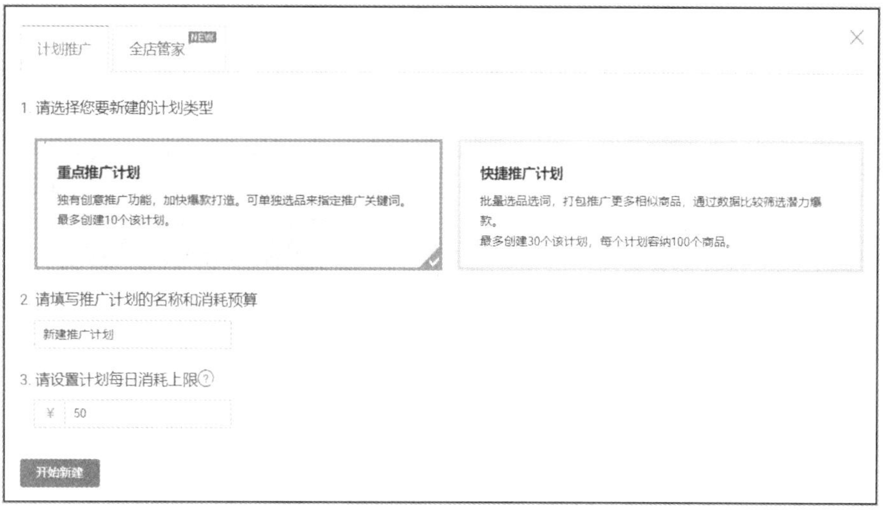

图 4-36 重点推广计划和快捷推广计划

做直通车推广的步骤如下。

1）选品：通过选品工具和数据分析，选出客户接受度高、转化率高的商品作为直通车主推商品。

2）选词：系统提供了智能推荐关键词功能和批量添加关键词功能，此外还可以使用"数据纵横"等工具找到优秀的长尾关键词。

3）出价：既可以批量给关键词出价，也可以针对某些关键词单独出价。系统提供了按照预期展示位置智能出价的功能，可以按自己的情况设置每日预算上限和定向人群、推广展示时间、推广展示地区等条件，让系统自动出价展示。

4）优化：直通车开启后卖家应该经常查看报告，根据展示情况和转化率修改关键词或出价，直通车方案需要持续地进行优化，才能保持高流量、高转化率。

- 快捷推广计划

新手初次开通直通车，在对商品、关键词和出价都缺乏经验的情况下，可以选择快捷推广计划，将所有商品都加入推广计划，使用系统推荐的关键词和自动出价功能，所选商品随机匹配所选的关键词。这里注意一定要设置每日预算上限，到了上限系统就会停止展示，避免造成营销预算浪费。经过一段时间的测试，从中选出有潜力的商品作为预备爆款，对预备爆款设置重点推广计划，直到优化推广形成爆款。

使用快捷推广计划不仅可以测试商品，还为全店的推广涵盖了更多的关键词，覆盖了更多的流量。直通车推广单个商品最多有 200 个关键词，当多个商品都参与推广时关键词的范围就大大扩展了，覆盖的流量也更多了。

- 重点推广计划

新建一个重点推广计划的步骤如下。

1）建立推广计划。新建"直通车重点推广计划",从系统推荐的关键词库里对关键词进行筛选,去掉热度不高、不符合商品特征的词,如图4-37所示。

图4-37 对关键词进行筛选

2）提炼重点词。例如,推广一款连衣裙,商品标题为"2018 Summer Women Dresses O-neck Sleeveless long Retro Casual Party lace Robe Rockabilly 50s Vintage Plus Size"。

从标题中提炼出重点词：summer dress、women dress、party dress。

从以上三个重点词延伸出一些相关词,如 vintage dress、lace dress、50s dress、retro dress、casual dress、long dress、plus size dress 等。

3）增加更多关键词。可以在直通车后台单击"优化工具"→"关键词工具",由系统推荐更多的关键词,如图4-38所示。也可以使用"数据纵横"工具寻找更多的关键词。将自己提炼的关键词和系统推荐的关键词添加到推广词库里。

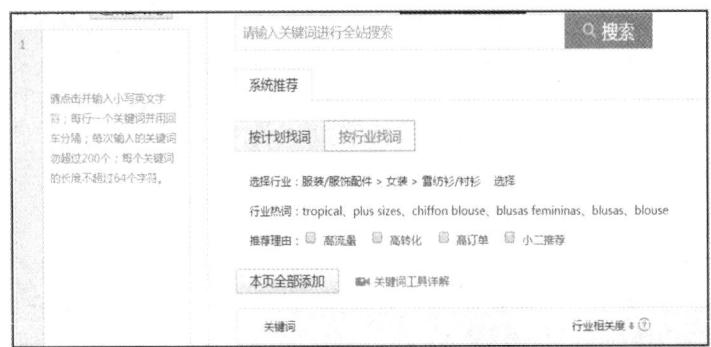

图4-38 系统推荐的关键词

4）调整出价。系统会根据当前出价预估直通车的展示位置，供卖家参考以便调整出价。出价的时候注意流量大的词不一定要出高价，它们虽然流量大，但是转化率可能低，比如 shoes 的流量比 sneakers 的流量大很多，但是 shoes 涵盖了所有种类的鞋子，搜索这个关键词的客户真正的需求可能和我们的商品相差甚远，所以 shoes 的转化率可能很低。而精准词是可以出高价的，当客户搜索 sneakers 或 skateboarding sneakers 时，客户真正的需求基本上和我们的商品是吻合的，在精准词上取得更靠前的展示位置有助于最终达成交易。

5）良词推优和筛选创意主图。将推广评分被系统判断为“良”的关键词进行优化。如图 4-39 所示，找出系统判断推广评分为“良”的关键词。

关键词	推广评分	七日曝光量	七日点击量	七日点击率	七日花费
v-neck	优	0	0	0%	¥0
tshirts for men	良	0	0	0%	¥0
tshirt men	良	0	0	0%	¥0
tshirt	优	0	0	0%	¥0
t-shirt men	良	0	0	0%	¥0
t-shirt for men	良	0	0	0%	¥0
t-shirt	优	0	0	0%	¥0
t short men	良	0	0	0%	¥0
t shirts for men	良	0	0	0%	¥0
t shirt men	良	0	0	0%	¥0
t shirt element	优	0	0	0%	¥0
t shirt	优	0	0	0%	¥0
superman t shirts men	良	0	0	0%	¥0
summer tshirt for men	良	0	0	0%	¥0
summer tops men	良	0	0	0%	¥0

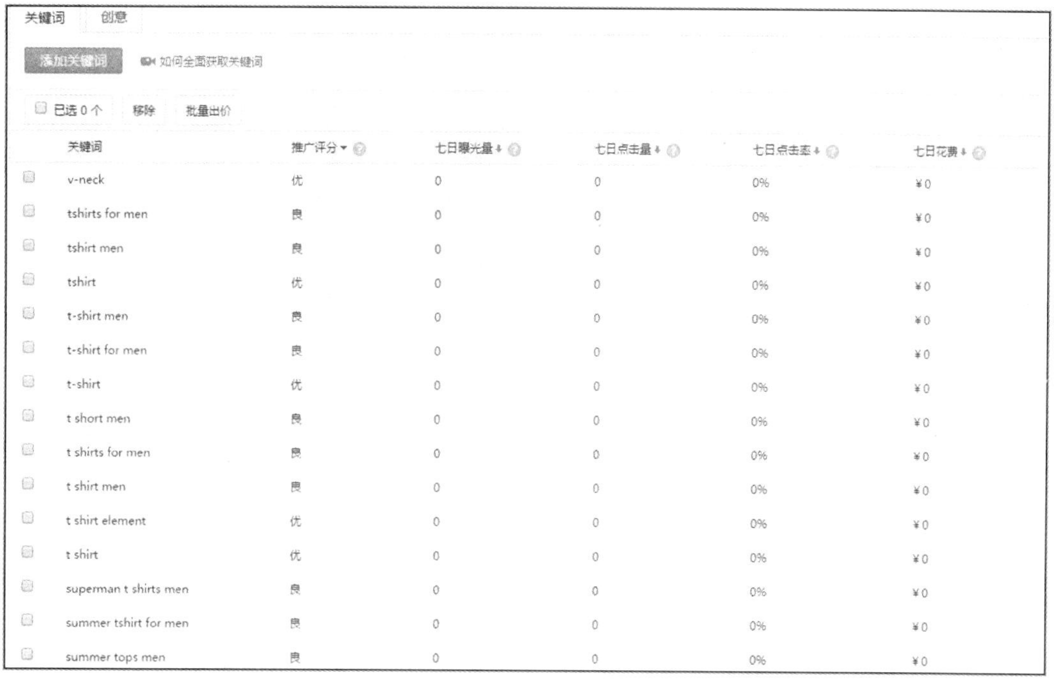

图 4-39　找出推广评分被系统判断为“良”的关键词

优化方法是使用“创意”功能，将推广评分被系统判断为“良”的关键词加入创意标题内，如图 4-40 和图 4-41 所示。

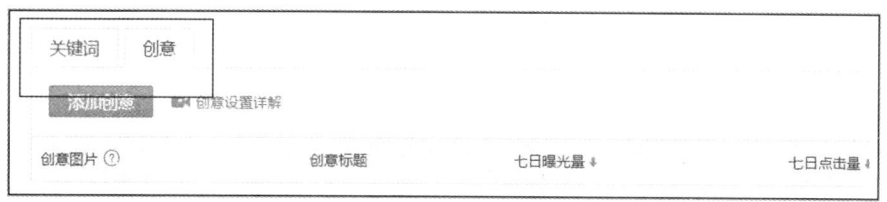

图 4-40　使用“创意”功能

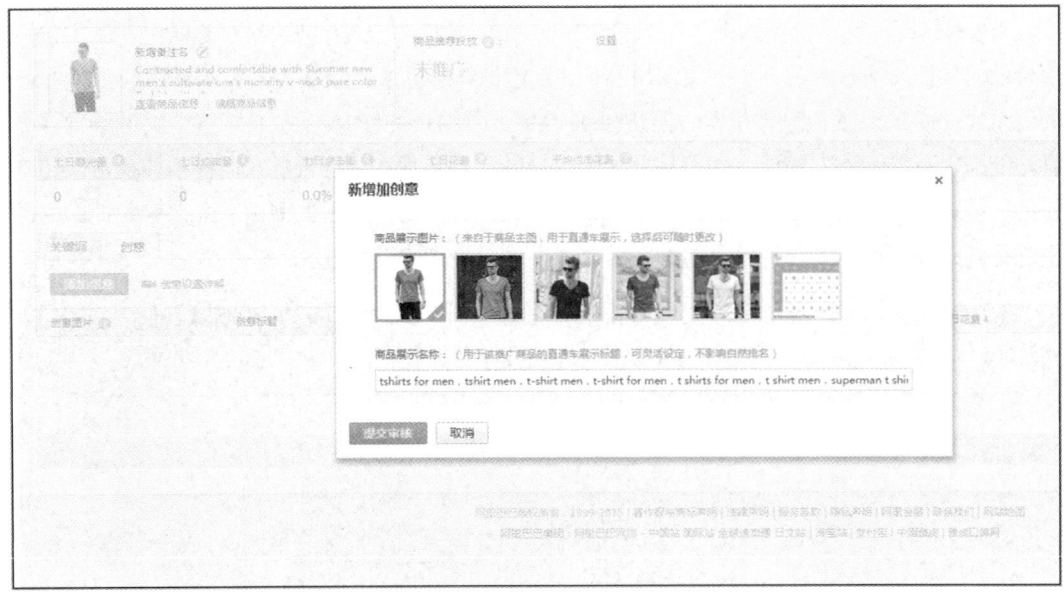

图 4-41 将推广评分被系统判断为"良"的关键词加入创意标题内

4.4.4 社交媒体营销

人们通过浏览社交媒体而产生购买行为的比例越来越高,社交媒体营销是跨境电商运营的重要部分。让我们来认识一下社交媒体(Social Media):"社交"强调人与人之间的互动,以及在互动过程中信息和情感的传递;"媒体"代表渠道,即我们的互动是在哪个渠道发生的,哪些渠道可以更多地覆盖我们的目标人群。开展社交媒体营销之前请认真考虑以上两点,找准目标人群,选择营销方式。

通过社交媒体开展营销可以为我们带来以下益处:

- 提高品牌知名度;
- 增加品牌与消费者之间的互动;
- 发掘潜在买家;
- 增加媒体曝光;
- 为店铺引流;
- 促进销售额增长;
- 建立品牌社区,维护"粉丝"群体;
- 收集市场信息,了解消费者反馈。

常用的社交媒体有 Facebook、Instagram、Twitter、LinkedIn、YouTube 等。全球很多用户都在使用 Facebook,如果你做零售电商,那么 Facebook 应该是你营销的首选。如果你的业务是

B2B，那么 Twitter 和 LinkedIn 更适合你做营销。针对俄语系国家市场，常用的社交媒体是 VK、ru.itao。

1. 内容营销

在团队资源允许的情况下，可以建立品牌的 SNS 账号用于"粉丝"的日常维护，这样做的好处是"粉丝"资源都掌握在自己手中，并且可以随时调动"粉丝"资源为店铺创造价值。这样做的挑战是你必须每天花一些时间去和"粉丝"互动，创造有价值的内容分享给"粉丝"，你至少还得有一定的外语能力，虽然在线翻译软件很强大，但是如果外语对你来说犹如天书，那么也很难和"粉丝"互动起来。

- 创造有趣的分享内容

如果你卖的商品属于新、奇、特或时尚类的，那么精美的商品图片和有趣的视频就是很好的传播内容；如果你卖的商品属于日常消费品，那么就需要给内容增加一些趣味性，使之更适合分享，比如将社会热点与商品特点结合。最后别忘了在你的帖子里加上商品链接，可以让"粉丝"直接点击购买。

如果你卖的商品有一定的专业性和技术性，那么分享行业新闻或经验技巧是不错的选择，比如销售渔具的店铺，分享各种钓鱼经验可以很好地"圈粉"，有效地与"粉丝"互动。

公司里发生的有趣的事、与客户发生的有趣的事等，这些内容可以让我们的社交账号看起来更像真实的人，而不只是打广告的工具。如图 4-42 所示是一位 IBM 的员工分享她在旅游过程中处理工作的照片，IBM 的官方账号转发之后，获得了超过 1600 个用户点赞。

图 4-42　IBM 官方账号转发的图片

- 增加"粉丝"人数并与"粉丝"互动

刚注册账号时"粉丝"很少，可以主动出击寻找潜在客户，邀请他们成为你的"粉丝"。加入相关话题的讨论群/组，观察讨论的内容，运用你的专业知识适时地在群/组里发表观点，帮助其他人解答问题。一旦群/组里有人与你互动，就可以邀请他们与你互相关注，那些没有与你互动的成员，你可以观察他们的账号历史信息，如果是较为活跃的用户，则可以主动关注对方先成为他的"粉丝"，对方可能随后就会关注你。

有人关注之后，要经常分享有价值的内容给"粉丝"，当"粉丝"与你互动时要及时回复，体现这个账号的活跃度。经过一段时间的运营，你可能已经和一部分"粉丝"建立了紧密互动的关系，你可以请求这些"粉丝"为你转发内容，比如有"粉丝"在你店里买了东西，可以邀请他在社交媒体上分享买家秀，然后送他一些礼物或代金券。

2. "网红"推广

"网红"也被称为意见领袖或博主，和"网红"合作可以利用"网红"已有的"粉丝"资源，快速推广商品。"网红"在自己的社交媒体账号上推广的形式包括图文推荐、视频和直播。开展"网红"营销的4个步骤是：确定目标、选择"网红"、开展合作、跟踪效果。

需要确定的目标包括目标受众、推广平台、活动效果、花费预算等。目标受众就是可能会购买商品的人群，确定推广的商品款式，预期通过这次推广达到多少销量。如果是曾经合作过的"网红"，可以参考过去的销售数据来确定下一次的销售目标。

通过搜索关键词可以找到相关领域的"网红"，比如在YouTube上搜索美妆类"网红"，可以使用beauty、makeup等关键词。如图4-43所示，搜索beauty aliexpress找到给速卖通卖家做过美妆产品推广的"网红"。如果想找小语种"网红"，可以把关键词换成小语种。

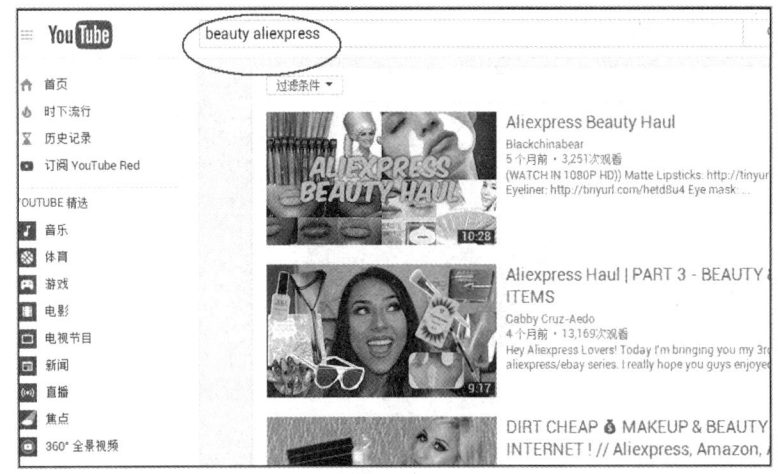

图4-43 搜索美妆类"网红"

看到合适的"网红",进入他们的个人主页,在自我介绍区域一般会有接收商业合作的邮箱地址,可以通过邮件与"网红"取得联系。在写邀约邮件时,应明确介绍需要推广的商品、合作方式、支付的佣金,"网红"会根据你提供的商品信息判断是否适合他/她的"粉丝"群体。

如果是初次合作,双方都不确定合作效果,大"网红"通常会要求先支付一笔推广费用,再按照销量计算佣金。在推广预算有限的情况下,可以多开发小众"网红",大部分小众"网红"只收取销售佣金,甚至可以以商品赞助的形式合作,不需要支付推广费用。

"粉丝"群的互动活跃性决定了推广效果,我们可以通过一个简单的计算式子大致判断"粉丝"的活跃性,若所有互动行为/粉丝数≥1%,则说明互动性很不错。如图 4-44 所示,从视频播放数据看,这位"网红"带来的曝光是很高的,她的订阅者有 3 800 000 多人,评论数有 37 000 多条,点赞 20 000 次,点差评约 470 次,用上面的式子计算(37000+20000+470)/3800000≈1.5%,说明这位"网红"的"粉丝"参与互动性很不错。

图 4-44 "网红"的个人主页

速卖通在卖家后台提供了各国"网红"合作的对接资源,这里的"网红"被称为"达人"。卖家可以在后台的"达人合作"模块发布任务,"达人"领取任务后按照要求制作宣传素材并通过各种渠道向他们/她们的"粉丝"推广。创建及发布"达人"任务的页面如图 4-45 所示。卖家可以选择一口价、免费赠品和 CPS(Cost Per Sales)3 种方式支付"达人"报酬,选择一口价+CPS 或免费赠品+CPS 的支付方式更容易被"达人"接受。如果有 CPS 支付方式的推广,则"达人"在领取任务时会生成一个该"达人"专属的链接,通过这个链接产生的销售额都会给"达人"计算佣金。

图 4-45 创建及发布"达人"任务的页面

第 5 章

视觉营销

学习目标：

- 明确视觉设计的目的
- 理解跨境电商设计的原则
- 掌握商品主图和辅图的制作
- 掌握促销海报的制作
- 掌握商品短视频的制作
- 了解速卖通店铺装修的方法

5.1 视觉设计原则

5.1.1 以销售为导向

在线下购物时,客户通过观看、体验和听销售人员讲解来做出是否购买的决策;在线上购物时,客户仅通过浏览商品网页来做出是否购买商品的决定,由于不能通过视觉以外的方式体验商品,所以视觉设计成为最重要的营销方式。

我们在做电商视觉设计时切记不要以个人喜好判断是否好看,因为好不好看是次要的,商业设计的一切目的都是为了促进销售,判断设计好坏的最终标准是销售转化率的高低。商业设计应该满足以下几点要求:

- 传递准确的信息;
- 包含足够的信息量;
- 清晰的购买引导;
- 符合客户浏览习惯。

5.1.2 跨境电商设计特点

1. 布局和交互

人们不会逐句阅读网页上的文字,研究表明,人们阅读网页时普遍遵循"F形阅读习惯",如图 5-1 所示。

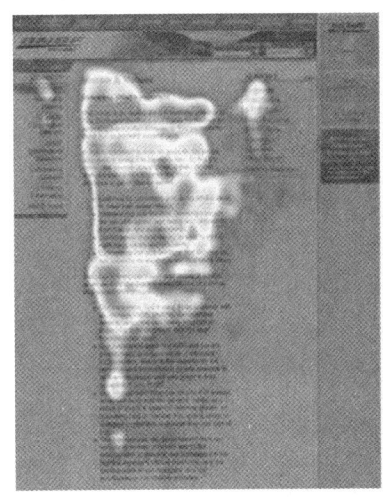
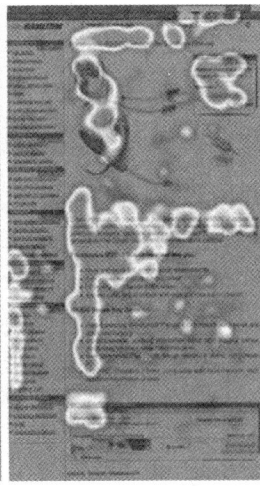
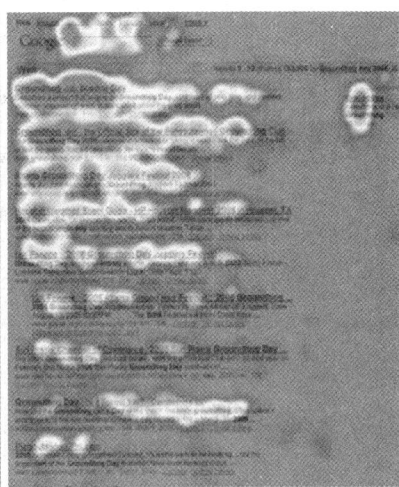

图 5-1 "F形阅读习惯"

这种阅读路径像字母 F 的形状，包括下面三个方面：第一，人们的眼睛首先做水平运动，常常扫过网页内容的上半部分，这样就形成了一条横向的运动轨迹，这就是 F 字母的第一条横线；第二，人们的目光略微下移，扫描比第一步范围较小的区域，这样就画出了 F 字母的第二条横线；第三，人们朝网页左边的部分进行垂直扫描，有时候，这个举动很慢而且很有系统性，这样就画出了 F 字母的一条竖线，如图 5-2 所示。

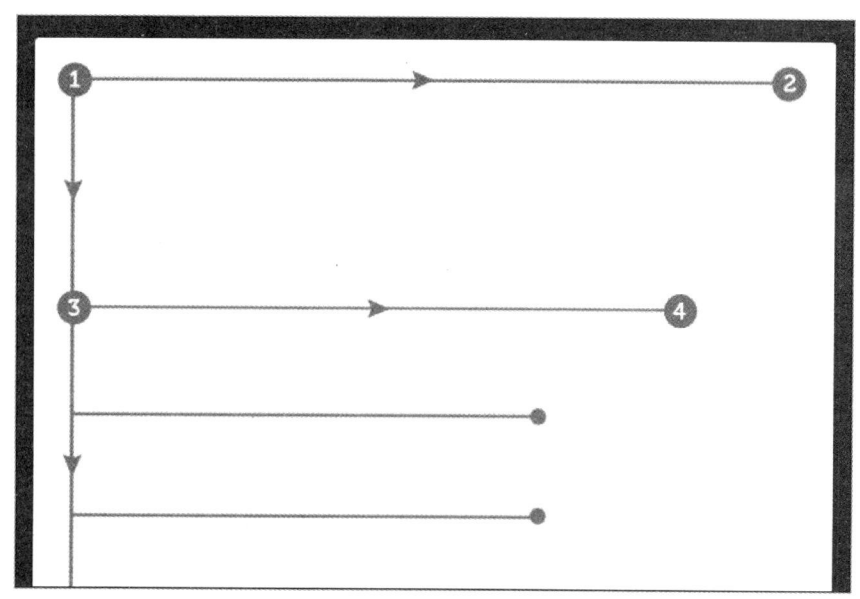

图 5-2　F 形阅读路径

了解了"F 形阅读习惯"，在做网页设计的时候就要注意：人们不会逐字通篇阅读，一定要把重要的内容放在网页左上方。

2．文字和图片独立展示

我们已经习惯了国内电商网站非常花哨的页面设计，如图 5-3 所示是国内电商的商品设计页面，把文字设计成图片的一部分，既是商品卖点，又起到装饰作用。这种设计方式很少在跨境电商里使用，因为跨境电商要面对不同语言的客户，跨境电商平台通常会将英语自动翻译成多国语言以方便不同客户阅读，将文字设计到图片里就无法被计算机翻译了。

我们在跨境电商平台上看到的商品详情页通常类似图 5-4，在 Product Description（产品描述）区域首先以文字的形式描述商品信息，之后是商品图片，商品图片上一般不带有文字，使用这种方式，所有的商品信息都可以被系统自动翻译成各种语言，卖家不再需要为小语种客户提供特别的语言服务。

图 5-3 国内电商的商品设计页面

图 5-4 跨境电商平台上的商品详情页

3. 只体现商品本身的特点

国内电商平台的卖家在设计商品详情页时经常会用到节庆和文化等因素，通过使用这些因素，强调商品某方面的特质。比如，在拍摄长裙时为了体现淑女温婉典雅的气质，可能会选择以江南水乡为背景，通过环境渲染整个氛围，强化"温柔""气质"等关键词在人们心里的印象。

当我们在跨境电商平台上销售商品时，面对的客户有不同的文化背景，使用某种特定文化无法触动所有客户，甚至可能会得罪一些客户。为了避免这些情况发生，在设计商品详情页时最好只注重商品本身，如图 5-5 所示，很直观地表达鞋子的透气性能和剃须刀的防水性能，不带有额外的情感诉求。

图 5-5　体现商品本身的特点

如果需要在设计中增加情感诉求，应该怎么做呢？这时候要考虑选择不同文化背景的人都可以理解的情感，比如充满欢乐的家庭氛围、充满爱意的情侣关系等。

5.1.3　从店铺数据看视觉设计

优秀的视觉设计体现品牌档次。图片设计需要将色彩、图像、文字相结合，用强视觉冲击力的图片来吸引潜在客户的关注，由此增加商品和店铺的吸引力，达到营销制胜的效果。

我们用店铺的实际数据来讲解视觉营销对交易转化的影响。先来看一下店铺后台数据，如图 5-6 所示。

"站内其他"流量往往是浏览量最大、访问深度最深、跳失率最低的。这个浏览量最大的"站内其他"部分，到底跟我们店铺的哪些因素有关呢？图 5-7 告诉我们影响"站内其他"流量的主要因素是店铺装修和关联营销。

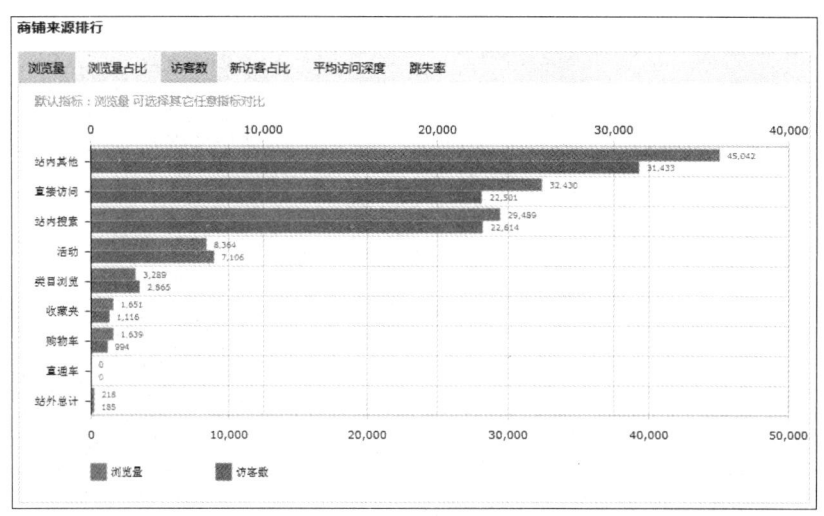

图 5-6 "站内其他"流量最大

来源	浏览量	浏览量占比	访客数	新访客数	新访客占比	平均访问深度	跳失率	提升秘籍
总计	159,493	100.00%	83,205	80,896	97.22%	1.92	78.48%	
站内总计	159,275	99.86%	83,177	80,877	97.23%	1.91	78.47%	
站内其他	45,042	28.24%	31,433	29,855	94.98%	1.43	79.70%	店铺装修，关联营销
直接访问	32,430	20.33%	22,501	21,638	96.16%	1.44	82.01%	
站内搜索	29,489	18.49%	22,614	22,335	98.77%	1.3	82.37%	用搜索词分析提升排序
活动	8,364	5.24%	7,106	7,106	100.00%	1.18	88.47%	马上报名参加活动
类目浏览	3,289	2.06%	2,865	2,860	99.83%	1.15	89.73%	选好类目，填好属性
收藏夹	1,651	1.04%	1,116	988	88.53%	1.48	79.39%	引导买家收藏商铺商品
购物车	1,639	1.03%	994	928	93.36%	1.65	73.45%	引导买家添加购物车
直通车	0	0.00%	0	0	0.00%	0	0.00%	直通车优化秘籍
站外总计	218	0.14%	185	151	81.62%	1.18	86.02%	

图 5-7 流量的详细数据

下面是一家新店铺的实际情况，在店铺开始运营阶段，卖家试着开通直通车，流量虽然增加了，但是却没有转化成订单；停掉直通车，流量就没有了。店铺运营的前几个月，该商家做了大量工作，上传商品图片、优化信息，虽然店铺流量有小幅增加，但实际效果却不尽如人意，如图5-8所示。这究竟是什么原因造成的呢？

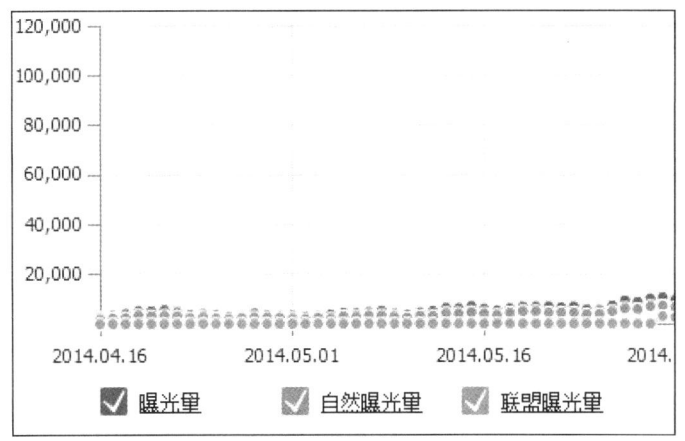

图 5-8 店铺流量

经过多方分析和与其他同类商品对比后发现,这家店铺的商品质量和价格都有优势,流量少的主要原因是卖家在开店初期为了省钱,拍摄的商品图片质量欠佳,导致商品主题页、店铺首页、商品详情页的美观度和其他店铺相关页的美观度差距很大。

找到问题症结后卖家特地聘请了专业摄影师拍摄商品照片,还聘请了专业的设计师对店铺的首页、商品详情页等进行重新装修,再配合营销策略,整体数据有了出人意料的提升,如图 5-9 所示。

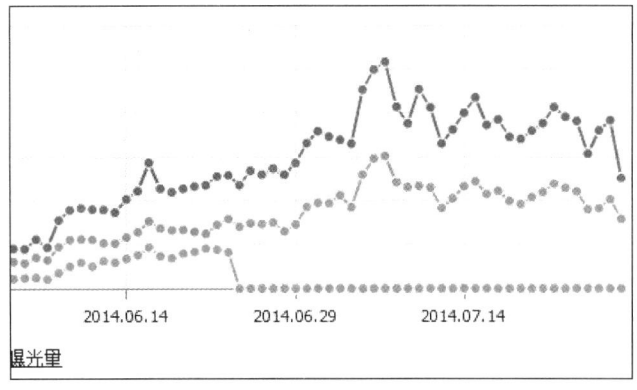

图 5-9 店铺重新装修后的流量

5.1.4 如何开始设计工作

1. 思考设计目的

接到一个设计任务时不要着急动手制作,先思考将要设计的内容应该发挥怎样的作用。比如,一个商品页面所要起到的作用有:

- 最大限度地展示商品的美观性、功能性;

- 将客户所需要了解的所有信息尽可能传达清楚；
- 让客户更积极、更方便地下单购买。

而一个广告图需要起到的作用有：

- 让客户对活动产生兴趣；
- 传达活动的具体内容；
- 催促客户尽快参与。

2. 策划页面结构

策划页面结构环节可以使用线框图，线框图是网页设计中很重要的一个元素，可以表达设计者的思路，也方便与设计师进行交流。设计线框图可以用纸和笔、Word 等简单的方式实现，也可以选择专业软件实现，比如 Axure RP。如图 5-10 所示是一个简单的页面设计线框图样例。

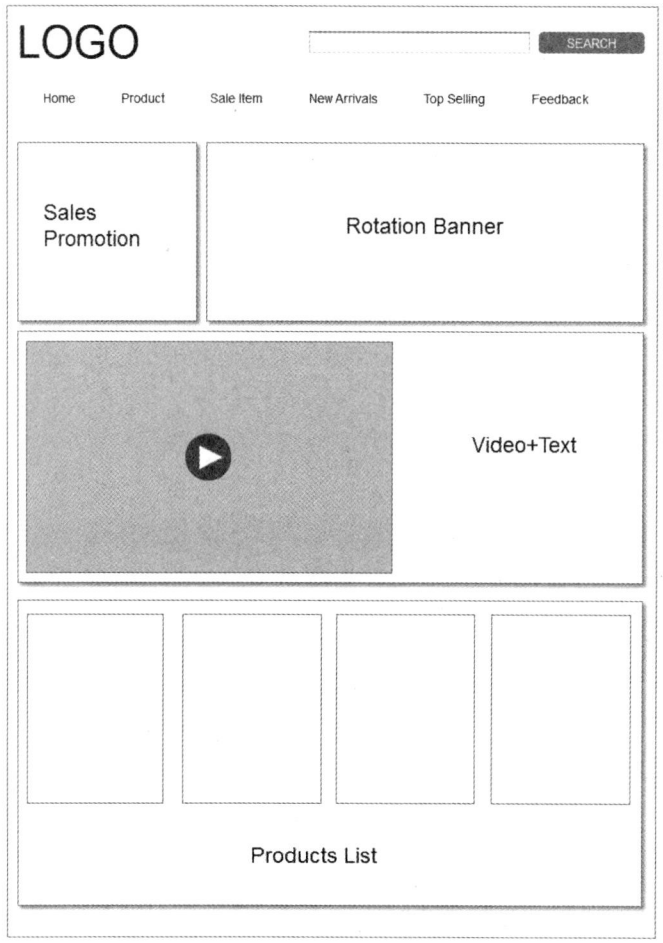

图 5-10　页面设计线框图样例

3．准备设计素材

设计素材主要包括商品照片、文案、品牌标志和辅助性素材。商品照片要选择高像素的照片，拍摄角度要满足设计的需要，并且能够体现商品的特点，比如服装要有细节图、电子产品要有功能图。文案包括营销文案、商品文案、活动文案。营销文案应简洁且富有吸引力；商品文案应凸显商品特点，满足消费者的需求；活动文案要清晰地说明活动性质、活动时间和政策等必要信息。品牌标志应准备多种格式和多种尺寸的，用于不同的设计需要，比如在白色背景上需要彩色标志，在深色背景上需要反色（白色）标志。

以上这些准备完毕后，要看看哪些内容不是必须的，去掉那些不能有效传达信息的元素，然后开始设计。

5.2 设计的内容

5.2.1 主图和辅图

1．主图和辅图的设计

- 多角度全方位展示商品

在上传商品图片时，第 1 张图为主图，主图的主要作用是全面地展示商品。主图后面的若干张图片为辅图，辅图可以展示商品的侧面、背面、细节、功能、包装、附件等需要客户了解的必要信息。卖家一般会上传 6 张图，每张图都应该展示商品某个方面的特点，让客户通过这几张图就可以对商品的信息有全面的了解。如图 5-11 所示是速卖通女装商品发布时的图片建议。

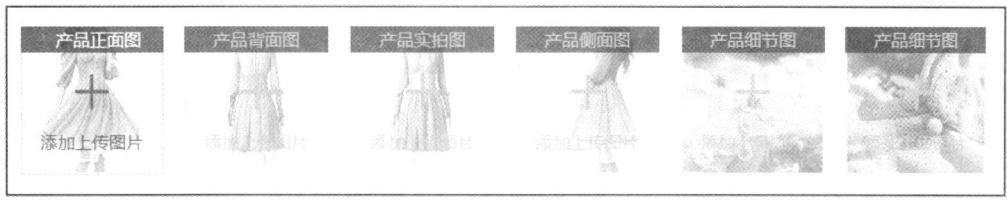

图 5-11　速卖通女装商品发布时的图片建议

如图 5-12 所示是一个优秀的主图和辅图设计案例。第 1 张主图清晰地展示了玩具汽车所有的配件，从这张图可以知道该款玩具汽车的主要特点是玩具大货车的货箱里还配置了多款玩具小汽车，而且这些玩具小汽车可以拿出来单独玩。第 2 张图展示了玩具大货车有额外的存储功能，共有 28 个卡槽可以用来存储。第 3 张图展示了玩具大货车顶部有一个提手，方便提握。第 4 张图展示了玩具大货车头部的转动功能。第 5 张图展示了玩具大货车主体的尺寸。第 6 张图展示了商品的外包装，可以满足有送礼需求的客户。以上 6 张图完整、清楚地展示了这款玩具的所有特点，客户只需要看图就能知道必要的信息了。

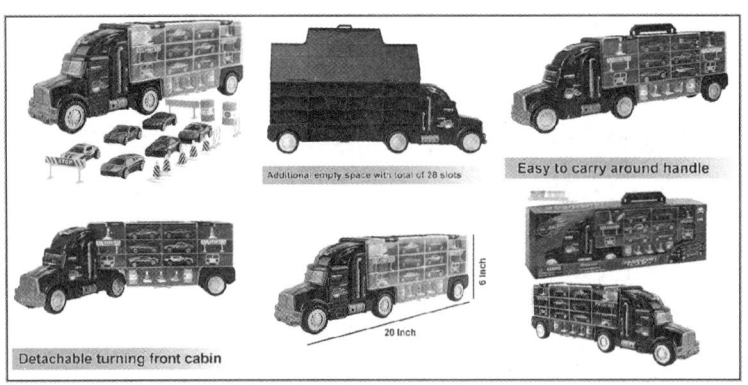

图 5-12 优秀的主图和辅图设计案例

- 主图的风格应保持一致

客户尚未打开商品详情页时，仅能看到商品主图，因此卖家在选择主图时，要顾及店铺的风格，选择的商品主图的风格应该保持一致。

▲ 主体摆放角度一致

摆放主体时可以侧面摆放，也可以旋转一定的角度，注意所有主图的主体摆放角度应该保持一致。请对比图 5-13 和图 5-14，图 5-13 严格遵守统一的主体摆放角度，效果整齐划一，可使客户加深对品牌的印象，而图 5-14 中每只鞋的摆放角度和拍摄角度都存在少许偏差，虽然偏差只有一点点，但是摆在一起就显得非常凌乱了。

图 5-13 主体摆放角度一致

第 5 章 视觉营销

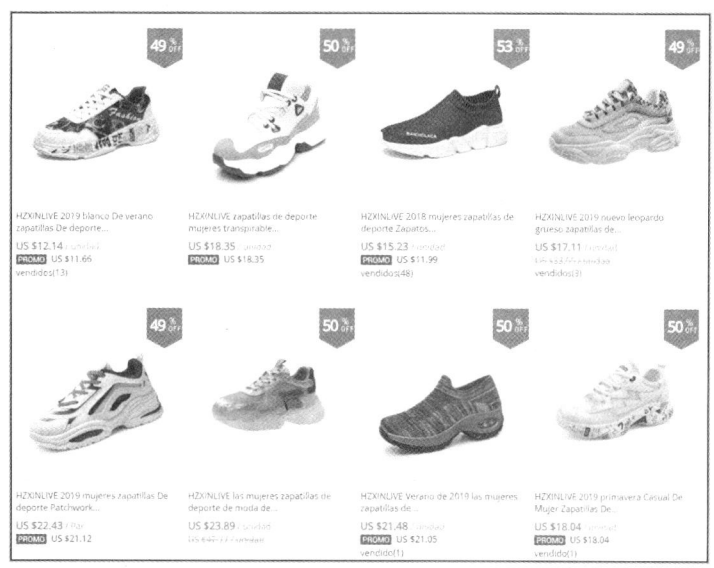

图 5-14　主体摆放角度不一致

▲ 照片中的商品主体所占面积一致

照片中的商品主体应占主图整个面积的 70%~85%，同一个店铺里的商品主图，建议所有的主图保持主体所占面积一致。请对比图 5-15 和图 5-16，图 5-16 第 3 张照片中的商品所占主图的面积明显大于前两张照片中的商品所占主图的面积，整体效果就没有图 5-15 的整体效果显得整齐。

图 5-15　照片中的商品主体所占面积一致

图 5-16　照片中的商品主体所占面积不一致

▲ 背景风格一致

时尚类商品为了展示其风格，通常会选择在场景中拍摄。如果需要在场景中拍摄，则在布置场景时应注意，无论是色彩，还是结构都应尽量保持整洁，嘈杂的场景会影响主体的突出。不同商品选择的场景应该保持一致的风格，比如全部选择街景或全部选择棚拍。图 5-17 的拍摄背景选择了简单的室内白墙，虽然主体服装也是白色的，但在简洁的背景衬托下依然非常突出。图 5-18 的拍摄背景既有街景，也有棚拍，拍摄场景之间没有关联，放在一起整体效果杂乱无序，影响主体商品的表达。

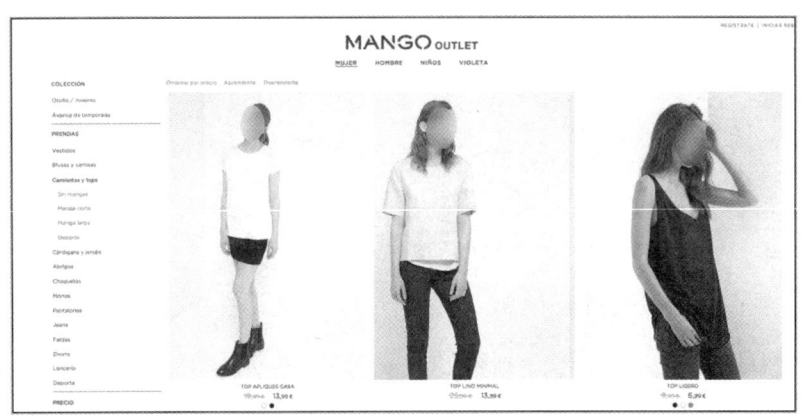

图 5-17 拍摄时的背景风格一致

图 5-18 拍摄时的背景风格不一致

▲ 模特风格一致

真人模特、假人模特、不使用模特，这 3 种展示商品的方式最好能统一。如图 5-19 所示，大部分主图使用真人模特，只有一款商品是平铺拍摄，破坏了整体的统一。

▲ 主光源方向一致

在拍摄商品时会有一个主光源和其他几个辅助性光源，主光源的作用是照亮整个主体，主光源的方向一般在正面或约 30° 角的侧面。在拍摄时，主光源的摆放位置同样应保持一致。

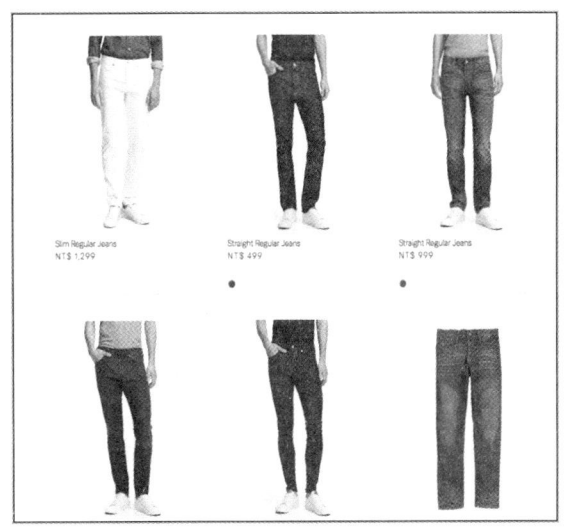

图 5-19 平铺拍摄破坏了整体的统一

下面列举一些主图设计时常见的错误。

- 主体不突出。包括背景颜色和商品颜色太接近、背景环境杂乱导致主体不突出、配件太多导致主体不突出。
- 主体太小或不居中。照片中的主体占整个图片的面积小于 70%，或者没有居于图片中间的位置，都是不理想的主图。
- 商品特点不突出。主要是摆放角度或拍摄角度的问题，导致辨别商品困难，如图 5-20 所示。
- 拼图。主要是同款不同色的图片被拼接在一起。

图 5-20 商品特点不突出

如图 5-21 所示列举了具有代表性的优秀主图和不理想主图，读者可以对比两者的区别。

图 5-21 优秀主图和不理想主图

2. 主图和辅图的规范

1）速卖通主图和辅图使用规范

- 横向和纵向的比例是 1:1~1:1.3，边长大于 800 像素，所有主图和辅图比例一致。
- 图片为 5MB 以内的 JPG 或 JPEG 格式。
- 照片中的商品主体占图片总面积的 70%以上。
- 图片要求无边框、无水印。
- 如果要放标志，则统一放在图片左上角。
- 允许使用带背景的主图，但在报名参加平台活动时通常要求主图是纯白背景的。

- 主图和辅图共 6 张。

2）速卖通营销图

- 营销图是额外的第 7 张图，会展示在 List 页面和推荐 more to love 模块，可以有效提高主图转化率。
- 营销图是长图，要求宽和高的比例为 3:4，建议尺寸为 750 像素×1000 像素。
- 要求商品为实拍图片。
- 不可拼图，不可出现水印及促销文案。

营销图展示效果如图 5-22 所示。

图 5-22　营销图展示效果

3）亚马逊图片尺寸规范

- 图片最长边至少 1000 像素，最短边至少 500 像素，当图片任意一边大于 1000 像素时，该图片就可以有图片放大功能。
- 当图片的横向和纵向比例是 1:1.3 时，可以达到最佳视觉效果。
- 建议使用 JPEG 图片格式，但是 TIFF 和 GIF 格式也是可以的。
- 主图和辅图的尺寸和比例建议保持一致。

4）亚马逊商品主图规范

- 主图的背景必须是纯白色的，纯白色的 RGB 值是（255,255,255）。
- 照片中的商品面积至少要占整个主图面积的 85%。

- 主图上不能放标志和水印。
- 不能出现不在交易订单内的配件。
- 主体必须是实物照片，不能是手绘图。

5）亚马逊商品辅图规范

- 辅图应该对商品的不同侧面进行展示，是对主图的补充说明。
- 辅图不能放标志和水印。
- 辅图允许使用有背景的图片。
- 最多可以添加 8 张辅图。

5.2.2 海报

1. 尺寸

常见的海报宽度是 960 像素、1200 像素、1920 像素，1920 像素宽度的海报可以实现全屏海报效果，高度一般建议 400~600 像素。

全屏海报效果好，但是在电脑屏幕小的情况下无法完全展示，只能显示中间部分，所以在设计全屏海报的时候，一定要把商品主体和文案放在中间 1200 像素的宽度内，以保证所有用户在使用不同大小的显示器的情况下都能看到海报内容。

当商品图片足够清晰时，可以设计大尺寸海报；当商品图片清晰度不够时，建议制作小尺寸海报，从而避免效果不佳。

2. 构图

画面构图有两种简单的方法：三分构图法和九宫格构图法。三分构图法通常用在横向的图片上，将横向均分三份，主体放在三分之一处，如图 5-23 所示。九宫格构图法是把画面平均分成九个小格，将主体放在四条线的焦点处，如图 5-24 所示。

图 5-23 三分构图法

图 5-24　九宫格构图法

3．文字排版

海报的文案一般包括主标题、副标题和说明文字三部分内容。主标题的字体和字号与其他文字的字体和字号应有明显的区别，主标题宜选用大字号，其他文字则使用小字号，大字号的文字能使客户又快又准地看清标题内容，大小字号的错落排版可以在视觉上产生层次感。

文字之间的对齐非常重要，无论是靠左对齐、靠右对齐，还是居中对齐，微小的差距都会影响整体美观。如图 5-25 所示，优秀的文案排版可以提升画面整体效果。

图 5-25　优秀的文案排版

4．表达主题

海报的内容有很多种，比如节日海报、商品海报、促销海报、品牌海报等。烘托节日气氛的海报如图 5-26 所示。

图 5-26 烘托节日气氛的海报

描述商品特点的海报如图 5-27 所示。

5-27 描述商品特点的海报

品牌宣传的海报如图 5-28 所示。

图 5-28 品牌宣传的海报

5．色彩协调

选择商品的主色调作为整体画面的主色调，可以有效地保持画面整体色彩协调统一。如果一款商品有多种颜色，则在推广时通常选择其中一种颜色作为主推色，可以让广告图片的主色调与主推款色调一致，通过颜色突出商品的独特性，加深客户的印象。如图 5-29 所示，海报中的文字颜色和按钮颜色都和模特本身的颜色相近，实现画面的整体和谐。配色时要注意，使用的颜色不要超过三种，超过三种颜色就容易让人感到杂乱，影响最终下单。

图 5-29　色彩协调

取色方法是，在制作图片时用取色工具在模特头发部位取色，微调后成为主题文字颜色，如图 5-30 所示。

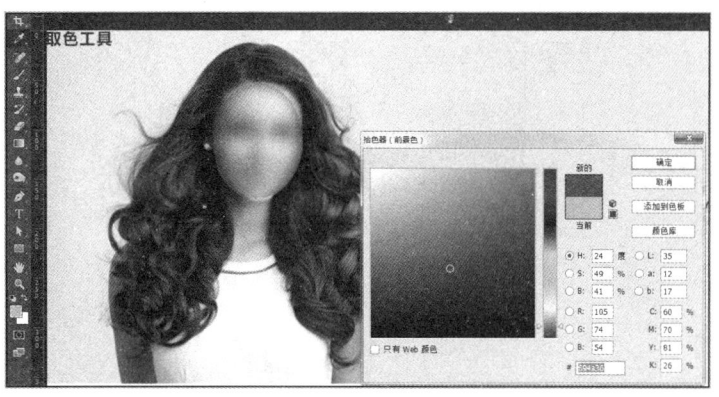

图 5-30　在模特头发部位取色

6．行动按钮

在合适的位置设计一个明显的行动按钮，可以提高点击率，如图 5-31 所示，左侧有行动按钮的图片的点击率显著高于右侧没有行动按钮的图片的点击率。

图 5-31　添加行动按钮的图片和未添加行动按钮的图片

5.2.3　视频营销

1. 视频展示位置

现在是短视频流量的红利期，美国权威机构调研结果显示：视频最高可以增加 80% 的销售转化率。各大电商平台都陆续上线了视频营销功能，视频可以是主图视频、详情页视频、客户评论区视频。速卖通平台对上传主图视频的要求是，时长在 30s 以内，文件大小在 2GB 以内，支持 AVI、3GP、MOV 等格式，建议画面的长宽比例与商品图片的长宽比例保持一致；对详情页视频的要求是，时长不超过 4min，画面长宽比为 16:9。如图 5-32 所示是速卖通商品主图视频，在主图第一个位置。

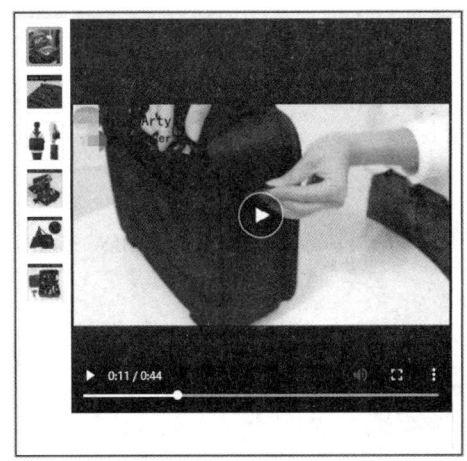

图 5-32　速卖通商品主图视频

2. 视频内容策划

1）商品使用方法

此类视频适用于大多数商品，常见的生活用品都可以用这种表现方法，可以展示的内容包括使用步骤、安装方法、洗涤方式、使用场景等。比如商品是便携式婴儿推车，视频内容应该展示如何快速地展开和折叠它，通过客观方式（如称重）和主观方式（如妈妈手提）体现婴儿推车轻巧的特点。

2）商品功能和材质

功能性强的商品通过视频可以更有效地体现出功能特点。比如多功能化妆包，在视频中将化妆包逐层打开，展示各层的功能，说明可以放哪些东西。

3）开箱展示视频

高科技产品常使用开箱展示的方式，这类视频在 YouTube 等视频网站上很流行，是"科技粉"热衷的视频类型。视频的开头展示包装完整的密封箱子，然后逐层打开包装，取出里面的商品放到镜头前一一展示。

4）商品全方位细节展示

功能性不显著的商品通常会使用此类展示方式，常见于服装、饰品、食品等。视频会从不同角度对商品进行拍摄，包括商品的细节、材质、触感等，与传统的静态图片相比，视频可以更好地表现服饰的质感或食品的美味。

5）创意类内容

以上几类视频是最常见的商品展示方式，除此之外，也可以运用更有创意的展示方式。比如，某搅拌机品牌为了博人眼球，把某品牌手机放入该品牌搅拌机，搅拌机瞬间把手机搅碎，以此来体现搅拌机研磨功能的高效。

策划视频内容时有以下几点需要注意。

- 不要过度营销。视频营销的目的是将商品最好的一面展示给消费者，但是过度营销会造成退货率提高和商品综合评分下降，对商品是一种伤害。注意，在宣传时要避免使用 most popular、best seller 等顶级格式词，这类词语违反了广告法的规定。
- 重点内容放在前 15s。人们的耐心是有限的，如果你的视频不是特别有趣，很少有人能看完整个视频，所以重要的卖点一定要放在前面。
- 画质清晰，注意展示细节。拍摄商品细节的时候可以使用很短的焦距近距离拍摄，体现出材质的质感，商品的质感及外观直接体现商品的质量。

3. 视频制作方法

拍摄视频需要的硬件设备包括拍摄设备（手机或单反相机）、灯光、拍摄稳定器。不同功能的拍摄设备价格相差很大，卖家可根据自己对视频质量的要求酌情选择。

视频剪辑软件需要用到 Adobe After Effects（简称 AE）和 Adobe Premiere（简称 PR）。AE 主要用于制作特效，PR 主要用于剪辑和导出视频。在制作介绍商品的视频时，建议少使用特效，尽量真实地还原商品。

硬件和软件都准备好之后，还需要学习布光、摆放商品、布置场景、选择模特等，这里不再展开叙述。

5.3 速卖通店铺装修

5.3.1 详情页设计

速卖通平台为卖家准备了详情页模板,因为每个类目的商品的销售卖点不同,所以每个类目的详情页模板也有所区别,这里以服饰行业的模板举例说明。进入商品发布页面,找到"详细描述"模块,即可看到服饰行业的详情页模板,如图 5-33 所示。

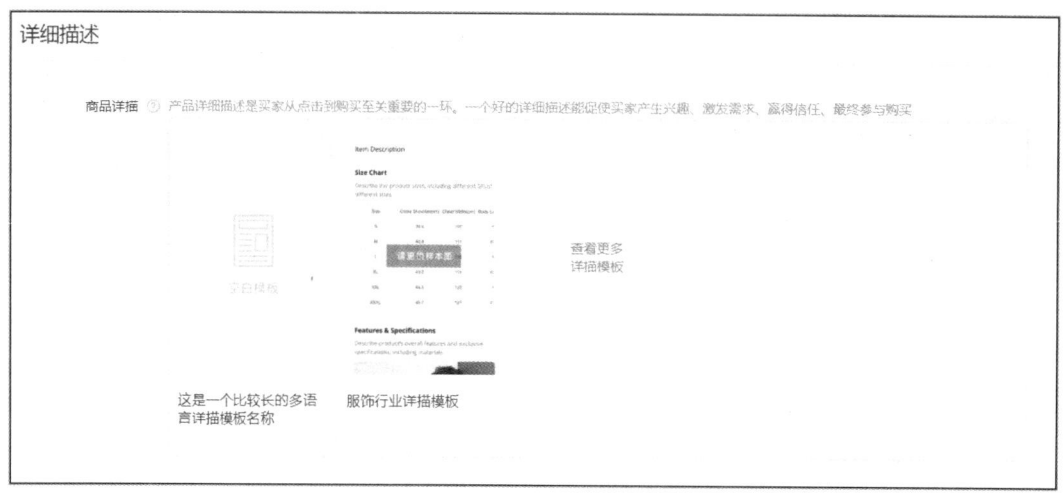

图 5-33 服饰行业的详情页模板

打开模板,进入装修页面,如图 5-34 所示,页面中从左到右分别是装修/模板、所有模块/使用中模块、预览区域和编辑区域。

所有模块/使用中模块区域提供了几种编排方式,包括图文结合、单纯图片、单纯文字、视频,可以根据需要将模块拖入预览区域。

在预览区域和编辑区域,选中一个模块,右侧即显示该模块的编辑工作区,卖家根据指引输入标题和正文,再上传图片即可。预览区域和编辑区域是非常好的所见即所得编辑工具,卖家可以轻松制作出漂亮的页面。以前卖家想做出比较复杂的详情页效果,必须使用 Photoshop 和 Dreamweaver 软件,这对卖家的设计软件技能要求很高,现在速卖通提供的编辑工具大大降低了卖家在设计上投入的劳动成本。

在编辑区域顶部可以切换手机端和电脑端的页面,我们可以把手机端的内容模块直接同步到电脑端,这样电脑端和手机端的详情页就是一样的,也可以在电脑端编辑界面重新制作区别于手机端的内容。电脑端可以展示的内容比手机端可以展示的内容更丰富,所以电脑端的模块比手机端的模块更多,如图 5-35 所示。

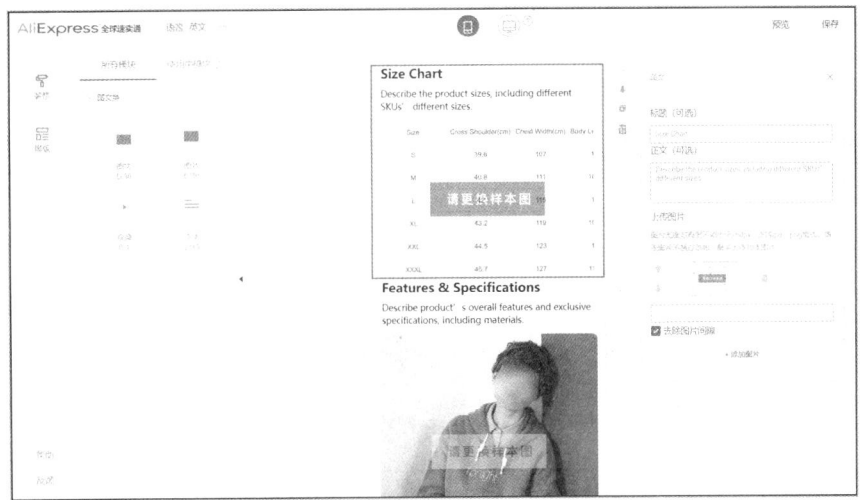

图 5-34　装修页面

图 5-35　电脑端页面

5.3.2　首页装修

单击"店铺"→"店铺装修及管理"选项,进入"店铺装修及管理"页面,可以看到两个按钮:"进入装修"和"品牌故事页装修",如图 5-36 所示。单击"进入装修"按钮即可进入店铺首页装修页面,同样有手机端和电脑端两个设置页面。

下面制作一个手机端的店铺首页,单击"新增页面"按钮新增一个页面,如图 5-37 所示,为该页面命名,输入英文名称即可,其他语言自动翻译,完成后单击"下一步"按钮。

图 5-36 "店铺装修及管理"页面

图 5-37 新增一个页面

接下来选择一个页面模板,也可以选择空白页面后自定义添加模块。如图 5-38 所示,平台已经按照不同行业提供了不同特点的模板,卖家可以选择自己行业的模板并进行修改,用起来非常方便。

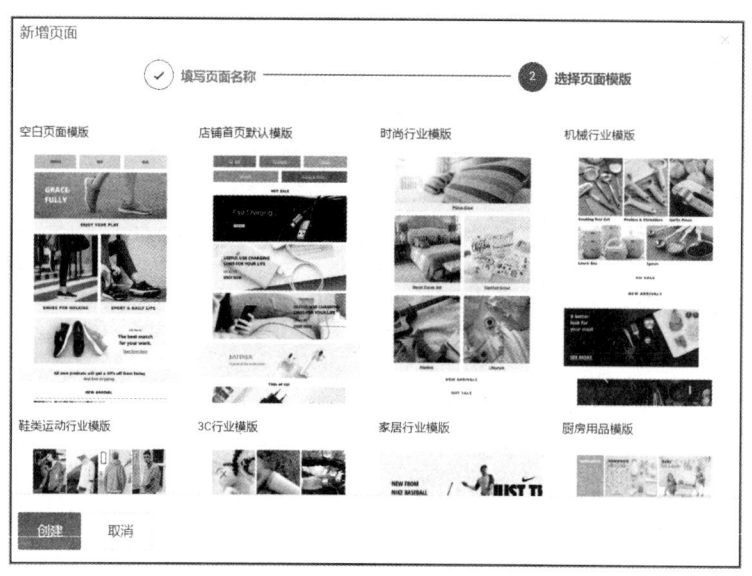

图 5-38 选择页面模板

这里选择了鞋类运动行业模板，进入编辑页面，如图 5-39 所示，从上到下有 4 个模块，分别是店招、优惠券、轮播图、导航。每个模块被选中后都可以在线编辑。值得一提的是，速卖通 2.0 版本的店铺装修工具具备在线设计、在线编辑、自动翻译成多种语言三大优点，没有设计功底的卖家也可以做出漂亮的页面。

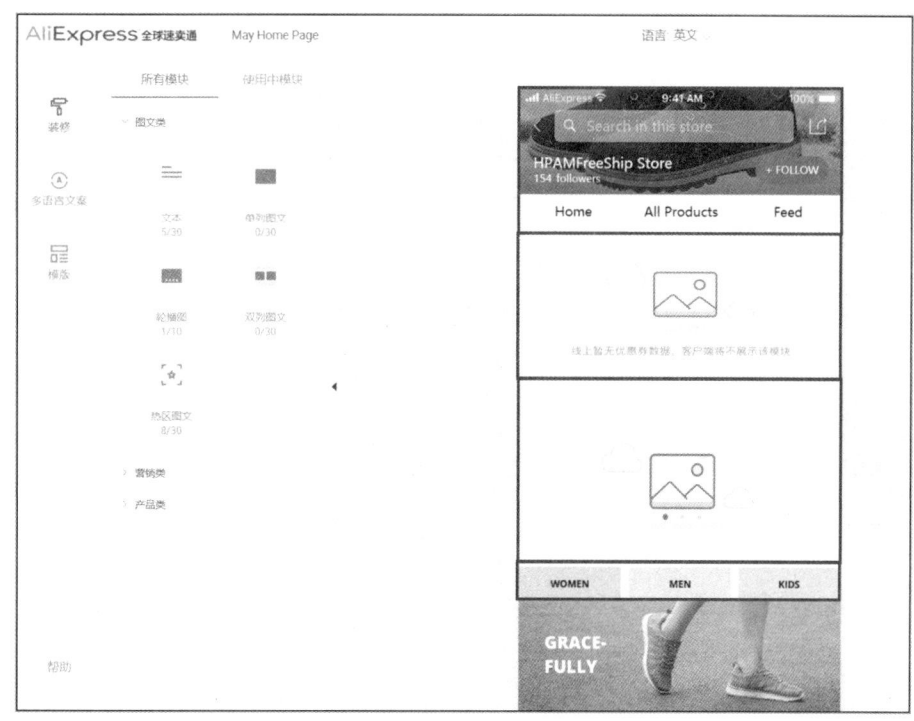

图 5-39　鞋类运动行业模板的编辑页面

我们来了解一下在线设计工具，在模块中单击"在线制作"按钮，如图 5-40 所示。在打开的"新建智能图文"页面中为要设计的海报命名、输入尺寸、选择需要展示的语言种类，如图 5-41 所示。

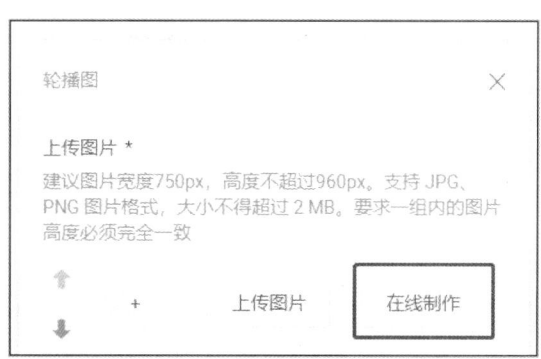

图 5-40　单击"在线制作"按钮

图 5-41 "新建智能图文"页面

单击"创建"按钮,进入海报编辑页面,如图 5-42 所示,左侧是选择素材的区域,右侧是可视化的编辑区。制作海报只需要两个步骤:第 1 步,上传底图;第 2 步,编辑文案。编辑文案时输入英文,可一键翻译成多种语言。如图 5-43 所示为输入文案时的页面。文案输入完毕,返回到编辑页面,即可看到底图和文案都已经呈现在可视化编辑区内,这时候只需要手动调整文案的字体和位置即可完成制作,如图 5-44 所示。

图 5-42 海报编辑页面

图 5-43　输入文案时的页面

图 5-44　制作完成的海报

5.3.3　添加热区

热区是在网页上加入链接的一个区域，即网页上鼠标指针变成小手形状的区域。有时候一张海报推荐了若干种商品，需要添加几个不同的链接，这时就需要用到热区功能。以前做热区需要使用 Dreamweaver 软件，现在我们可以在速卖通后台在线制作热区。如图 5-45 所示，左侧被选中的是一张完整的图片，这张图片上推荐了 3 种商品，因此需要制作 3 个热区。单击"添加热区"按钮即可进入制作热区页面。

图 5-45 选中图片后制作热区

进入制作热区页面后，拖曳浅蓝色的方块，将浅蓝色的方块覆盖需要加入热区的区域，并在右侧文本框中输入链接地址，如图 5-46 所示。单击"完成"按钮即可制作成功。

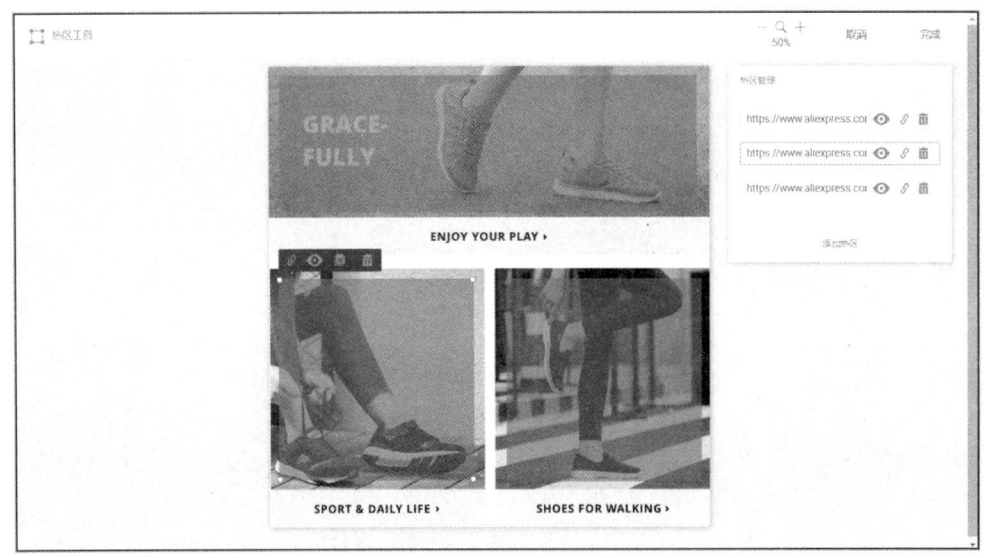

图 5-46 输入链接地址

第 6 章

跨境物流与增值税

学习目标：

- 熟悉国际物流的类别
- 掌握国际运费计算方式
- 了解海关的清关要求
- 理解 VAT 的原理和计算方式
- 学习速卖通物流模板的设置

6.1 国际物流分类

6.1.1 标准类物流

1. 中国邮政国际小包

中国邮政国际小包俗称"中邮""空邮小包""航空小包",以及其他以收寄地市局命名的小包(如"北京小包"),是中国邮政针对 2kg 以下的小件包裹推出的空邮服务,运送范围覆盖全球 177 个国家。卖家可以在线下单,打印面单后直接由邮政工作人员上门揽收或将邮件交付中国邮政的揽收仓库,即可享受快捷、便利的国际小包服务。

1)收费标准和重量限制

方形包裹体积限制:长+宽+高≤90cm,单边长度≤60cm。圆柱形包裹最大体积限制:2 倍直径及长度之和≤104cm,单边长度≤90cm。运费按照正向配送费和挂号服务费的形式收取,包裹重量按克计费,1g 起计重,单件包裹限重 2kg。

2)优缺点总结

- 运费便宜是最大的优点,且部分国家运达时间并不长,是性价比较高的物流方式。
- 在海关操作方面邮政包裹比快递简单很多,享用"绿色通道",因此邮政国际小包的清关能力很强。中国邮政是"万国邮联"的成员,其派送网络世界各地都有,覆盖面非常广。
- 邮政国际小包本质上属于"民用包裹",并不属于商业快递,因此该方式能邮寄的物品比较多。
- 可上门揽收、在线申请赔付,物流信息可查询。
- 邮寄到大部分国家的包裹 16~35 天可送达,总体来说运送时间较长,例如邮寄到俄罗斯、巴西的包裹可能要超过 40 天才能显示买家签收。
- 限制重量 2kg,阿富汗甚至限重 1kg,这就导致部分卖家的包裹如果超出 2kg,就要分成多个包裹寄递,或者选择其他物流方式。

总体来看,中国邮政国际小包属于性价比较高的物流方式,适合寄递重量较轻、量大、价格要求实惠且对于时限和查询要求不高的物品。

3)通关的注意事项

- 中国邮政国际小包是一种民用包裹,并不属于商业快递,海关对个人邮递物品的验放原则是"自用合理数量",该原则即以亲友之间相互馈赠自用的正常需要量为限,因此,为了顺利通关,并不适合寄递数量太多的物品。
- 限值规定:海关规定,对寄自或寄往港澳地区和国外的个人物品,每次允许进出境的限值分别为人民币 800 元和 1000 元;对于超出限值部分,属于单一不可分割且确属个人正常需要的，可从宽验放。
- 因当地罢工、自然灾害等原因可能导致寄往当地的服务被暂停。
- 赔偿状况按照订单在速卖通的实际成交价赔偿，最高不超过人民币 300 元。

2．中国邮政航空大包

中国邮政航空大包俗称"航空大包""中邮大包"。中国邮政航空大包除航空大包外，还包括水陆运输、空运水陆运输的大包，本书所提及的"中邮大包"仅指航空大包。中邮大包可寄达全球 200 多个国家，价格低廉，清关能力强，适合寄递对时效性要求不高且重量稍重的物品。

1）收费标准

一般以首重和续重的形式收费，起重 500g 以内。

2）优缺点总结

- 成本低。价格比 EMS 价格低，不计算体积，且没有偏远附加费，和商业快递相比有绝对的价格优势。
- 通达国多，中邮大包可通达全球大部分国家和地区，且清关能力非常强。
- 部分国家限重 10kg，最重只能寄递 30kg；
- 妥投速度慢，查询信息更新慢。

3．DHL e-commerce

DHL e-commerce 和 DHL 商业快递不同，DHL e-commerce 是 DHL 集团旗下的标准类物流服务，时效快，妥投率高，服务好。对体积和重量的限制：单边尺寸≤120cm，长宽围长（长+宽×2+高×2）≤330cm；单件限重 20kg。

4．e 邮宝

e 邮宝是中国邮政速递物流旗下的国际电子商务速递业务，该产品以 EMS 网络为主要发运渠道，出口至境外邮政后，通过目的国邮政轻小件网投递邮件，可以为跨境电商平台和跨境卖家提供便捷、稳定、优惠的物流轻小件服务。目前，e 邮宝业务已通达俄罗斯、美国、巴西、西班牙、法国、荷兰、英国、澳大利亚、加拿大、以色列等 35 个国家及地区，其中寄往最多的国家是美国和俄罗斯。

e 邮宝对方形包裹体积的限制：长+宽+高≤90cm，单边长度≤60cm。对圆柱形包裹体积的限制：2 倍直径及长度之和≤104cm，单边长度≤90cm。

e 邮宝全程可跟踪，提供主要节点跟踪查询。寄送时效正常情况下 7~10 个工作日到达目的地，俄罗斯、乌克兰、沙特需 7~15 个工作日到达目的地；特殊情况（节假日或旺季）需 15~20 个工作日到达目的地。

5. 其他国家和地区邮政小包

邮政小包是被使用较多的一种国际物流方式，依托万国邮政联盟网点覆盖全球，其对重量、体积、禁限寄物品要求等方面均有很多的共同点。然而，不同国家和地区的邮政所提供的邮政小包服务或多或少存在着一些区别，主要体现在不同优势区域会有不同的价格和时效，以及对承运物品的限制不同。大部分国家和地区邮政小包都要求包裹的长+宽+高≤90cm、单边长度≤60cm，且重量不超过2kg。

部分航空小包的特点如下。

- 中国香港小包，时效中等，价格适中，处理速度快。
- 新加坡小包，价格适中，服务质量高于邮政小包一般服务质量，是目前常见的手机、平板电脑等含锂电池商品的运输渠道。
- 瑞士邮政小包，时效较快，但价格较高。在欧洲通关能力强，欧洲申根国家免报关。
- 瑞典小包，时效较快，在俄罗斯通关及投递速度较快，且价格较低。航空小包是寄往俄罗斯首选的物流方式，而且在某些时段安检对带电池的物品管制没那么严格，可用于寄递带电物品。其他地区的邮政小包，具体情况请参考官网。

6.1.2 商业快递

1. UPS

UPS全称是United Parcel Service，即联合包裹服务，其公司总部位于美国佐治亚州亚特兰大市，是一家全球性的快递承运商与包裹递送公司。在速卖通线上发UPS的优势航线是美洲航线，如美国、加拿大、墨西哥、巴西等国家，最快时效3天即可完成配送，在无异常情况下6天基本上都可以完成配送。

UPS的4种快递方式

- UPS Worldwide Express Plus：全球特快加急，资费最高。
- UPS Worldwide Express：全球特快。
- UPS Worldwide Saver：全球速快，俗称"红单"。
- UPS Worldwide Expedited：全球快捷，俗称"蓝单"，是最慢的、资费最低的。

2. DHL

DHL国际快递可寄达220个国家及地区共12万个目的地。DHL在美国创立，目前是德国邮政完全持股的快递货运公司。在2012年，中外运敦豪与速卖通联合推出HK DHL Express，为速卖通卖家提供线上发货服务，寄送时效为3~6天。

HK DHL Express没有明确的体积和重量限制，单件重量≥70kg或单边长度≥120cm，需收取超长超重附加费260元/票。

3. TNT

TNT 总部位于荷兰，主要在欧洲、南美洲、亚太地区和中东地区拥有航空和公路运输网络。一般货物在发货次日即可实现网上追踪，全程时效为 3~6 天。在 2012 年，TNT 与速卖通联合推出线上发货服务，拥有全面的欧洲空运、陆运网络覆盖，主要优势航线为欧洲航线，比如英国、德国、法国等国家。单件包裹重量≥70kg 无法寄送，在体积和尺寸方面没有明确限制。

4. FedEx

FedEx 全称是 Federal Express，隶属于美国联邦快递集团，是集团快递运输业务的中坚力量。在 2012 年，FedEx 和速卖通联合推出线上发货服务，主要优势航线是亚洲航线和美洲航线，比如美国、加拿大、印度尼西亚、以色列等国家，时效为 3~6 天。FedEx 最大的优势是清关能力强。若单件包裹单边长度≥270cm，或者围长（长+宽×2+高×2）≥330cm，或者单个包裹重量≥68kg，则无法寄送。

6.1.3 国家专线物流

1. 燕文专线 Special Line-YW

Special Line-YW 即航空专线—燕文，俗称燕文专线，是北京燕文物流公司旗下的一项国际物流业务，是一款可以通达 40 个国家的标准型航空挂号产品。燕文专线费用按照正向配送费+挂号服务费的形式收取，按克计费，1g 起计重，单件限重 2kg。寄送时效正常情况下是 10~35 天，全程可追踪。

方形包裹体积限制：长+宽+高≤90cm，单边长度≤60cm。圆柱形包裹交货地为华东地区的体积限制：2 倍直径及长度之和≤104cm，单边长度≤90cm。圆柱形包裹交货地为华南地区的体积限制：非德国地区单边长度≤60cm，寄往德国的单边长度≤55cm。

2. 俄速通 Russian Air

中俄航空 Ruston（Russian Air，俄速通）专线是由黑龙江俄速通国际物流有限公司提供的中俄航空小包专线服务，是通过国内快速集货、航空干线直飞、在俄罗斯通过俄罗斯邮政或当地落地配进行快速配送的物流专线的合称。

俄速通费用按照正向配送费+挂号服务费的形式收取，按克计费，1g 起计重，单件限重 2kg。寄往俄罗斯的物品时效快，正常情况下 15~25 天到达买家目的地邮局，可查询物流时效。方形包裹体积限制：长+宽+高≤90cm，单边长度≤60cm。圆柱形包裹交货地为华东地区的体积限制：2 倍直径及长度之和≤104cm，单边长度≤90cm。

3. 中东专线 Aramex

Aramex 是中东地区知名的快递公司，提供全球范围的综合物流和运输解决方案。Aramex 与中外运于 2012 年成立了中外运安迈世(上海)国际航空快递公司，在国内也称为"中东专线"，是发往中东地区的国际快递的重要渠道。Aramex 在速卖通平台上提供 36 个目的地的送达服务，正常情况下 3~6 天完成派送。

单件包裹限重 30kg，单边长度≤120cm，围长≤330cm。单票的申报金额大于 600 美元时必须报关，收费标准为 200 元/票。

4. 速优宝芬兰邮政

速优宝芬兰邮政是由速卖通和芬兰邮政（Posti Finland）针对 2kg 以下的小件物品推出的香港口岸出口的特快物流服务，运送范围是俄罗斯、白俄罗斯、爱沙尼亚、拉脱维亚、立陶宛、波兰、德国的全境邮局可到达区域。

速优宝芬兰邮政的费用按照正向配送费+挂号服务费的形式收取，单件包裹限重 2kg。包裹自揽收起 35 天妥投至买家地址对应的邮局。买家在速卖通下单时仅"商品折后价×数量+运费"小于或等于 23 美元的商品才能选择速优宝芬兰邮政挂号小包；如超过 23 美元，则不能显示这个物流选项。

5. 中俄快递-SPSR

线上发货"中俄快递-SPSR"服务商 SPSR Express 是俄罗斯优秀的商业物流公司，向卖家提供经北京、香港、上海等地出境的多条快递线路，运送范围为俄罗斯全境。

中俄快递-SPSR 的资费标准是：资费计算项目与中邮挂号小包的资费计算项目一致，包括配送服务费和挂号服务费两部分。运费根据包裹重量按每 100g 计费，不满 100g 按 100g 计，单件包裹限重 30kg。包裹体积限制：长+宽+高≤180cm，单边长度≤120cm。

中俄快递-SPSR 的参考时效：承诺俄罗斯 75 个主要城市 11~14 天到达，最长 31 天内必达（不可抗力除外），因物流商原因在承诺时间内未妥投而引起的速卖通平台限时达纠纷赔款，由物流商承担。

6.1.4 速卖通平台专线物流

1. 无忧物流

速卖通无忧物流（AliExpress Shipping）是菜鸟网络推出的物流服务，为速卖通卖家提供国内揽收、国际配送、物流详情追踪、物流纠纷处理和售后赔付一站式的物流解决方案。目前，速卖通卖家使用最多的物流服务就是无忧物流和中国邮政。

无忧物流有五种类型：无忧物流—简易、无忧物流—标准、无忧物流—自提、无忧集运（针对中东地区）和无忧物流—优先。

无忧物流有五大优势，分别如下。

- 最大的优势是因物流原因导致的纠纷退款由平台承担，纠纷不计入纠纷率。

- 渠道稳定，时效快。无忧物流集合了多家物流服务商，可以根据目的国、品类、重量选择最优的物流方案。
- 低于市场价。发全球享受市场价 8~9 折，可以使用支付宝收款账户中未结汇的美元支付运费。
- 操作简单。在速卖通后台选择无忧物流可一键完成物流模板设置，出单后重点城市免费上门揽收。
- 平台承担售后，赔付损失。物流纠纷无须卖家响应，平台直接判责。

2．菜鸟物流

菜鸟网络与优质物流商及目的国邮政合作，采用稳定干线资源运输，快速运输到目的国，由当地的邮政进行清关及派送。正常情况下 35~45 天可以实现大部地区妥投，货物自揽收或签收成功之日起 35 天仍未到达目的国的情况视为丢失，可在线发起投诉，投诉成立后最快 5 个工作日可以完成赔付。

菜鸟物流目前有三种物流类型：菜鸟超级经济、菜鸟特货专线—超级经济、菜鸟特货专线—简易。

6.2　运费计算

运费计算分为按重量计费和按体积重计费，两种计费方式取价高的为准，有时候还需要另加燃油附加费和包装费，即总费用=（运费+燃油附加费）×折扣+包装费。

1）按重量计费的计算方式

- 只有正向配送费的情况：正向配送费×重量。
- 有正向配送费和挂号费的情况：正向配送费×重量+挂号费。
- 区分首重价格和续重价格的情况：首重价格+（包裹重量−首重）×续重价格。

2）按体积重（又称抛货）计费的计算方式

货物的最长（CM）×最宽（CM）×最高（CM）/6000=体积重。

国际运费成本高，应尽可能控制包裹的体积和重量。在选品时尽量不要选择体积很大的商品，比如枕头体积大、重量轻，可以真空压缩之后再打包。当商品数量很多时，可以分成几个包裹，避免一起打包时体积过大。能使用塑料袋包装的商品尽量不使用纸盒包装，纸盒更容易计算体积重，而且纸盒的重量也比塑料袋重，比如鞋子可以考虑除去鞋盒改用塑料袋进行包装。

6.3 运输包装

外包装常用的材料为快递塑料袋和纸盒,抗震保护材料有气泡膜、气泡柱等,打印快递单需要用到热敏打印机和三防热敏纸。

根据不同的商品选择不同的包装材质:

- 发光的商品必须使用纸盒包装,确保外包装不会透光;
- 电子产品或易碎物品要使用气泡膜,起到缓冲作用;
- 长度较长的商品,比如鱼竿,可以使用PVC管材作为外包装材料;
- 包装的外部不能留下明显的文字信息。

6.4 速卖通线上发货

速卖通线上发货是由速卖通、菜鸟网络联合多家优质的第三方物流商打造的物流服务体系。卖家使用线上发货可以直接在速卖通后台在线选择物流方案,物流商上门揽收或卖家自己寄送到物流商仓库,发货到国外。卖家可在线支付运费并在线发起物流维权。使用线上发货功能可以像使用国内快递一样方便地寄送跨境包裹。

线上发货流程如图6-1所示。

图6-1 线上发货流程

线下发货是指卖家自己找货代,发货之后将运单号信息输入后台。需要注意的是,找货代一定要确定货代的能力,在大促期间很多货代会出现爆仓的情况,导致包裹处理延误多天,严重影响买家购物体验,如果在这期间买家发起物流争议向卖家索要赔偿,货代方面又无法及时将订单信息在网上显示,那么卖家就只能给买家进行赔偿了。

线下发货流程如图6-2所示。

图6-2 线下发货流程

6.5 海外仓

海外仓指建立在海外的仓储设置。在跨境电商中，海外仓指国内企业将商品通过大宗运输的形式提前运往目标市场国家，在当地建立仓库、存储商品，再根据当地的销售订单，及时从当地仓库直接进行分拣、包装和配送。使用海外仓这种形式大大缩短了跨境物流运输时间，避免因天气、节日等因素造成的物流风险，很好地提升了买家体验，也降低了小包寄送的国际运费。平台会针对存储在海外仓的商品给予流量的倾斜，存储在海外仓的商品会得到更多的曝光机会。

使用海外仓需要卖家支付海外仓的存储费用，一旦商品滞销，每个月都要支付存储费，仓储成本的攀升导致商品成本随时间增加不断提高，想把滞销商品运回来还需要支付高额的运输费。使用海外仓要求卖家有一定的库存量，不确定是否可以热销的商品不适合使用海外仓销售。

海外仓一般由第三方服务商提供。卖家需要支付的海外仓费用包括：头程运费、仓储费用、包裹处理费、当地国寄给买家的运费，以及货物通过目的国海关时产生的关税。

6.6 海关和消费税

清关是在口岸海关进行申报、海关查验、缴税、海关放行等系列程序的通称。清关即结关，习惯上又称通关。货物在清关期间受海关监管，不可以自由流通。跨境所有的包裹都需要经过海关，海关对每个包裹都会进行检查，违禁物品会被海关扣留，货值超过免税标准会被征税，未正常缴税的会被退回。

如果包裹在目的国海关被抽检到没有马上放行，就需要缴税后才能被放行。发生海关没有放行的情况，需要买家配合海关进行清关。卖家支付给物流公司的费用仅是从卖家手上递送到买家手上的费用，不包含清关所产生的税费。

6.6.1 部分国家海关清关要求

有的国家如巴西、俄罗斯、印度尼西亚、阿根廷，在清关时会出现不同程度的延误，这一点在买家下单之后、发货之前要跟买家说明，达成一致再发货。

1）俄罗斯

- 俄罗斯只有莫斯科和圣彼得堡有包裹服务，而且要求发件人和收件人必须都是公司，如果任何一方是私人，则未到达目的地就会被安排到付退回。
- 俄罗斯不接受弃件，目的地清关失败，快件就会被安排到付退回，退回的费用由发件人承担。

2）巴西

- 巴西不接受无费用弃件，当目的地清关失败时，如果发件人选择弃件，则需要支付每票至少50欧元的弃件费，否则会安排到付退回。
- 所有快件都需要附上关税号或收件人的护照或收件人的公民证复印件，否则不能清关。
- 快件寄到巴西100%会查验征税，如果使用邮政小包，则清关时间很长。

3）印度尼西亚

- 超过10kg的货物会导致清关延误。
- 货值申报偏低会要求缴罚金。

4）阿根廷

阿根廷针对个人网购海外商品做了严格限制，每人每年海外网购不得超过5件商品。所以，速卖通平台已经不建议卖家设置阿根廷为销售国。

没有弃件服务的渠道

在没有弃件服务的情况下一旦清关失败，货物会被退回，由发件人支付退回费用。

FedEx：俄罗斯、美国没有弃件服务；欧洲国家要按具体货件查询当地海关才能确认。

DHL：阿根廷、斯洛伐克、拉托维亚、美国、乌克兰、巴西、捷克、波兰、白俄罗斯没有弃件服务。

6.6.2 应对海关扣关

1. 海关扣关原因

海关扣关的原因主要有以下几点：

- 因为被征税，买家不愿清关；
- 货物属于进口国违禁品，或者是假货、仿牌货；
- 进口国限制货物的进口；
- 卖家无法出具进口国需要卖家提供的相关文件；
- 买家无法出具进口国需要买家提供的相关文件。

2. 与买家协商配合清关

如果是商品被征税而买家不愿支付关税的原因，卖家可以与买家协商如下：

- 如果进口国对货物征税要求严格，则卖家应事先与买家商定如出现征税情况由谁承担费用；

- 如果事先未协商一致，买家又不愿清关，则卖家可以做出一定让步，比如双方各承担一半，或者给买家优惠券。
- 在无法协商一致的情况下，卖家应尽量保留买家不愿清关的证据，为应对纠纷提供信息。

综合考虑，如果清关失败，则无论货物被退回还是弃件，卖家都需要承担更高的费用，所以尽量争取让买家配合清关。

6.6.3 欧洲进口税和增值税

1．VAT 的概念

VAT 全称为 Value Added Tax（售后增值税），是欧盟的一种税制，是货物售价的利润税。它适用于在欧盟国家境内产生的进口、商业交易及服务行为。VAT 由**销售增值税（SALES VAT）**和**进口增值税（IMPORT VAT）**两个独立缴纳的税项组成，在商品进口到欧盟国家的海外仓时会产生商品的进口增值税，而商品在其境内销售时会产生的销售增值税。

如果卖家使用欧盟国家本地仓储进行发货，就属于销售增值税应缴范畴，即使卖家所选的海外仓储服务是由第三方物流公司提供的，从未在当地开设办公室或聘用当地员工，也需要缴纳 VAT。为了能依法缴纳增值税，卖家需要向海外仓本地的税务局申请 VAT 税号，VAT 税号具有唯一性，只适用于注册当事人。

根据欧盟税法规定，货物仓储在哪里就要注册当地的 VAT。如果卖家注册了英国的 VAT，就可以在英国使用海外仓，从英国海外仓把货物快递至欧盟其他国家的买家手中，但是这个方式是有限额的，每个国家要求的上限不同，超过限额之后就要申请当地的 VAT 税号。对于跨境电商卖家来说，目前速卖通、亚马逊和 eBay 平台都已经强制要求提交德国和英国的 VAT 税号。

EORI 是海关清关码，在货物清关时使用，格式是 GB+VAT 号+000，在欧盟国家内凡是有经济活动，尤其是有进出口生意的个人或企业都必备这个登记号。

C79 证书是税务退税单，C79 上面有进口 VAT 缴纳的详细信息，有了 C79 税单，才可以在申报的时候抵扣当季需缴纳的销售 VAT 税款。

2．VAT 税率政策

1）德国 VAT 税率

德国的标准税率（Standard VAT）为 19%，适用于大部分商品和服务；低税率（Flat VAT）为 7%，适用于书籍、报纸、食品和农产品。

2）英国 VAT 税率

英国的标准税率为 20%，进口增值税可以抵扣销售税。低税率首年税率为 6.5%，第二年税率为 7.5%；年销售额首年低于 15 万英镑的，次年及以后都低于 23 万英镑的卖家可以申请低税率，但是不可以抵扣销售税。

根据欧盟规定，货值低于 15 英镑或 22 欧元的货物在入关时可以免缴 VAT，也就是说，直邮商品且价格低于 15 英镑的包裹可以免缴 VAT，但是应该如实申报，以免被抽查。

3．VAT 的计算方式

- 进口增值税（IMPORT VAT）=（申报货值+头程运费+进口关税）×VAT 税率

  进口关税=申报货值×商品税率（不同商品的税率不同）

- 销售增值税（SALES VAT）=最终销售价格×VAT 税率/（1+VAT 税率）

最终销售价格是指卖家将商品成本、推广费用、关税、增值税、利润等所有费用加进去后的最终价格。

- 实际缴纳 VAT（增值税）=销售增值税（SALES VAT）–进口增值税（IMPORT VAT）

4．VAT 申报周期

1）德国申报时间

在德国需要每个月申报一次和年度申报一次，一年共需要申报 13 次。需要提供当月营业额（亚马逊账单）、其他账单（物流公司账单、海关报税单）等。

2）英国申报时间

在英国需要一年申报四次，按季度申报。即使没有产生销售额，也要按时进行零申报，不申报会有罚金。

申报时需要准备的资料包括：进项单据，即进口增值税纳税文件、C79 文件或物流公司提供的账单；销项单据，即开具给买家的账单、PayPal 销售数据或银行月度账单；采购及销售数据；其他在当地产生费用的单据。

5．如何申请 VAT 税号

1）申请德国 VAT 税号

按照德国联邦税务局的规定，海外商家和个人纳税者在德国本地的经营和服务活动没有免税金额，无论业务大小都需要向德国联邦税务局进行注册申报，以获取德国的 VAT 税务号并履行相应税务申报和缴纳的义务。以下销售方式应缴纳德国的增值税：

- 卖家从位于德国的仓库向德国的买家/收货人销售商品；
- 卖家从位于欧盟其他国家的仓库向德国的买家/收货人销售商品；
- 卖家从第三地（欧盟以外国家）向德国的买家/收货人销售商品，前提是卖方或其代理人负责对销售的商品清关报税。
- 申请 VAT 所需资料

在中国内地和中国香港地区均可自行申请德国 VAT 税号，需要向德国税务局提交完整的 VAT 申请，需要提交的内容包括：

▲ 公司营业执照、税务登记证、企业章程；

▲ 公司法定代表人的相关证明；

▲ 公司控股股东报告；

▲ 国际汇款银行账户信息；

▲ 仓储信息等相关资料；

▲ VAT 申请表。

以上资料都需要翻译成德文。德国税务局只接受网上报账，网上报账的系统是按月申报的，亚马逊卖家或 eBay 卖家必须提交从在德国销售日起至今的每个月的销售额，补交之前所有应缴税款后，德国税务局才会下发 VAT 税号。

- 德国税务相关税号

德国本土税号（Steuernummer）：大部分情况下，该税号用于卖家所有有义务登记的税务中，税务号码由 10~13 位数字组成，且只含有数字。

增值税号（Umsatzsteuer-Identifikationsnummer）：格式是 DE 开头，后面接 9 位数字。

德国增值税注册证书（Bescheinigung nach §22f UStG）：这是一个完税证明，证明如实申报并已经缴纳税金。

2）申请英国 VAT 税号

自 2012 年 12 月 1 日起，按英国税务和海关总署（HMRC）规定，只要海外公司或个人在英国销售商品，无论销售金额多少，都应申请注册英国 VAT 增值税号，并上缴售后增值税，除非这些商品或服务属于免缴增值税的范畴。

1）申请 VAT 所需资料

▲ 公司营业执照。

▲ 公司法定代表人的相关证明。

▲ 销售商品和销售状况资料。

▲ VAT 申请表。

2）哪些人可以申请

▲ 个体户、独资经营人（Sole Proprietor）。

▲ 合伙人经营（Partnership）。

▲ 公司经营（Corporate Body）。

▲ 协会或俱乐部（Club or Association）。

3）自行申请

卖家可以在网上或通过邮寄的方式自行向英国政府申请 VAT 税号。

如果卖家在英国没有办公室或业务机构，也没有英国居住证，则属于 NETP（Non-Established Taxable Person）。NETP 只能通过邮寄的方式申请 VAT 税号。首先，通过链接下载"VAT 申请表格"和"填写 VAT 申请表格提醒事项"，如图 6-3 所示。

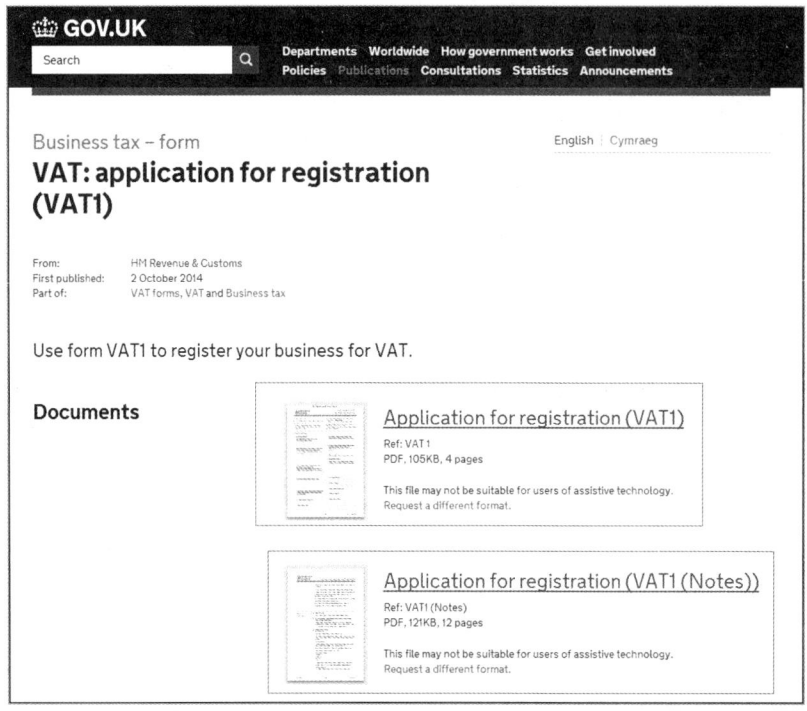

图 6-3　通过链接下载申请表格和提醒事项

然后，参考 Application for registration（（VAT1）Notes）（填写 VAT 申请表格提醒事项）将 Application for registration（VAT1）（VAT 申请表格）填写完整，在打印、签字后邮寄至网站上的指定地址。

如果卖家有英国办公室或英国居住证，则可以直接在网上申请 VAT 税号，申请前需注册一个 HMRC 账户，如图 6-4 所示。

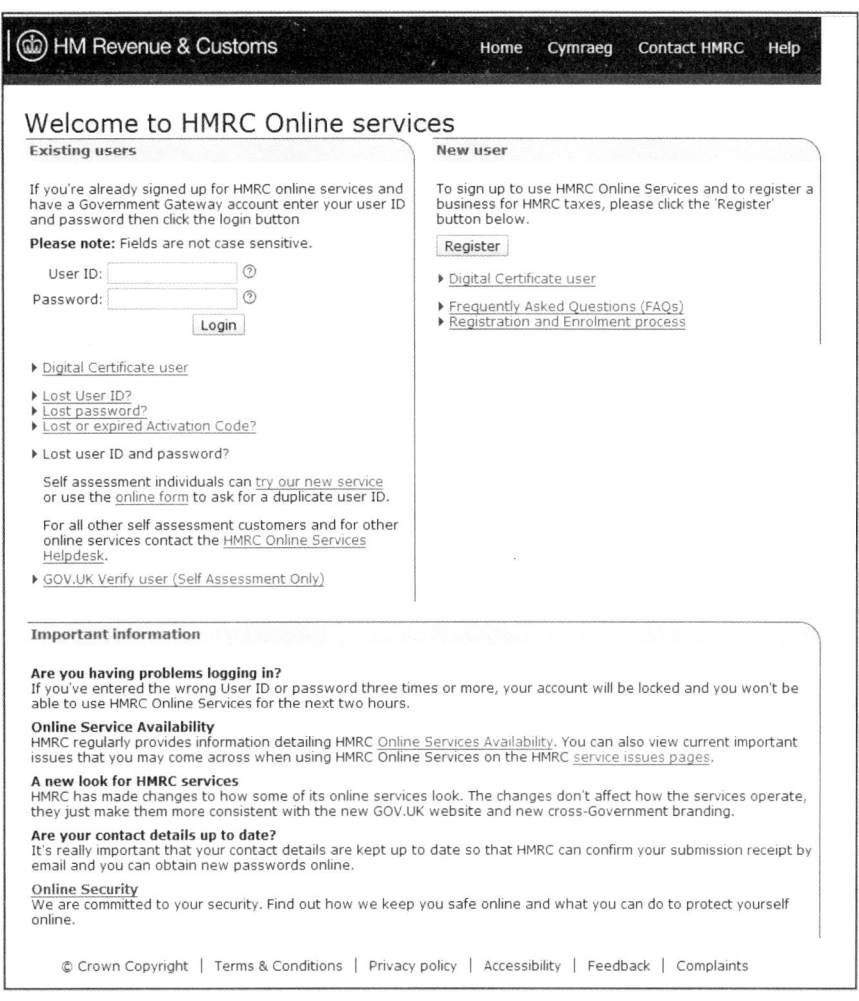

图 6-4　网上申请 VAT

另外，也可以通过邮寄的方式申请，同 NETP 申请方式，先在网上下载 VAT 申请表格，填写完整后打印、签字并邮寄至网站上的指定地址。

6.7　速卖通物流模板设置

6.7.1　认识新手运费模板

卖家在发布商品之前需要设置好商品运费模板，如果未设置自定义模板，则只能选择新手运费模板才能进行发布。下面介绍新手运费模板并讲解如何"自定义模板"。登录店铺后台，单击"模板管理"区域中的"运费模板"选项，如图 6-5 所示。

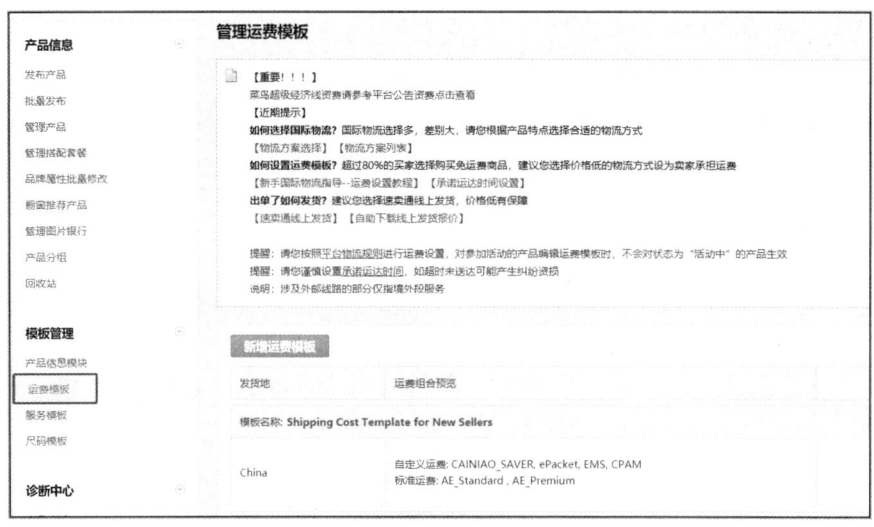

图 6-5　单击"运费模板"选项

下面介绍一下新手运费模板,单击图 6-5 中的 Shipping Cost Template for New Sellers,就可看到"运费组合"和"运达时间组合"两个选项卡,如图 6-6 所示。

图 6-6　显示"运费组合"和"运达时间组合"两个选项卡

在"运费组合"选项卡中,新手模板包含 AliExpress Saver Shipping、AliExpress Premium Shipping、AliExpress Standard Shipping、China Post Registered Air Mail、EMS 和 ePacket,系统提供的标准运费为各大快递/运输公司在中国大陆地区公布的价格,对应的减免折扣率则是根据目前平台与中国邮政洽谈的优惠折扣提供的参考。

平台显示的"其余国家""不发货"包含了两重意思,一是部分国家不通邮或邮路不够理想,二是部分国家有更优的物流方式可选,如收件人在中邮小包不发货的国家,卖家可通过 EMS 发货。在"运达时间组合"选项卡中,"承诺运达时间"为平台判断包裹寄达收件人所需的时间。

6.7.2 新建运费模板

对于大部分卖家而言，新手模板并不能满足需求，这种情况下就需要进行运费模板的自定义设置，设置入口有两个，一是直接单击"新增运费模板"按钮，二是单击"编辑"按钮新增运费模板，如图 6-7 所示。

图 6-7 设置自定义运费模板的两种方式

使用以上两种方式新建运费模板显示的界面包含几部分：一是选择发货地区，二是选择物流方式，三是设置优惠折扣，四是个性化地选择寄达国家，五是个性化地设置承诺的运达时间，如图 6-8 和图 6-9 所示。

图 6-8 选择发货地区和物流方式

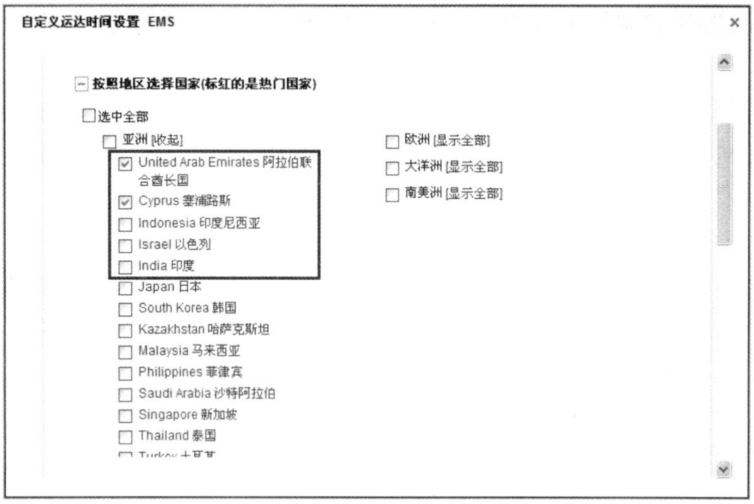

图 6-9 设置运达时间

下面以 China Post Registered Air Mail 即中国邮政挂号小包的设置为例进行操作说明。勾选该物流方式,如图 6-10 所示。

图 6-10 勾选物流方式

选择"标准运费"单选按钮意味着对所有的国家均执行此优惠标准,如图 6-11 所示。

图 6-11 选择"标准运费"单选按钮

如果需要对所有的国家均采用卖家承担邮费即包邮处理,则选择"卖家承担运费"单选按钮,如图 6-12 所示。

图 6-12 选择"卖家承担运费"单选按钮

如果卖家希望对所有的买家均承诺同样的运达时间,则需要进行运达时间设置,并输入承诺天数,如图 6-13 所示。

图 6-13 设置运达时间

事实上,大部分卖家希望进行更细致的设置,可以通过自定义运费和自定义运达时间来实现。卖家只需单击"自定义运费"单选按钮即可对运费进行个性化设置,设置的第一步是选择国家/地区,此处有两种选择方法,一是按照地区选择国家,二是按照区域选择国家,如图 6-14 所示。

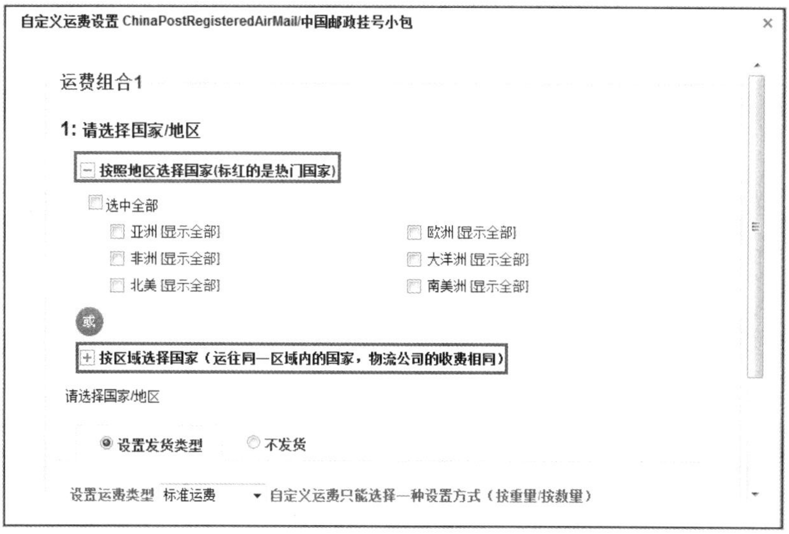

图 6-14 自定义运费设置

为了便于说明，下面以对"黑山"和"阿根廷"两个国家不发货为例进行说明。进入自定义运费设置界面后，操作步骤如下。

1）选择国家，有两种方法进行选择，方法一是按照地区选择国家，展开"欧洲"的国家名，如图 6-15 所示。

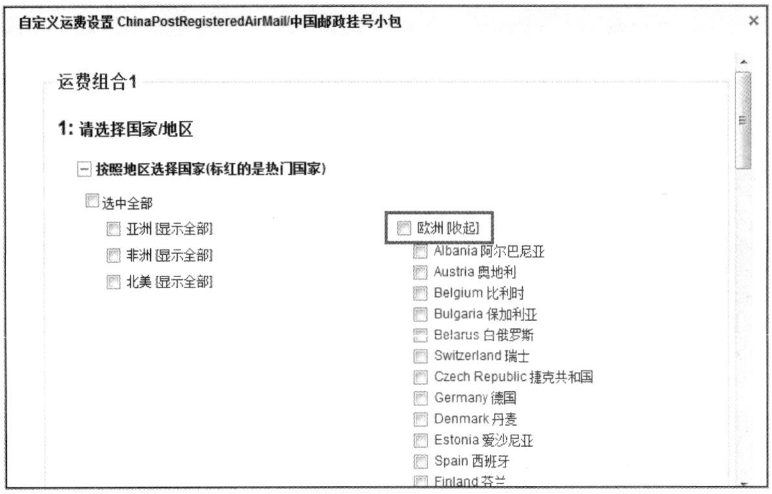

图 6-15 展开"欧洲"的国家名

找到黑山并勾选其复选框，如图 6-16 所示。

图 6-16 勾选"黑山"复选框

展开"南美洲"的国家名，勾选"阿根廷"复选框，如图 6-17 所示。

方法二是按照区域选择国家，仍然以黑山和阿根廷为例，可在"3 区"找到黑山，在"4 区"找到阿根廷，如图 6-18 和图 6-19 所示。

第 6 章 跨境物流与增值税

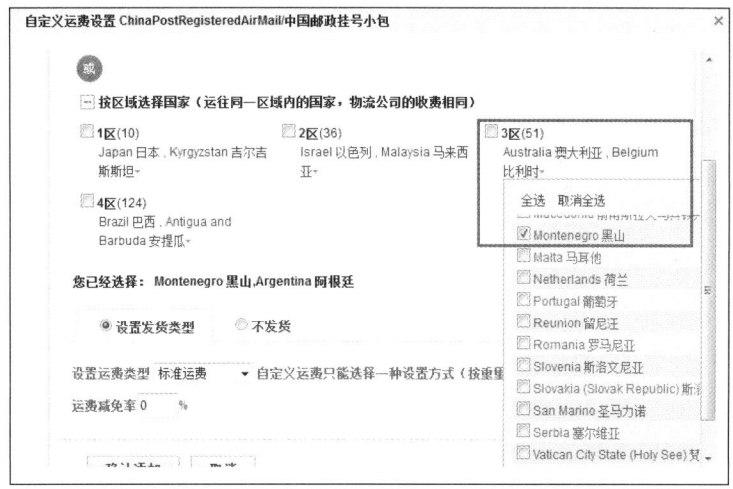

图 6-17 勾选"阿根廷"复选框

图 6-18 按区域选择"黑山"

图 6-19 按区域选择"阿根廷"

2）对已选择的国家进行"不发货"设置，然后单击"确认添加"按钮，如图6-20所示。

图6-20　对已选择的国家进行"不发货"设置

3）如果需要对更多的国家进行个性化设置，可单击"添加一个运费组合"链接，如图6-21所示。

图6-21　单击"添加一个运费组合"链接

然后选择相应的国家，再进行发货类型的设置。发货类型除对选择的国家进行"不发货"设置外，还可对标准运费进行一定程度的折扣减免，如图6-22所示。

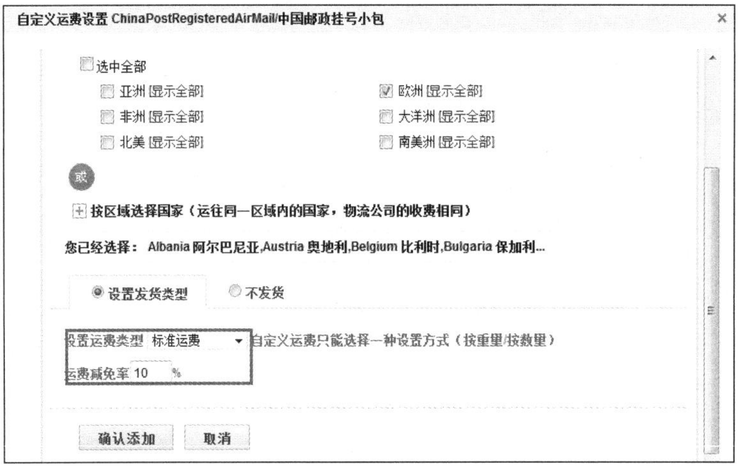

图6-22　自定义运费设置

也可进行"包邮"设置，即选择"卖家承担运费"选项，如图6-23所示。

图6-23 选择"卖家承担运费"选项

同时，还可对重量或数量进行自定义运费设置，如图6-24所示。

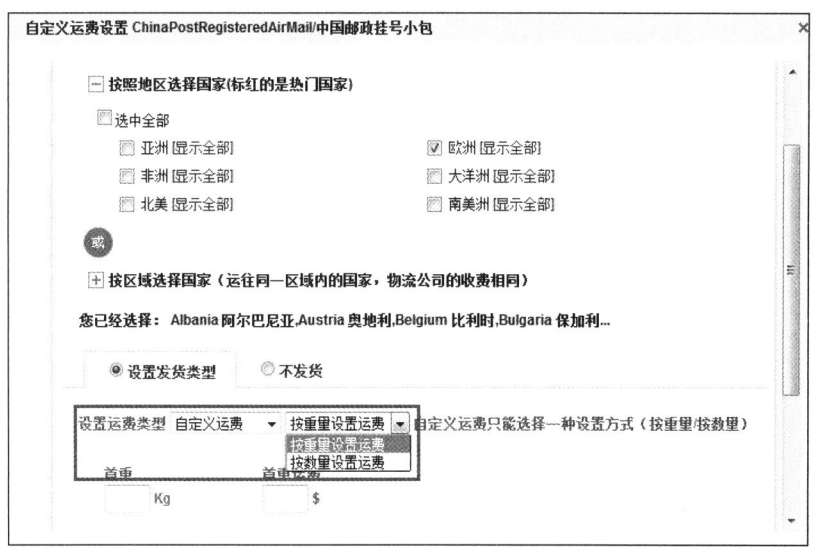

图6-24 对重量或数量进行自定义运费设置

4）单击"确认添加"按钮，如图6-25所示。

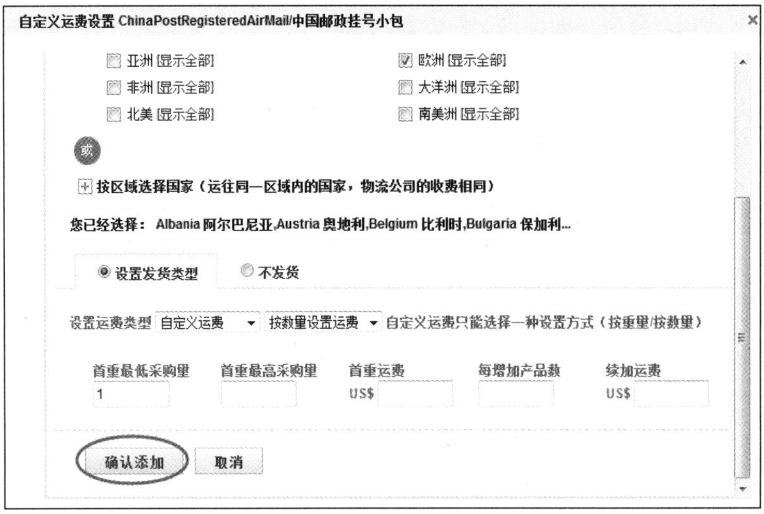

图 6-25 单击"确认添加"按钮

5）单击"保存"按钮，如图 6-26 所示。

图 6-26 单击"保存"按钮

以上是自定义运费的设置步骤，下面介绍自定义运达时间的设置。

为了便于理解，我们以中邮小包寄递"巴西 120 天，俄罗斯 90 天，其他国家 60 天"为例说明设置的步骤。

1）选择所需的物流方式后，选择"自定义运达时间"单选按钮，如图 6-27 所示。

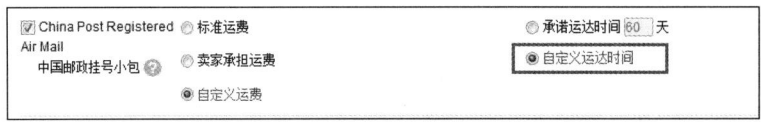

图 6-27 选择"自定义运达时间"单选按钮

2）对不同国家设置不同的承诺运达时间。选择"自定义运达时间"单选按钮后，卖家可以看到平台预设的承诺运达时间，如图6-28所示。

图6-28　平台预设的承诺运达时间

卖家应该知道，承诺运达时间并非实际上包裹从发出到买家签收的时间，为了更好地保障卖家和买家双方的权益，在设置承诺运达时间之前，卖家应该考虑以下3个因素：

- 买家的购买感受；
- 邮路的实际情况；
- 防止买家在承诺运达时间到期前因时间而产生的纠纷。

卖家需根据实际情况适当修改承诺运达时间，本例最终的自定义时间设置如图6-29所示。

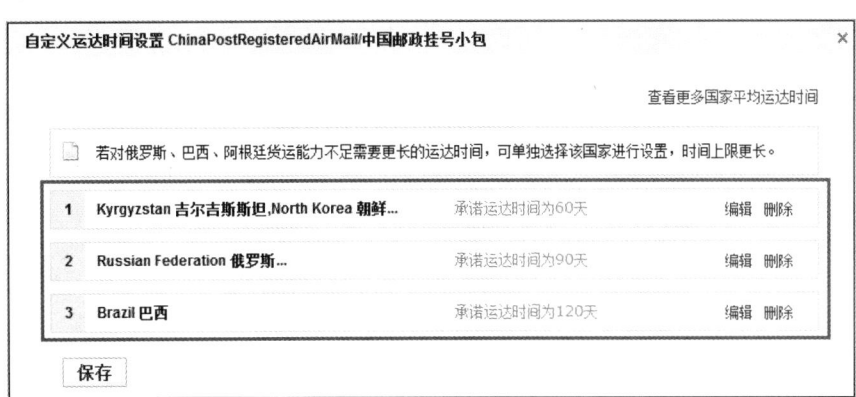

图6-29　修改自定义时间

3）单击"保存"按钮。卖家必须根据自身的实际情况进行自定义运费的设置，切忌盲目模仿。因为国际物流受国家政策、物流资费调整、极端天气、政治原因、邮路状况等多种因素的影响，不同的时期，卖家应该设置不同的运费模板。

第 7 章

跨境客户服务

学习目标：

- 熟悉客户服务原则
- 了解客服团队工作流程
- 解决纠纷的方法和策略
- 针对客户问题提供解决方案

7.1 客户服务原则

7.1.1 客服工作目的

1．解决疑问，促进销售

售前客服通常需要解答客户对商品、对服务和对物流的咨询。售前客服应从专业的角度为客户提供商品信息，针对客户的需求推荐合适的商品，催促客户及时下单、付款，尽量提高转化率和客单价。

售前客服应该具备专业的商品知识，了解每件商品的特点，熟悉买家端下单的操作流程，以及面对客户讨价还价时需要的谈判技巧。针对客户经常提出的问题，建立一个完整、全面的常用话术文档，可以提高客服的日常回复效率。

2．提升买家体验，安抚买家情绪

售中客服的任务主要是为买家提供物流信息，在发货之后第一时间给买家发一封提醒邮件，告知买家物流服务商和物流跟踪单号，以及预计可以送达的时间。如遇特殊情况导致物流延迟，客服应及时、主动地联系买家，说明情况并尽量协助买家查询物流信息，安抚买家情绪。

3．解决售后问题，降低纠纷率

售后客服的任务是处理买家收到货之后的事宜，在买家对商品没有意见的情况下，引导买家给商品留下好评，这对店铺评分及缩短资金回款周期都有好处。如果买家对收到的商品有使用方面的疑问，那么客服要指导买家掌握使用方法。如果出现商品质量问题，或者买家对商品不满意想要退货退款，就要求客服有一定的应变能力，一般情况可适当给予优惠和部分退款，既要让买家满意，又要权衡利弊尽量减少损失。有时候可能会遇到恶意差评骗取好处的买家，不给好处就给差评，客服在处理这些恶意买家的差评时，可以在差评下面进行合理的解释，让后面的买家在下单时不受此差评的影响。另外，还要筛选出这些恶意买家，建立黑名单，做好记录和防范。

售后客服需要经常面对买家情绪不好的情况，客服需要具备危机处理能力，擅于安抚买家情绪，积极解决纠纷问题，引导买家留下正面评价。

7.1.2 客服工作原则

1．积极主动，主导沟通

客服不能机械地应对客户提问，当客户提出一个问题时，客服应尝试理解客户问题背后的动机。比如，当客户提出问题"这件衣服除白色外，有黑色吗？"客服可以尝试了解客户为什么想要黑色的衣服，客户提出这个问题背后的原因可能有：客户不喜欢白色；客户体型丰满，穿黑色显瘦；客户所处地区排斥白色的衣服；客户因要参加某活动需要黑色衣服等。如果客服机械地回答"没有黑色"，那么这个客户很可能就流失了；如果客服了解了问题背后的动机，就能针对客户的动机推荐其他可以满足需求的商品。

客服工作应尽量做到以下三点。

- 提供解决方案，让买家可以选择。无论是售前推荐商品，还是售后解决问题，客服都应主动为客户提供解决方案，并且尽可能提供一套以上的解决方案供客户选择。
- 话语柔和，善解人意。话语柔和亲切，让客户感觉到在与人沟通，而不是在与机器沟通。网络沟通因没有语气语调和面部表情，信息传达会有部分缺失，客服可以用笑脸表情和英文流行网络用语来弥补，拉近和客户的距离。
- 多做一些，让客户安心。如果物流延迟，客服可以主动告知客户物流运输情况，主动提供必要的信息可以让客户在购物和等待的过程中更有安全感，减少纠纷，提高好评率。

2. 实事求是，控制期望值

客服不能为了达到销售目的做过度宣传，也不能为了暂时敷衍客户提问做过度承诺。客服答复应以实事求是为原则，客户会对客服做出的承诺产生不同程度的期望值，客服应控制客户的期望值在可兑现的范围内。

3. 承担责任，安抚情绪

客户发起售后咨询通常是因为某些原因造成这次交易不愉快，客服在接待售后咨询时以安抚客户情绪为第一要素。

客户提出的理由可能是卖家的责任，也可能是物流责任，甚至可能是客户自己的责任，客服面对客户提问应第一时间安抚情绪，再分辨责任。如果是卖家的责任，客服应第一时间承担责任，补偿客户损失；如果不是卖家的责任，客服可以表示对客户困扰的理解，并且积极主动地帮助客户解决问题。

7.2 客服工作流程

7.2.1 客服话术库管理流程

客服话术库管理流程如图 7-1 所示。

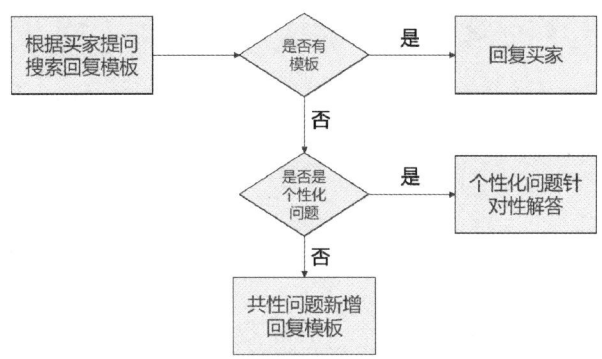

图 7-1　客服话术库管理流程

7.2.2　催促物流处理流程

催促物流处理流程如图 7-2 所示。

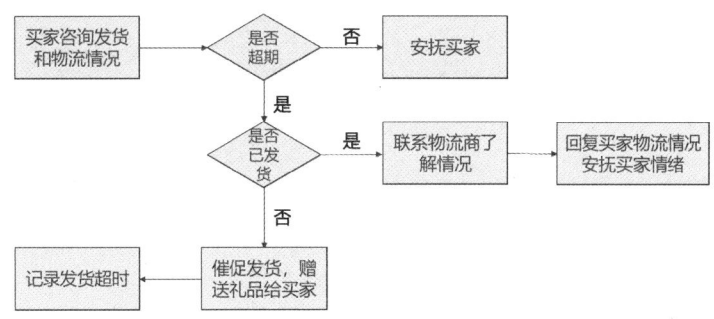

图 7-2　催促物流处理流程

7.2.3　发货确认处理流程

发货确认处理流程如图 7-3 所示。

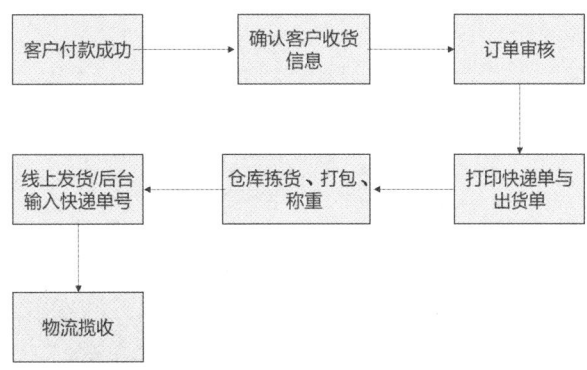

图 7-3　发货确认处理流程

7.2.4 售后商品问题处理流程

售后商品问题处理流程如图7-4所示。

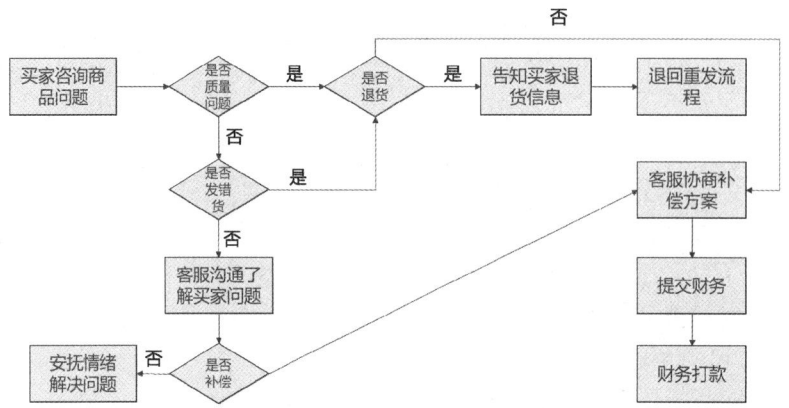

图 7-4 售后商品问题处理流程

7.3 提升客户满意度

7.3.1 影响买家体验的因素

良好的买家体验不仅决定是否能留住老客户，也直接影响新客户的购买决策。

1. 促使买家下单的因素

   - 图片质量

   漂亮、清晰的图片是说服买家下单最主要的因素，除图片是否好看外，商品的细节是否被展示清楚也是买家关注的。此外，很多海外买家喜欢看没有经过美化处理的实拍图，这些实拍图让买家下单时更安心。

   - 买家评价

   据调研，69%的买家在下单前都会查看购买过此款商品的买家评价，在售后工作中，引导买家留下积极正面且带图片的评价，可以有效提高之后的商品转化率。

   - 周边或类似商品的价格比较

   线上的商品展示形式让比价成为很容易的事，不同店铺的商品之间细微的价格或功能区别被清楚地呈现在买家面前，如果你的商品在同平台上有其他卖家也在出售，那么建议你认真做好差别工作，哪怕只是视觉方面的差别，也会让你有更高的转化率。

- 买家秀

正面的买家秀可以直接影响买家决策，反面的买家秀也会让一个潜在买家放弃下单，为了收集更多优秀的买家照片，可以开展征集活动，通过给予礼品的形式让更多买家提供照片。

- 商品视频说明

现在大部分电商平台都提供视频展示功能，视频展示可以更清楚地展示商品功能或细节，也是影响买家直接下单的因素。

- 及时有效的沟通

第一时间解决客户疑问，客户就可以尽快下单购买，延后的回复虽然也解决了疑问，但是在客户等待的时间里什么都有可能发生，客户可能找到了新的卖家，也可能改变了购买决定。如果因为时差的问题不能在第一时间回复信息，可以向客户解释。

2. 阻碍买家下单的因素

- 需要付运费

虽然包邮的运费都是包含在商品总价里的，但是买家对包邮和需要买家付运费两者的感受有很大的区别，而且参加平台活动时也会要求卖家包邮，所以建议在定价时就把运费算入成本。

- 退货流程麻烦

欧美买家偏爱有退货服务的商品，若收到的商品不喜欢，就可以轻松退货。但是跨境电商的退货成本很高，买家将商品退回到中国的运费可能是卖家从中国寄出去运费的几倍之多，因此建议有能力的卖家考虑海外仓发货，降低退货成本，减少买家的下单顾虑。

- 物流速度慢

跨境物流速度慢的问题同样可以通过海外仓发货来解决，在尚未使用海外仓的情况下，要合理选择物流公司以提高物流速度，尤其是大促期间物流容易爆仓，这时如果选择货代发货就有一定的概率被延误。

- 支付遇到困难

有些海外买家使用互联网并不熟练，有些地区的网络速度比较慢，有些国家的银行支付系统不好用，有很多原因可能导致买家最终无法成功付款。客服要尽可能了解买家端的使用流程，如果客户下单后没有及时付款，要及时询问买家是否遇到了支付困难，尽可能为客户提供帮助。

3. 可能导致中差评的因素

- 商品图片与实物的差异

有时我们为了使自己的商品看起来比较吸引人，会在图片处理上或多或少添加一些商品本身没有的效果，这样就会使买家有一个美好的心里预期，提高了买家对商品的期望值。然而，一旦买家收到的实物与图片差别很大，就会非常失望，买家通常会在第一时间询问为什么颜色或形状有那么大的差别。

对于这类投诉要积极主动地向买家解释，并提供原有的图片。如果只是因为小部分修图处理造成的色差，合理的解释还能赢得买家的信任。在处理过程中要表现自己对买家的重视，适当地给予下次订单的优惠和折扣。用真诚的态度解决买家的问题，然后向买家争取好评。

为了避免这类投诉和差评，卖家在上传商品图片时，可以展示多角度的细节，也可以用没有处理过的图片，尽量让买家对商品有真实、全面的视觉印象。

- 买家不会使用商品

有些电子产品的功能比较复杂，买家使用时不愿意耐心研究，与客服沟通时买卖双方的英语表达能力可能都不太好，导致讲不清楚，这种情况在 3C 卖家中比较常见。建议卖家在选品时就选择功能和操作简单的商品，说明书上的使用方法要简单直观，配上多种语言。很重要的一点是，要将商品状态设置在买家收到货后立刻可以打开使用，不需要再让买家进行充电或其他操作，否则会对买家体验产生负面影响。

如果买家已经提交了差评，通过沟通发现是因为买家使用不当造成的，则可以请买家在差评下方进行补充评价，卖家也可以在买家评价下方做出说明。

- 商品质量问题

如果买家提出的问题单纯是商品质量问题，则卖家可以要求买家提供相应的照片，根据照片反映的质量问题给予买家适度补偿。此外，还应该到自己的出货记录中查找相同时间范围内其他商品的反馈，分析库存中的货物质量，如果买家反馈的质量问题是普遍存在的情况，则应从供应链端优化商品质量。

- 买家在下单前提出的细节要求没有得到满足

有些买家在下单时会备注特别需求，比如，"这是为我的婚礼准备的，请不要让我失望"。遇到这样的订单，应该请出货的人员特别注意该订单的质量和包装。另外，如果这个买家买了一个非常便宜的商品，从询盘的态度上可以看出他对商品的期望很高，这种情况下为了避免差评，可以考虑多花一点成本去满足这个买家的心理预期。在发货之前尽量揣摩一下买家的心理需求，避免一些不必要的差评。

- 标题写了 Free shipping（包邮），为什么收到货物之后还要付费

很多卖家为了吸引买家下单，都会写上 Free shipping，卖家也做到了免邮。但是有的卖家忽略了部分国家的进口政策，比如美国对大于 200 美元申报价值的货物就要收取进口关税了；而加拿大和澳大利亚则是对高于 20 美元申报价值的货物收取关税；英国、德国等欧洲国家对货物的申报价值规定是 20~25 美元，一旦超出将会有更多的关税产生。

一旦有关税产生，买家就必须支付关税后才能拿到货物，因此卖家会遇到这样的询问："Why I should pay 25 punds for the package, you told me that was free to ship, how could you lie to me? I am very disappointed."

还有一些买家会因为要支付额外的费用而拒绝签收，这些都是潜在的差评和纠纷。因此，卖家在发商业快递的时候，要注意填写申报价值，对于货值很高的商品要提前和买家沟通。

- 信用卡账户有额外的扣款显示：AliExpress Charge

速卖通平台对买家的支付不收取费用，但买家需了解支付的银行是否需要收手续费。例如，买家用T/T转账，在通过银行支付时，银行会收取一定的手续费。

4．完善服务，留下美好的初次印象

为了提升买家的购物体验，卖家必须做好各方面的客户服务，下面是一些优秀卖家的客服回复模板，可供参考。

1）买家光顾你的店铺，询问商品信息

跟买家初次打招呼时要亲切、自然，表现出你的热情。尽量在初步沟通时把商品情况介绍清楚。

Hello, my dear friend. Thank you for your visiting to my store, you can find the products you need from my store. If there is not what you need, you can tell us, and we can help you to find the source, please feel free to buy anything! Thanks again.

2）鼓励买家提高订单金额和订单数量，提醒买家尽快确认订单

Thank you for your patronage, if you confirm the order as soon as possible, I will send some gifts. Good news: Recently we have promotion in our store. If the value of goods you buy count to a certain amount, we will give you a satisfied discount.

3）发货之后提醒买家已经发货

模板1：Dear friend, your package has been sent out, the tracking NO. is ××××××××××× via DHL, please keep an eye on it, hope you love our product and wish to do more business with you in the future. Good luck!

模板2：Dear customer, we have sent the goods out today, and we can receive the tracking number after 12 hours later, we'll send you message when we receive it.

模板3：The goods you need had been sent to you. It's on the way now. Please pay attention to the delivery and sign as soon as possible. If you have any questions, please feel free to contact me.

4）完成交易后表示感谢，并希望买家能够回购

Thank you for your purchase, I have prepared you some gifts, which will be sent to you along with the goods. Sincerely hope you like it. I'll give you a discount, if you like to buy other products.

5）在推广新商品或采购季期间，根据经验给买家推荐自己店铺热销的商品

Hi friend,

Christmas is coming, and Christmas gifts have a large potential market. Many buyers bought them for resale in their own store, it's high profit margin product, here is our Christmas gift link, please click to check it, if you want to buy more than 10 pieces, we also can help you get a wholesale price. Thanks.

Regards

6）处理已经下单却还未支付的订单

模板1：Dear, thank you for your support! We will send out the package as soon as possible after your payment.

模板2：Friend, Best wishes to you! Besides, we have two shipping method here: DHL and UPS both can be delivered within 3-5 days, if you only accept DHL, just note it under the order. if you prefer UPS, note at your order as well dear. Thank you.

7）订单被AliExpress关闭

Dear, your order has been closed because your credit card has not been approved by the AliExpress, if you want the hair now, we have prepared for you and you can put a new order, Besides, you can pay through western union, t/t payment or money bookers payment too. Also, please contact with the Ali initiatively! Good luck!

8）大量订购询问价格

若是赶上采购季，就一定要抓住机会，回复一定要详尽，内容一般包括商品的价格、样式、采购量和相应的价格，这个报价建议是包括运费的，而且价格要有相对优势，让买家感觉给了他优惠。

Hi friends. Thank you for your inquiry, we very much hope to complete the order with you, here is the products link you need, if you buy 100 pieces, we can give you a wholesale price, $25/piece. If you have any idea, please let us know, and we will try our best to help you. Looking forward your reply.

Regards

9）海关问题

某些国家海关的严格检查会造成货物延误，建议及时通知买家。及时的沟通会让买家感觉你一直在跟踪货物的状态，是一位负责的卖家，从而避免误会。

Dear friend,

We received notice of logistics company, now your customs for large parcel periodically inspected strictly. In order to make the goods sent to you safely, we remind you of the delay in transportation, and suggest that you agree with customs requirement. Please let us know as soon as possible Thanks.

10）退换货问题

Dear friend,

I'm sorry for the inconvenience. If you are not satisfied with the products, you can return the goods back to us.

When we receive the goods, we will give you a replacement or give you a full refund. We hope to do business with you for a long time.

We will give you a big discount in your next order.

Best regards

7.3.2　速卖通纠纷规则

1．速卖通纠纷规则

关于纠纷，速卖通对卖家的考核指标有三个，分别是纠纷率、裁决提起率和卖家责任裁决率。设立这三个考核指标的初衷是为了区分卖家的服务能力，也让买家能够找到服务能力相对较好的卖家。如图 7-5 所示是速卖通纠纷规则指引图。

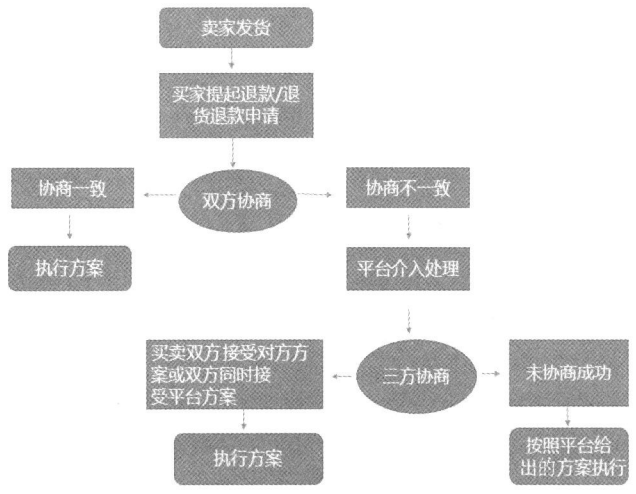

图 7-5　速卖通纠纷规则指引图

卖家发货并填写发货通知后，买家如果没有收到货物或对收到的货物不满意，则可以在卖家全部发货 10 天后申请退款（若卖家设置的限时达时间小于 5 天，则买家可以在卖家全部发货后立即申请退款），买家提交退款申请时纠纷即生成。

在买家提交或修改纠纷后，卖家必须在 5 天内"接受"或"拒绝"买家的退款申请，否则订单将根据买家提出的退款金额执行。

如果买卖双方协商达成一致，就按照双方达成的退款协议进行操作。如果无法达成一致，就提交至速卖通进行裁决：

- 买家提交纠纷后，双方有 7 天的协商期，负责纠纷处理的工作人员会在 7 天内（包含第 7 天）介入处理；
- 若买家提起的退款申请原因是"未收到货—货物在途"，则系统会在限时达时间到达后自动提交速卖通进行裁决。

对于纠纷，速卖通鼓励卖家积极与买家协商。速卖通处理纠纷的工作人员介入后，会根据双方提供的证据进行一次性裁决，卖家必须接受速卖通的裁决。

2．如何解决纠纷

纠纷类型如图 7-6 所示。

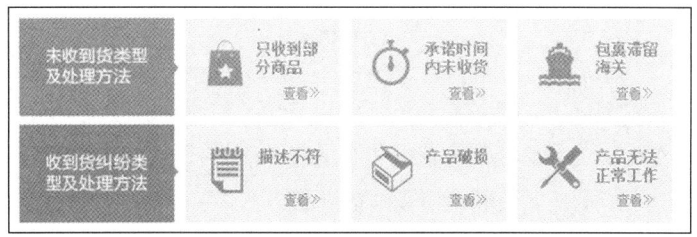

图 7-6　纠纷类型

1）买家未收到货物类纠纷

当物流状态显示货物还在途中暂未到达时，卖家可以和买家沟通先关闭纠纷通道，并且帮他延长收货时间。因为很多买家害怕自己的利益不能得到保障而提起纠纷，只要买家的货物还未确认收货，买家就会耐心等待收货并且确信资金的安全。

2）对货物短装的纠纷

提起纠纷的原因可能是订单包含多件商品，卖家使用两个包裹发货，其中一个包裹已妥投，而另一个包裹仍在途中，买家以未收到货为由提起纠纷，并要求部分退款。在遇到这类纠纷时，卖家可以拒绝纠纷，并向买家强调另一个包裹仍在运送途中，并提供在途包裹的运单号给买家，同时帮助买家延长收货时间，等待在途包裹的到达。此类纠纷在平台介入后会通过邮件告知双方情况。

- （买家）部分包裹在途，建议等待。如果包裹妥投，请确认收货。

The tracking number shows the goods are in transit, we'll ask seller to contact shipping company to confirm the status of package within 3 calendar days. If you have received the goods in good condition, please cancel this claim and confirm order received.

- （卖家）货物运输时间已经超过承诺运达时间，建议积极与买家沟通。如果响应时限到期后，包裹仍未妥投，卖家应该同意部分退款，并告知买家。

I have agreed to refund you. Firstly, I refused your dispute is that because this parcel RB59××××564CN is in shipping. I hope it can be shipped and we extended deliery time for you. I do not ingored you. I am very sorry for the late.

3）海关扣关

海关扣关指交易订单中的货物由于海关所涉及的原因被进口国海关扣留，造成买家未收到货物。海关所涉及的原因包括但不限于以下原因：

- 进口国限制订单货物的进口；
- 关税过高，买家不愿清关；
- 订单货物属假货、仿货、违禁品，直接被进口国海关销毁；
- 货物申报价值与实际价值不符，导致买家需在进口国支付罚金；
- 卖家无法出具进口国需要的卖家应提供的相关文件；
- 买家无法出具进口国需要的买家应提供的相关文件。

当货物被进口国海关扣留时，常见的物流状态如下：

- handed over to customs（EMS）；
- clearance delay（DHL）；
- Dougne（在法国会显示妥投，但签收人是 Dougne）。

速卖通在接到此类纠纷裁决之日起 2 个工作日内会提醒卖家 7 天内提供海关扣关原因信息和证据，根据信息和证据确定责任并进行裁决。建议卖家在货物发出后及时关注物流情况，出现异常时与买家和物流公司保持沟通，及时了解扣关原因并尽可能提供相关信息及证据。

4）包裹原件被退回

交易订单中的货物因为买家收货地址有误或不完整无法妥投，或者因买家原因无法清关，导致包裹被退回，自速卖通通知卖家举证开始 3 天内，卖家需提供因买家原因导致包裹不能正常妥投的证明，证明的形式可以是物流公司的查单、物流公司内部发出的邮件证明、与买家的聊天记录等。

包裹被寄往或妥投在非买家地址，是由于卖家填写了错误的买家收货地址，或者邮局误将包裹寄往了非买家地址，导致买家无法正常签收包裹的，自速卖通通知卖家举证开始3天内，卖家提供发货底单及买家要求修改收货地址的沟通记录。若底单上的地址与买家收货地址不一致，且卖家无法提供证据证明买家要求修改收货地址，即可判定卖家发错地址。

若最终判定为卖家发错地址，建议卖家先尝试与物流公司联系，更改买家收货地址，若更改后买家收到货物，则全额放款；若无法更改或更改后买家还是未收到货物，建议卖家联系物流公司取回包裹。

5）物流显示货物已经妥投

物流信息显示货物已经妥投，但是买家以未收到货提起了退款申请，并且未与卖家达成一致意见，提交到速卖通进行裁决。

自速卖通通知卖家举证开始3天内，卖家需提供货物妥投的证明（物流公司的物流信息截图、妥投证明等）。

6）买家拒签

买家拒签包括有理由拒签和无理由拒签。有理由拒签，即当货物递送至买家（包括买家代表）时，买家发现货物存在肉眼可见的损坏或与订单不符的情况，如货物破损、短装、严重货不对版等，买家可以当场拒绝签收。无理由拒签，即货物递送到买家（包括买家代表）时，买家无任何理由拒绝签收。卖家可提供相应的聊天记录和发货物流底单。

7）货物途中丢失

卖家需要跟买家解释，纠纷对自己店铺的影响。此外，肯定货物丢失的情况下卖家可重新发货，并及时发给买家新的运单号。

8）买家收到的货物与约定不符类纠纷

- 质量问题。及时查找真正的原因，如果是质量问题，可以让买家选择退货退款或保存货物退部分款，由于没有纠纷率的顾虑，只要买家接受方案，就可以解决纠纷。
- 与描述不符。买家收到的货物与卖家在网站相应的商品详情页上的描述存在颜色、尺寸、商品包装、品牌、款式/型号等方面的差距。商品描述以卖家在全球速卖通平台上展示的商品描述为准。卖家需要保证商品的描述信息（包括商品标题、商品详情页等）前后一致，如出现信息矛盾或误导倾向，则平台保留最终的纠纷裁决权。

如果在买家下订单之前卖家已经明确提示买家，商品可能存在颜色的偏差，或者商品可能存在一定误差，并明确了误差大小，自速卖通发出通知起3天内卖家需提供有关提示的沟通记录作为证明。

7.4 客服回复的经典模板

客服大部分时间都在解答客户的各种问题,以下是跨境电商行业客服工作中常用的回复模版,可供卖家参考。

- 催促下单,库存不多

Dear ×,

Thank you for your inquiry. Yes, we have this item in stock. How many do you want? Right now, we only have × lots of the × color left. Since they are very popular, the product has a high risk of selling out soon. Please place your order as soon as possible. Thank you! Best regards, (Your name)

- 回应买家砍价

Dear ×,

Thank you for your interests in my item. I am sorry but we can't offer you that low price you asked for. We feel that the price listed is reasonable and has been carefully calculated and leaves me limited profit already. However, we'd like to offer you some discounts on bulk purchases. If your order is more than × pieces, we will give you a discount of ××% off. Please let me know for any further questions. Thanks. Sincerely, (Your name)

- 断货

Dear ×,

We are sorry to inform you that this item is out of stock at the moment. We will contact the factory to see when they will be available again. Also, we would like to recommend to you some other items which are of the same style. We hope you like them as well. You can click on the following link to check them out. <http://www.aliexpress…> Please let me know for any further questions. Thanks. Best Regards, (Your name)

- 周末导致回复不够及时,先表示歉意,由于错过了最佳 24 小时回复时间,所以可通过主动打折的方式争取客户。

Dear ×,

I am sorry for the delayed response due to the weekend. Yes, we have this item in stock. And to show our apology for our delayed response, we will offer you 10% off. Please place your order before Friday to enjoy this discount. Thank you! Please let me know if you have any further questions. Thanks. Best Regards, (Your name)

- 选择托管,提醒折扣快结束了

Hello ×,

Thank you for the message. Please note that there are only 3 days left to get 10% off by making payments with Escrow (credit card, Visa, MasterCard, money bookers or Western Union). Please make the payment as soon as possible. I will also send you an additional gift to show our appreciation. Please let me know for any further questions. Thanks. Best regards, (Your name)

- 合并支付及修改价格的操作

Dear ×,

If you would like to place one order for many items, please first click "add to cart", then "buy now", and check your address and order details carefully before clicking"submit". After that, please inform me, and I will cut down the price to US$××. You can refresh the page to continue your payment. Thank you. If you have any further questions, please feel free to contact me. Best Regards, (Your name)

- 提醒买家尽快付款

模板1：

Dear ×,

We appreciated your purchase from us. However, we noticed you that haven't made the payment yet.

This is a friendly reminder to you to complete the payment transaction as soon as possible. Instant payments are very important; the earlier you pay, the sooner you will get the item. If you have any problems making the payment, or if you don't want to go through with the order, please let us know. We can help you to resolve the payment problems or cancel the order. Thanks again!

Looking forward to hearing from you soon.

Best Regards, (Your name)

模板2：

Dear ×,

We appreciated your order from us. You have chosen one of the bestselling products in our store. It's very popular for its good quality and competitive price.

Right now, we only have × lots of the × colors left. We would like to inform you that this product has a high risk of selling out soon.

We noticed that you hadn't finished the payment process for the order. We'd like to offer you a

10% discount on your order, if you purchase now.

We will ship your order within 24 hours once your payment is confirmed. If you need any help or have any questions, please let us know.

Best Regards, (your name)

p.s We are one of the biggest suppliers on AliExpress. With more than 3 years' experience in world trade, we are able to provide the best prices, the highest quality and the superior service. We inspect our products before shipping them out and provide a 1-year warranty for all products. We promise to give you a full refund if the products are not as described. If you have any questions, please contact us; we are happy to help you.

- 订单超重导致无法使用小包免邮的回复

Dear ×,

Unfortunately, free shipping for this item is unavailable; I am sorry for the confusion. Free shipping is only for packages weighing less than 2kg, which can be shipped via China Post Air Mail. However, the item you would like to purchase weighs more than 2kg. You can either choose another express carrier, such as UPS or DHL (which will include shipping fees, but which are also much faster). You can place the orders separately, making sure each order weighs less than 2kg, to take advantage of free shipping. If you have any further questions, please feel free to contact me.

Best Regards, (Your name)

- 海关税 (customs tax)

Dear ×,

Thank you for your inquiry and I am happy to contact you. I understand that you are worried about any possible extra cost for this item. Based on past experience, import taxes falls into two situations. First, in most countries, it did not involve any extra expense on the buyer side for similar small or low-cost items. Second, in some individual cases, buyers might need to pay some import taxes or customs charges even when their purchase is small. As to specific rates, please consult your local customs office. I appreciate for your understanding! Sincerely, (Your name)

- 因为物流风险，卖家无法向买家国家发货时给出的回复

Dear ×,

Thank you for your inquiry. I am sorry to inform you that our store is not able to provide shipping service to your country. However, if you plan to ship your orders to other countries, please let me know; hopefully we can accommodate future orders. I appreciate for your understanding!

Sincerely, (Your name)

- 已发货并告知买家

Dear ×,

Thank you for shopping with us. We have shipped out your order (order ID: ×××) on Feb. 10th by EMS. The tracking number is ×××. It will take 5-10 workdays to reach your destination, but please check the tracking information for updated information. Thank you for your patience! If you have any further questions, please feel free to contact me. Best Regards, (Your name)

- 物流遇到问题

Dear ×,

Thank you for your inquiry; I am happy to contact you. We would like to confirm that we sent the package on 16 Jan 2012. However, we were informed package did not arrive due to shipping problems with the delivery company. We have re-sent your order by EMS; the new tracking number is: ×××. It usually takes 7 days to arrive to your destination. We are very sorry for the inconvenience. Thank you for your patience. If you have any further questions, please feel free to contact me.

Best Regards, (Your name)

- 如果买家希望卖家提供样品，而卖家公司不支持邮寄样品，可以这样回复

Dear ×,

Thank you for your inquiry; I am happy to contact you. Regarding your request, I am very sorry to inform you that we are not able to offer free samples. To check out our products we recommend ordering just one unit of the product (the price may be a little bit higher than ordering by lot). Otherwise, you can order the full quantity. We can assure the quality because every piece of our product is carefully examined by our working staff. We believe trustworthiness is the key to a successful business. If you have any further questions, please feel free to contact me.

Best Regards, (Your name)

第 8 章

数据分析

学习目标：
- 熟悉数据分析的目标和定位
- 了解各平台数据分析的特点
- 掌握数据分析的专业名词
- 熟悉速卖通数据分析工具
- 了解店铺数据分析要点

8.1 数据分析思路

8.1.1 数据分析的目标和定位

店铺运营包括市场分析、选品开发、店铺监控、商品分析、打造爆款等,在所有运营环节中,能够为决策提供客观依据的就是数据分析。数据分析的目标是找到最适合店铺的运营方案,达到销售利润最大化。

基础卖家需要掌握选商品、编辑商品信息、采购货物、正常发货等技能。进阶卖家需要做好客服工作、开好直通车、做好店铺营销活动、促进店铺销售平稳增长等重点工作。明星卖家、超级卖家们,要整合供应链、提高库存周转率、提升议价能力、建立品牌意识、做行业 TOP 店铺。以上工作的优化都离不开数据分析。

8.1.2 数据分析的常用步骤

1)确定目标

应明确需要解决的问题。

2)收集数据

收集自己店铺的数据。自己店铺过往的销售记录、交易转化数据、广告推广效果等是最真实、最有价值的数据,应该定期收集并整理后存档。

收集平台提供的数据。速卖通卖家后台提供的"数据纵横"工具是速卖通基于平台海量数据打造的一款数据产品,卖家可以充分利用这个工具了解行业状况。通过平台推荐给买家的热销排行榜、闪购活动(Flash Deal)的商品榜等信息,可以收集行业销售数据和竞品数据。

使用第三方数据工具。有的平台提供给卖家的数据不丰富,无法满足卖家对数据分析的需求,这时可以利用第三方数据工具获取需要的信息。有些第三方工具是专门服务于跨境电商卖家的,提供平台上的行业数据、竞品数据,可以监测自己店铺的推广数据等;有些第三方工具是体现全球网民搜索趋势的,如谷歌趋势。

3)整理数据

数据可整理后制作成图表,也可用 Excel 的公式及数据透视表功能进行统计计算,最重要的是可以直观地看到想要的结果。

4)对比数据

通常对比数据后才能得出结论并做出判断。比如,本月数据和上月数据的对比、不同商品的数据对比。

5）做出判断

通过对比数据发现需要改进的地方，或者筛选出较优方案。

6）尝试改变

尝试建立一个新方案进行数据测试，比如，做直通车推广时多尝试使用几张不同风格的广告图。

7）前后对比，确定最优方案

测试 A、B 方案后选择最优方案，达到效果最优。

8.1.3 数据分析常用名词

浏览量（**PV**，Page View），页面被访问的总次数。一个页面被点击一次，记为一次浏览；一个用户多次点击或刷新同一个页面，记为多次浏览，累加不去重。

访客数（**UV**，Unique Visitor），网站独立访客总数。一个用户一天内多次访问一个店铺，记为一个访客。

转化率，常用的转化率有详情页成交转化率和全店铺转化率。详情页成交转化率=详情页成交用户数/详情页访客数。全店铺转化率=全店铺成交用户数/全店铺访客总数。

点击率，页面上某个内容被点击的次数与被展示的次数之比，反映内容受关注的程度，常用来衡量推广图片或商品主图的效果。

支付率，已支付订单的数量占被拍下总订单数量的百分比，支付率=支付订单数/订单总数。

跳失率，用户登录店铺后只访问了一个页面就离开的人次占店铺登录页面访问总人次的百分比。跳失率=跳失人次/登录页面总人次。

访问深度，指用户一次连续访问的店铺页面数。平均访问深度即用户平均每次连续浏览的店铺页面数。

人均店内停留时间，平均每个用户连续访问店铺的时间。

成交转化率，成交人数占总访客数的比率，成交转化率=成交人数/访客数。

客单价，平均每个买家的支付金额，客单价=某段时间内的销售额/客户数（客户去重）。客单价和单件商品价格相关，也和买家购买的商品数量相关，提高客单价意味着每个买家向店铺提供的价值更大。

老客户占比。成交用户中老客户所占的比例，老客户一般定义为两年内在本店有购买行为的客户。老客户占比=成交用户中老客户数/总成交用户数。

8.1.4 各平台数据分析要点

1. 速卖通数据分析要点

速卖通卖家后台提供了"数据纵横"分析工具,卖家不仅可以分析自己店铺的数据情况,还可以了解整个行业的状况。

打开速卖通卖家后台"数据纵横"分析工具,如图 8-1 所示,可以看到右侧有"商机发现"和"经营分析"两个板块,左侧列表中除以上两个板块外,还有实时风暴、流量分析、能力诊断三个板块。

图 8-1 "数据纵横"分析工具界面

- 实时风暴。可以看到店铺实时流量情况,在店铺做促销活动时非常有用。
- 流量分析。可以看到本店铺详细的流量来源和去向情况,包括店铺流量来源、流量路径、新老访客来源、每个页面数据及广告投放数据监测,可以区分 App 端和非 App 端。
- 能力诊断。通过对本店铺过往数据与行业其他店铺数据的横向比较,反映店铺运营的各项能力指标,包括综合能力、转化能力、引流能力、商品能力、营销能力、服务能力和平台规则能力。

实时风暴数据每五分钟更新一次,其他模块数据每天更新一次,均以美国太平洋时间为标准。

2．亚马逊数据分析要点

在亚马逊后台数据报告中，业务报告和库存报告是卖家应该关注的重点数据。业务报告就是店铺的销量数据。库存报告主要包含两个数据：自发货库存数据和 FBA 数据。FBA 是 Fulfillment By Amazon 的缩写，指亚马逊提供的代发货业务。

亚马逊数据分析可以参考市场趋势报表、客户行为分析数据表、地理位置数据分析表、订单销售数据表、店铺运作数据表、客户评论数据表。报表中常用的名词如下。

- Page Views（浏览量）：在所选取的时间范围内销售页面被点击的总浏览流量。
- Page Views Percentage（特定页面流量比率）：页面流量中有特定浏览某项 SKU/ASIN 的流量所占的比例。
- Sessions（浏览用户数）：24 小时内曾经在销售页面浏览过的用户数，同一个用户不管点击几次都只算一个用户，是非常值得参考的数据。
- Sales Rank（销售排名）：商品在该类别中的亚马逊评比排名，此项排名中有多项影响因素，这里显示的都是经由内部计算后所呈现的即时排名。
- Ordered Product Sales（订单销售额总和）：订单中所售商品的销售额总和。计算方式为订单上的销售数乘以销售价格的总和。
- Units Ordered（商品销售数）：订单中所售商品的数量。例如，在一个订单中，客户可能会买三样商品，因此商品销售数为 3。
- Average Offer Count（平均可售商品页面）：在所选定的时间范围内平均具有的可售商品页面。
- Order Item Session Percentage（下订单用户百分比）：浏览用户中下订单的用户所占的百分比。
- Unit Session Percentage（销售个数用户转化率）：用户浏览后购买商品的比例，能达到 7%就是不错的数据。
- Average Customer Review（平均商品评论评级）：总体平均的商品评论级数，以五星级的评级方式来显示。
- Customer Reviews Received（商品评论数）：商品获得商品评论的总数，无论好评、差评，一起计算。
- Negative Feedback Received（差评数）：收到的差评总数，即显示只有差评的总数。
- Received Negative Feedback Rate（差评率）：差评占评论总数的比例，也就是差评数除以反馈数。
- A-to-z Claims Granted：收到 A-to-z 索赔的次数，没有收到是最好的。

另外，也可以使用数据分析软件，例如查看热销商品的软件 Best seller、发现类目热销商品的软件 Hot New Releases、新品热榜软件 Movers and Shakers、一天销量上升榜软件 Most Wished、礼物类当日热销排行软件 Gift Ideas。

3. eBay 数据分析要点

eBay 店铺流量报告中有 10 项数据，包括店铺访问人数、买家的停留时间等店铺相关页面的流量数据信息，以及买家前往店铺和商品页面的方式。

- 所有店铺页面，包括自订页面、自订类别页面和搜寻结果页面。
- 各种形式的物品刊登，包括拍卖、一口价和店铺商品的长期刊登。
- 其他与卖家相关的 eBay 网页，包括"你的其他物品""信用评价档案""我的档案"。

eBay 平台中的某些数据变化会影响商品销量，卖家需要留意以下几类数据。

- 最近销售记录（针对"定价类商品"）：商品有越多的近期销售记录，就越能获得曝光。第一次被重新刊登的商品同样保留最近销售记录。
- 卖家评级（DSR）：包括商品描述、沟通情况、货运时间、运费。优秀评级卖家（Top Rated Seller）的商品一般排名较为靠前。
- 买家满意度：有三个考量标准，即中差评数量、DSR 为 1 分和 2 分的数量、INR/SNAD 投诉数量。
- 物品"标题"相关度：买家输入的搜索关键字与最终成交商品的标题、关键字之间的匹配度。

在 eBay 平台进行数据收集后，可从以下几点展开数据分析。

- 市场容量分析

用同类商品的月度总成交金额估算一下自己所占的市场份额。

- 拍卖成交比例

卖家可以比较一下自己的拍卖成交比例在同类商品中是否高于平均值，如果低于平均水平，就需要查找原因。

- 最优拍卖方式

哪一种拍卖方式更好？是设底价，还是采用一口价？

- 可选特色功能促销效果分析

促销是有成本的，哪种促销方式能为你带来最大的收益呢？是否提高了成交比例？是否提高了成交价格？

- 最优拍卖起始日期

星期六起拍是否比星期一起拍更容易成交？成交价是否更高？

- 最优拍卖结束时段

什么时段结束拍卖可以获得最高的成交比例或最高的成交价？

- 商品上传天数

商品上传天数有 1 天、3 天、5 天、7 天、10 天，最常用的是 7 天，但是选择 7 天是不是最好的呢？其实不同的商品有不同的性质，对于一些流行商品，选择 1 天已经足够了，而对于一些古董之类的商品，选择 10 天比较好。

- 哪个目录最好卖

当一件商品可以被放在多个目录中时，要将商品放在成交率高的目录中。如果两个目录的成交率都比较高，则可以使用双目录功能。

- 市场竞争情况

要了解现在有多少个卖家在销售同类商品，以及前 10 位大卖家占有多少市场份额。

4．Lazada 数据分析要点

1）查看商品价格有没有竞争力

当 Lazada 卖家中心的管理产品选项栏中出现"Uncompetitively Priced"时，就说明商品价格没有竞争力，需要降低价格。在"Product Overview"里使用"All"筛选器，能够查看商品的定价是否具有竞争力，如图 8-2 所示。

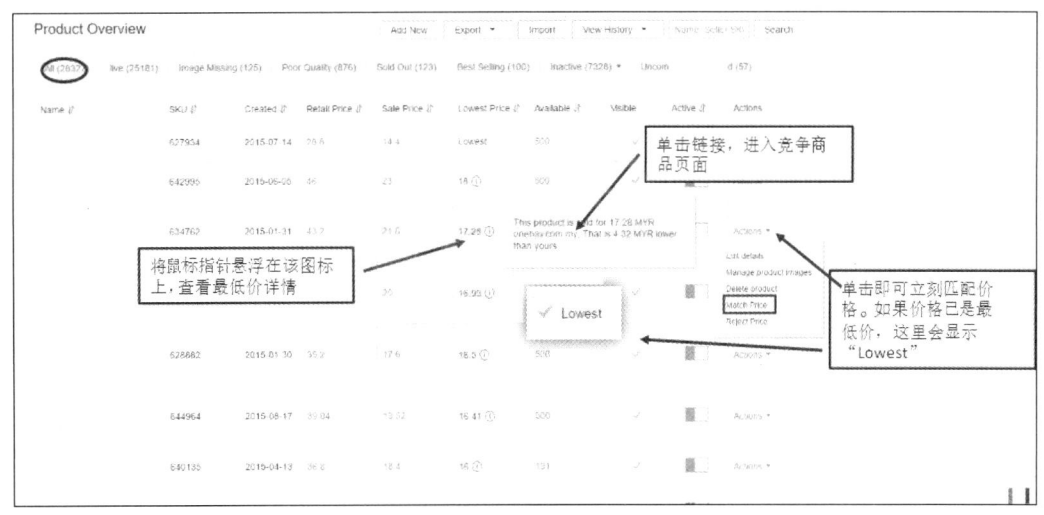

图 8-2　查看商品的定价是否具有竞争力

使用"Uncompetitively Priced"筛选器，可以集中查看定价不具有竞争力的所有商品，如图 8-3 所示。卖家可以定期在卖家中心监控价格，对商品的价格进行调整。

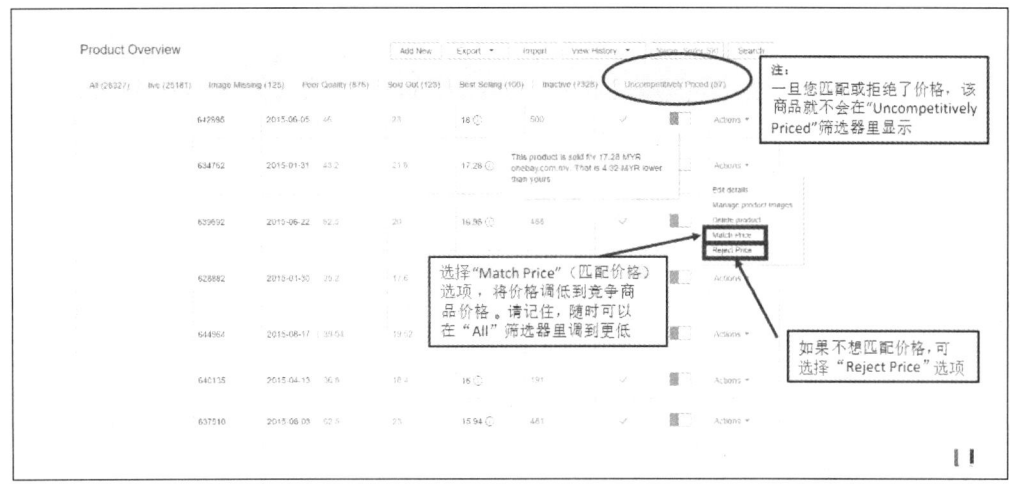

图 8-3 查看定价不具有竞争力的所有商品

2）从数据角度提升销量

SKU 的数量直接关系到卖家店铺的曝光率和流量，SKU 数量越多，越能满足客户的购物需求，更好地达到引流效果（热销品类上传多个 SKU 效果更好）。搜索关键词排名靠前类目下的 SKU 总数，可以看到平台整个类目占比。

对于热卖商品，建议卖家预留库存，需要实时查看、更新库存的实际数量。

3）从数据角度评级

在 Lazada 的评级绩效中，卖家店铺评级不再以评价为标准，而是以准时发货率、分拣中心准时到达率、取消订单率、退货率这几个 KPI 指标计算绩效评级。

8.2 行业数据分析

卖家需要经常了解所经营行业的大趋势。速卖通后台的行业情报、选品专家、关键词分析等工具为卖家提供了可靠的数据支持，辅助卖家了解行业情况、判断行业趋势，是卖家确定经营决策非常好的参考。

8.2.1 行业情报

1. 行业情报指标说明

访客数占比：指统计时间段内行业访客数占上级行业访客数的比例。一级行业占比为该行业占全网的比例。

浏览量占比：指统计时间段内行业浏览量占上级行业浏览量的比例。一级行业占比为该行业占全网的比例。

成交额占比：指统计时间段内行业支付成功金额占上级行业支付成功金额的比例。一级行业占比为该行业占全网的比例。

成交订单数占比：指统计时间段内行业支付成功订单数占上级行业支付成功订单数的比例。一级行业占比为该行业占全网的比例。

在售商品数：指统计时间段内行业中的在售商品总数均值。

商品指数：指统计时间段内行业中的商品数量经过数据处理后得到的对应指数。商品指数不等于在售商品数，指数越大，在售商品数越多。

流量指数：指统计时间段内行业中的流量经过数据处理后得到的对应指数。流量指数不等于行业总 PV，指数越大，PV 越大。

供需指数：指统计时间段内行业中的商品指数/流量指数。供需指数越小，竞争越不激烈。

2．行业对比数据

行业对比指跟相关行业进行数据趋势对比，可以分别从访客数占比、成交额占比、在售商品数占比、浏览量占比、成交订单数占比和供需指数等方面进行对比分析。从对比中可以发现行业的动态变化趋势，随着时间、季节等变化，买家的消费选择也在不断变化，有前瞻性的卖家可以通过判断加强对某个蓝海市场的投入，或者避开一些竞争过于激烈的红海市场。

以服饰配饰、流行饰品、手提包三个行业为例，如图 8-4 所示是同一个时间段内以上三个行业的访客数占比趋势图。

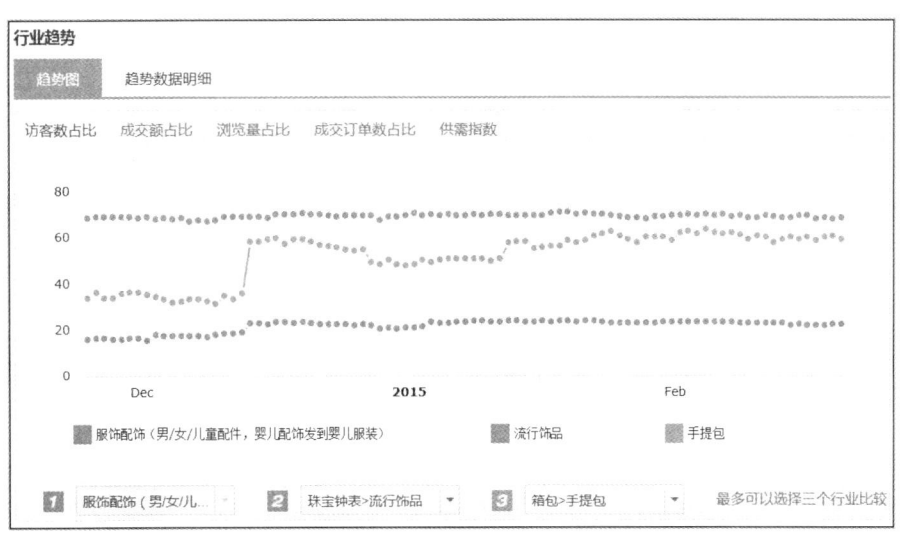

图 8-4 三个行业的访客数占比趋势图

如图 8-5 所示是同一个时间段内以上三个行业的成交额占比趋势图。

如图 8-6 所示是同一个时间段内以上三个行业的供需指数趋势图。

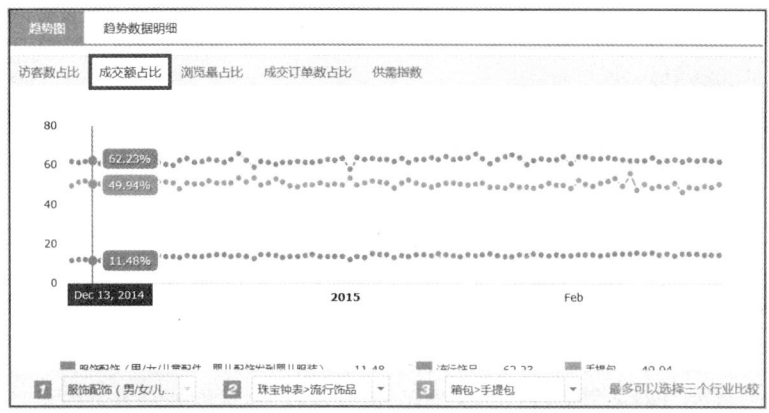

图 8-5　三个行业的成交额占比趋势图

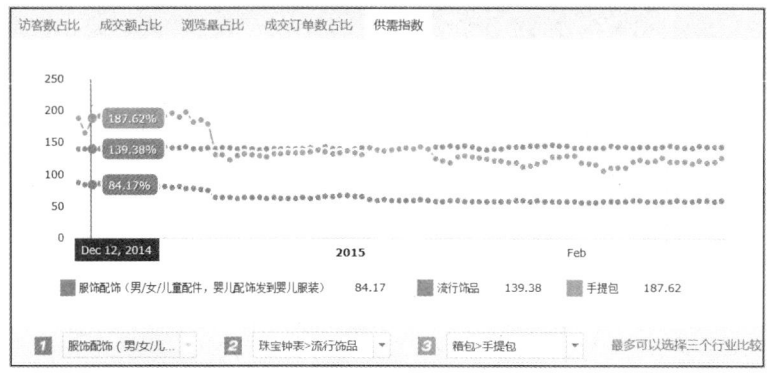

图 8-6　三个行业的供需指数趋势图

服装行业竞争度不断下降是速卖通平台不断调整淘代销商品规模导致的。在整体行业流量不断上升的前提下，减少了“僵尸”商品的数量，行业整体的供需指数下降了。

行业供需指数是衡量当前行业竞争是否激烈的主要标准，但也需要考虑货源稳定因素，下面举例说明。如图 8-7 所示为电子器件/有源元件的行业概况，图中显示其供需指数高达 181.39%。电子器件是长尾商品线，海量的 SKU 是此行业的基本情况，各卖家之间并不是竞争谁的价格低，而是竞争谁的 SKU 更丰富、谁的货源更稳定、谁的质量更可靠，那么他就更有优势。

行业概况　蓝海行业

你现在选择的行业是　电子器件/有源元件　　请选择时间　最近90天

行业数据

	流量分析		成交转化分析		市场规模分析
	访客数占比	浏览量占比	成交额占比	成交订单数占比	供需指数
最近90天均值	53.93%	45.82%	34.41%	39.39%	181.39%
环比周涨幅	↑ 0.62%	↑ 0.46%	↑ 0.2%	↑ 0.1%	↓ -0.81%

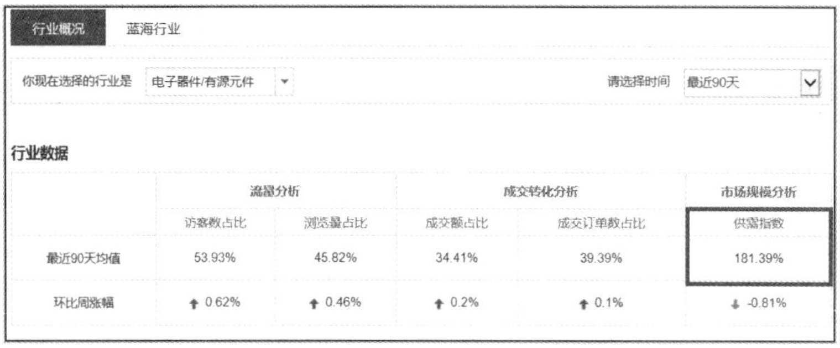

图 8-7　电子器件/有源元件的行业概况

3. 寻找行业蓝海

蓝海指未知却有待开拓的市场空间。蓝海行业指那些竞争不激烈，但又充满买家需求和利润空间的行业。进入蓝海市场，更容易发现新商机。进入蓝海市场意味着能够给卖家争取更多的时间和空间发展自己。

寻找蓝海行业是每个平台卖家在行业定位前关键的市场策略。如图 8-8 所示，平台推荐了 10 个一级蓝海行业，可以选择一级蓝海行业的子蓝海行业进行查看。

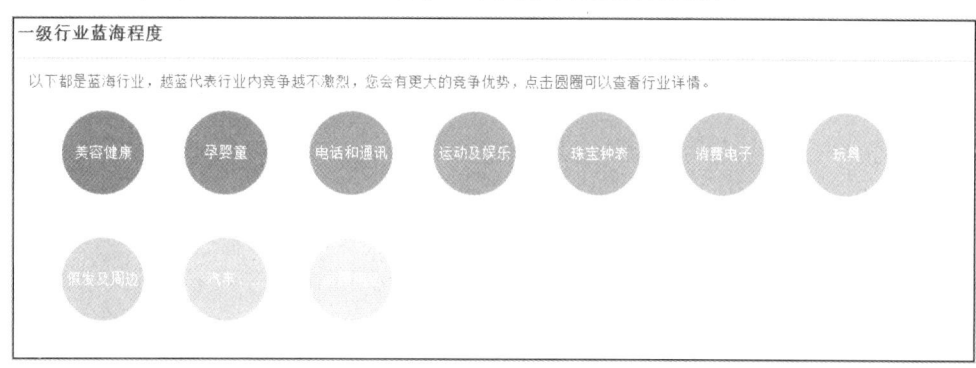

图 8-8 平台推荐的一级蓝海行业

蓝海行业和红海行业只是相对而言的，随着时间的推移，新进入的竞争者多了，流量爆发期过后也会出现价格搏杀的局面，所以需要不断地观察数据的趋势，学会迎接挑战、拥抱变化才是出路。如图 8-9 所示，虽然珠宝钟表整体行业在线商品非常多，但部分子分类仍然没有足够的在售商品。

叶子行业名称	供需指数	操作
流行饰品 > 耳饰 > 耳夹	29.66%	查看行业详情
流行饰品 > 耳饰 > 耳圈	38.4%	查看行业详情
流行饰品 > 耳饰 > 耳饰花托	29.94%	查看行业详情
流行饰品 > 耳饰 > 耳钉	110.97%	查看行业详情

图 8-9 查找特定行业下的蓝海行业

4. 分析行业趋势

要进行行业趋势分析，首先要选择行业，然后查看该行业最近 7 天、30 天和 90 天的流量，以及成交转化数据和市场规模数据，了解市场行情变化情况。如图 8-10 所示为服装/服饰配件>女装>连衣裙行业在最近 90 天环比上周的数据变化情况。

你现在选择的行业是 连衣裙　　请选择时间 最近90天

行业数据

	流量分析		成交转化分析		市场规模分析
	访客数占比	浏览量占比	成交额占比	成交订单数占比	供需指数
最近90天均值	50.62%	34.31%	27.52%	26.33%	113.2%
环比周涨幅	↓ -2.16%	↓ -0.17%	↑ 1.7%	↑ 0.92%	↑ 3.34%

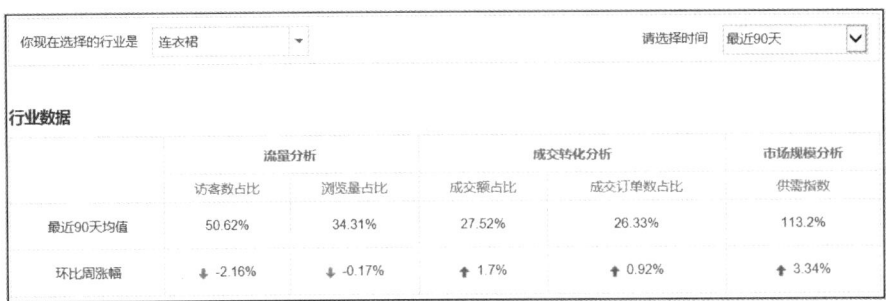

图 8-10　查看连衣裙行业数据

如图 8-11 所示为服装/服饰配件>女装>连衣裙行业在最近 7 天的趋势数据明细，此分类 UV 占比不断降低，GMV 占比也随之下降，供需指数却一直在上升，简单理解就是连衣裙买家的增速没有连衣裙卖家的增速快，导致竞争越来越激烈。

趋势图　趋势数据明细　　下载最近30天原始数据

	流量分析		成交转化分析		市场规模分析
	访客数占比	浏览量占比	成交额占比	成交订单占比	供需指数
2015-02-28	43.78%	33.49%	30.31%	26.78%	140.3%
2015-03-01	44.07%	33.43%	28.34%	26.47%	137.69%
2015-03-02	44.77%	33.94%	31.09%	27.15%	131.19%
2015-03-03	44.91%	34.07%	29.85%	27.2%	130.54%
2015-03-04	44.3%	34.23%	29.45%	26.8%	130.61%
2015-03-05	44.24%	34.04%	30.25%	27.81%	131.79%
2015-03-06	45.08%	34.28%	29.84%	26.76%	131.03%
2015-03-07	44.11%	33.66%	31.11%	26.6%	136.77%
2015-03-08	41.89%	33.56%	30.81%	27.57%	143.08%

图 8-11　连衣裙行业最近 7 天的趋势数据明细

8.2.2　选品专家

1．选品专家指标说明

成交指数：指在所选行业的所选时间范围内，累计成交订单数经过数据处理后得到的对应指数。成交指数不等于成交量，指数越大，成交量越大。

购买率排名：指在所选行业的所选时间范围内购买率的排名。

竞争指数：指在所选行业的所选时间范围内，商品词对应的竞争指数。竞争指数越大，竞争越激烈。

2．爆款选品要素

1）挑选的商品要有热度

若商品全部是过季商品或长尾商品,就很难保证店铺销量的稳定和持续增长。冬天卖泳衣明显热度不够,虽然有南半球的客户会购买,但想成为店铺的爆款也有难度。

2)商品具有差异化

简单地抄袭爆款不会成功,同样的商品,别的卖家的销量已经很高了,你无法保证用一个新的商品超越竞争对手。通过数据分析,精炼出热卖商品的关键点,做出差异化的商品才是成功的必由之路。

3)商品购买转化率高

高点击率、低转化率的商品不能给店铺带来实际成交量。想要商品转化率高,就不能卖到处都能看到的商品,它不能带来高的转化率。

4)商品关联性强

例如,一家主营连衣裙的女装店铺,打造雪纺衫为爆款并作为引流商品就是正确的关联。

3. 爆款开发案例

如图 8-12 所示,在"TOP 热销产品词"页面中可以查看行业下全球最近一天热销的品类,其中圆圈越大,商品的销量越高。

光看图不容易发现心仪的商品,单击右上角的"下载最近 30 天原始数据"链接,可以获得热销词表,如图 8-13 所示。

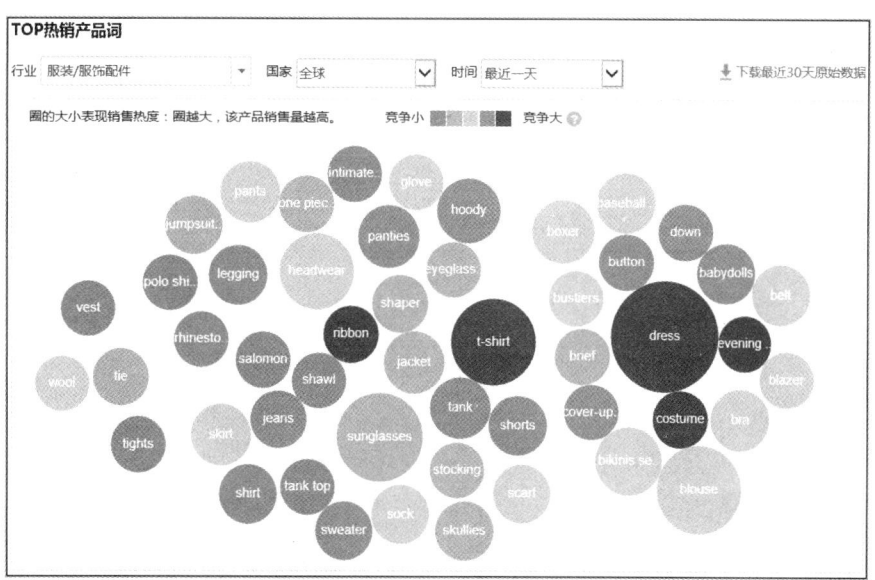

图 8-12 "TOP 热销产品词"页面

商品关键词	成交指数	购买率排名	竞争指数
dress	124364	3	4.47
blouse	74287	1	2.02
t-shirt	38350	5	3.32
bikinis set	30954	2	1.85
panties	19425	8	1.9
bra	17416	4	1.56
skirt	16997	6	1.55
tank	16690	9	0.97
hoody	15245	11	1.96
legging	13475	10	3.03
jacket	12172	19	1.05
pants	9668	17	1.69
jumpsuits	9400	7	1.48
sweater	9011	16	3.81
shaper	7754	12	1.24
shorts	6047	15	0.7
one piece	5613	21	1.42
tights	5131	20	0.9
sock	4641	23	1.55
ntimate accessor	4519	18	0.41

图 8-13　热销词表

下面是关于图 8-13 热销词表的分析。

- dress：成交指数最高，购买率排名也很高，但是竞争指数也偏高。
- blouse：符合三大要素。
- t-shirt：购买率排名偏低，竞争指数偏高。
- bikinis set：基本符合三大要素。
- skirt 后面的商品：成交指数不高。

如图 8-14 所示为买家依次浏览、点击、购买的商品。连线越粗，表示商品与商品之间的关联越强，即买家依次浏览、点击、购买的人数越多。圆圈越大，表示商品的销量越高。

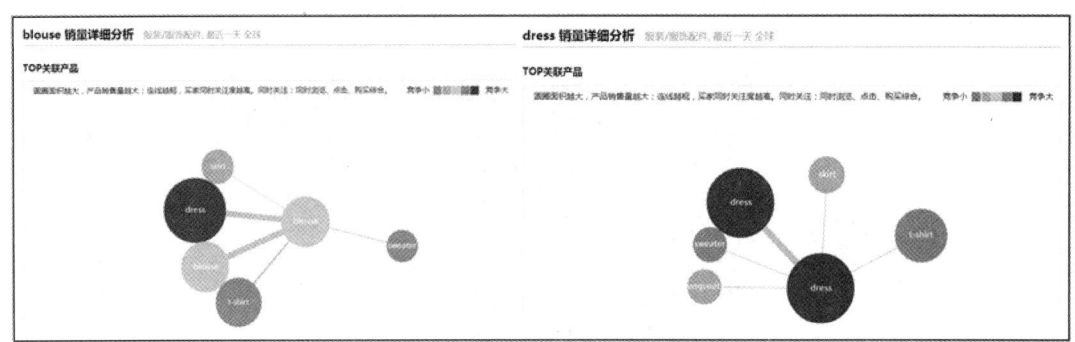

图 8-14　买家依次浏览、点击、购买的商品

还有一个要素是关联性，通过"TOP 关联产品"分析，可以看出 blouse 与 dress 和 t-shirt 的关联销售比 blouse 与 sweater 的关联销售紧密。

做好选品分析后，我们基本选定了 blouse 品类。精确寻找 blouse 的热点属性需要用到"TOP 热销属性"功能，如图 8-15 所示。

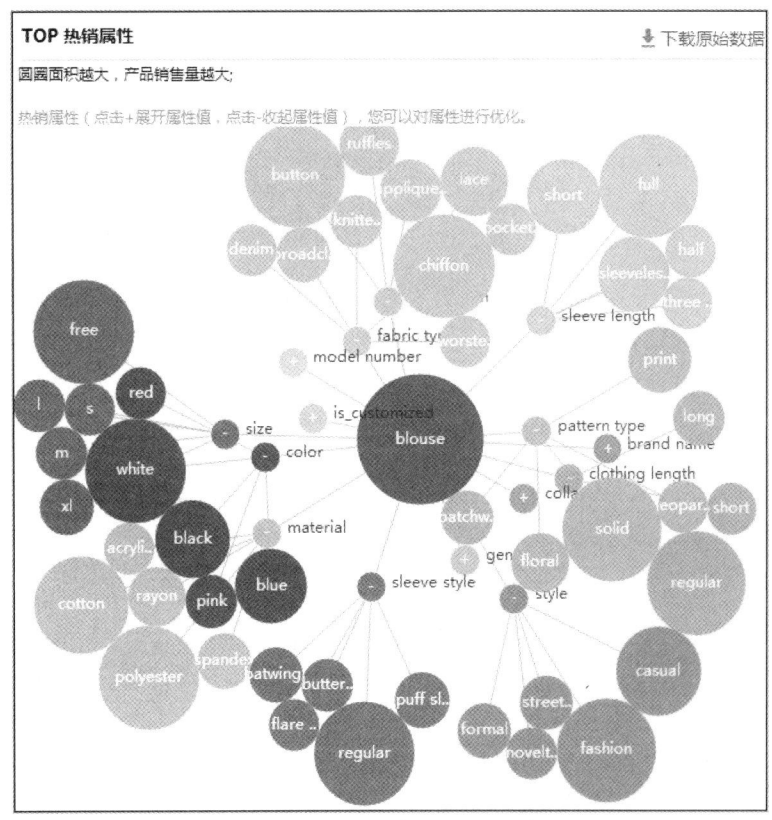

图 8-15 "TOP 热销属性"功能

可以下载原始数据，获得热销属性一览表。下面总结了热销 blouse 具备的基本属性。

面料：chiffon（雪纺）。

领型：o-neck（圆领）。

修饰：button（纽扣）；lace（蕾丝）；appliques（亮片）；ruffles（荷叶边褶皱）。

图案：solid（纯色）。

把这些有效属性排列组合起来，根据"热销属性组合"功能，就能最终获得商品，如图 8-16 所示。

可以单击圆圈，查看属性组合详情。例如，单击 Batwing Sleeve 圆圈，弹出如图 8-17 所示的"热销属性组合"详情框。选取重要的商品特征，如亮片和雪纺，然后单击"搜索选中的关键词"按钮，就可以直接搜索有相应属性的在售商品。

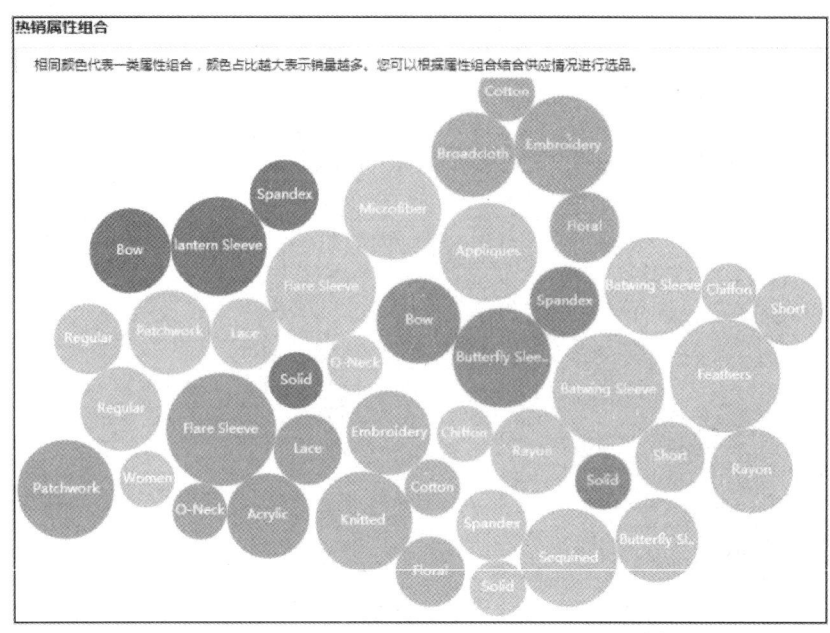

图 8-16 "热销属性组合"功能

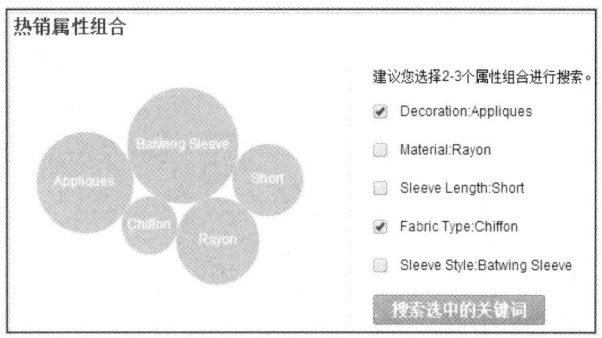

图 8-17 "热销属性组合"详情框

4．长尾商品开发

长尾商品是相对于爆款而言的具有品类深度的商品，一家成熟的店铺不能只依靠两三个爆款，关联商品的销售能带来更高的利润。传统的二八法则认为，20%的商品带来了 80%的销量，但是还要关注蓝色的"长尾巴"，这部分销量可以积少成多，80%的商品能创造超过一半的利润。

长尾商品的开发可放宽商品开发的条条框框，也需要供应商配合。SKU 数量庞大的商品备货多了，会产生巨大库存并占用现金流，而且往往单个 SKU 的库存量还很少，补货及发货的及时性得不到保障，供应商配合是服务好客户的必要条件。

所以，要开发长尾商品可以选择优质供应商的商品，按供应商现货情况备货。不能按照打造爆款的思路为其添加飙升词和热搜词，想把长尾商品打造成爆款是不现实的。如图 8-18 所示为 dress 商品的热搜词界面。

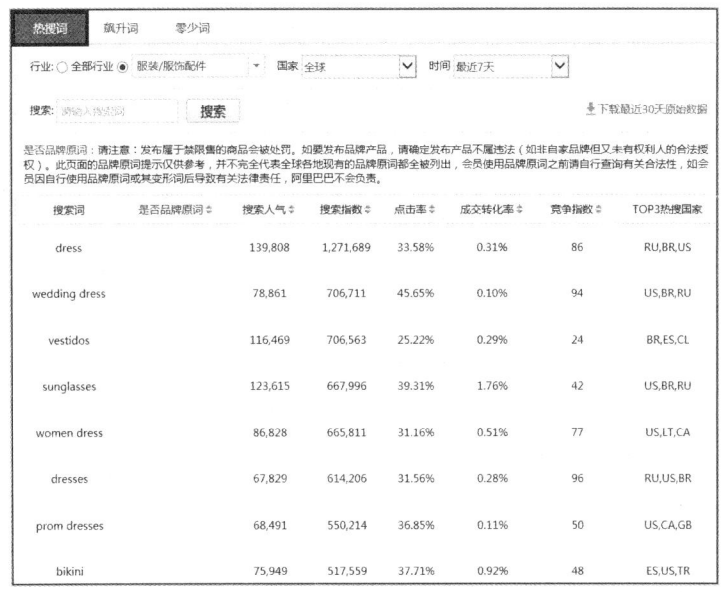

图 8-18　dress 商品的热搜词界面

5．流行趋势频道

流行趋势频道是平台对站内外大数据进行挖掘整合，分析服装、服饰、鞋包、珠宝手表等类目的流行趋势的板块，希望助力有一定供应能力和市场敏锐度的卖家，开发新款商品，带动市场销量增长。

因此，具有相关流行元素、特征、描述、关键词、图片的商品，将有机会在速卖通各个分站的流行趋势频道中予以曝光，包括英文站 Fashion Trending、俄文站 Fashion Trending、葡文站 Fashion Trending。目前开放的类目有：服装、服饰、鞋包、童装和珠宝手表类目，如图 8-19 所示。

图 8-19　流行趋势频道

图 8-19 中几个指标的说明如下。

- "站内有产品"表示提取的潮流特征在速卖通上有类似商品。
- "站内无产品"表示提取的潮流特征在速卖通上没有类似商品。
- Hottest 表示站外目前热门的潮流特征。
- Newest 表示站外最新的潮流。
- "上新度"和"热度"是上面 Hottest 和 Newest 两个维度的排名，意思一样。
- 更新时间是每周一。

这些类目的商品具有符合该类目流行趋势的特征、描述、关键词，类似图片的款式将有机会在各站点的流行趋势频道予已曝光。平台筛选进入这些频道的商品的原则如下。

- 图片处理：高质量的商品图片，商品图片为外国模特图或原始商品单图。无边框、无"牛皮癣"、商品主体突出、背景干净。商品图片与潮流趋势图片类似。严禁盗用"数据纵横"→"潮流趋势"的图片发布商品，一经发现将按侵权处理。
- 商品标题要求：标题中含有"数据纵横"→"潮流趋势"中提炼出来的关键词。
- 严禁关键词滥用。
- 服务等级要求：服务等级在及格或及格以上。

8.2.3 关键词分析

速卖通平台的热搜词数据库是制作商品标题的利器。标题是系统在排序时与关键词进行匹配的重要内容，专业的标题能提升卖家的可信度。

一个优质的标题具有这样的格式：风格词+商品分类词+特征属性词+颜色+尺码。特征属性词和商品分类词是基本确定的，无法做出更多的选择，需要卖家对商品熟悉并汇总自己的词库。风格词往往不具有唯一性，一件衣服是复古风格还是韩版风格很难确定，每个人的理解也有很大偏差，卖家应该充分利用 120 个字符的长度，尽量填写搜索指数高的风格词。

如图 8-20 所示为 blouse 热搜词表，建议下载原始数据在 Excel 中进行分析。

需要注意，在速卖通系统的搜索词库中，不是所有的词都可以用，只是买家在速卖通平台上搜索结果的汇总，不是卖家推荐词。有些关键词属于品牌词，比如 zara2015，非品牌授权的卖家就不能使用这个词，否则会因侵权被平台扣分。

图 8-20 blouse 热搜词表

关键词分析指标的说明如下。

- 是否品牌原词：如果是禁限售商品，则销售此类商品会被处罚。对于品牌商品，如果拿到授权，就可以进行销售。
- 搜索指数：搜索该关键词的次数经过数据处理后得到的对应指数。
- 搜索人气：搜索该关键词的人数经过数据处理后得到的对应指数。
- 点击率：搜索该关键词后并点击进入商品页面的次数。
- 成交转化率：关键词带来的成交转化率。
- 竞争指数：供需比经过指数化处理后的结果。
- TOP3 热搜国家：所选时间段内搜索量最高的 3 个国家。
- 搜索指数飙升幅度：所选时间段内累计搜索指数同比上一个时间段内累计搜索指数的增长幅度。
- 曝光商品数增长幅度：所选时间段内每天平均曝光商品数同比上一个时间段内每天平均曝光商品数的增长幅度。

在销售过程中，系统热搜词在卖家的商品中也有"水土不服"的现象，这是由于关键词严重同质化造成的，所有卖家都想用最热门的关键词，例如"NEW 2015"。关键词竞争度过高了，被搜索到的概率反而小了。

这时我们应该更多地运用飙升词库提供的数据来优化标题。如图 8-21 所示，在飙升词库中应该关注搜索指数飙升幅度、曝光商品数增长幅度和曝光卖家数增幅。

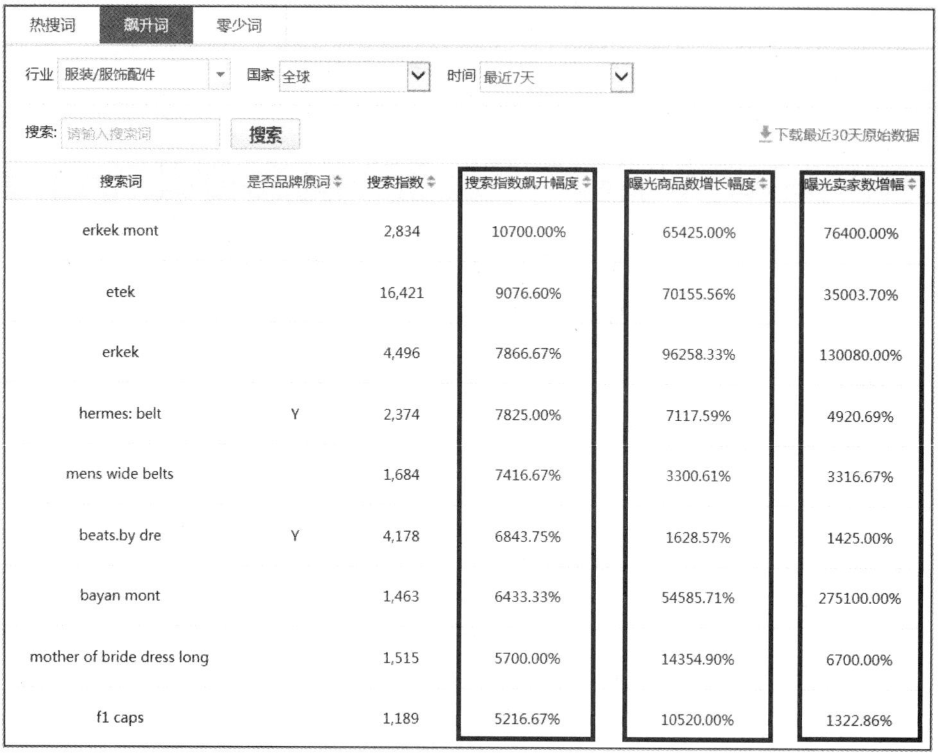

搜索词	是否品牌原词	搜索指数	搜索指数飙升幅度	曝光商品数增长幅度	曝光卖家数增幅
erkek mont		2,834	10700.00%	65425.00%	76400.00%
etek		16,421	9076.60%	70155.56%	35003.70%
erkek		4,496	7866.67%	96258.33%	130080.00%
hermes: belt	Y	2,374	7825.00%	7117.59%	4920.69%
mens wide belts		1,684	7416.67%	3300.61%	3316.67%
beats.by dre	Y	4,178	6843.75%	1628.57%	1425.00%
bayan mont		1,463	6433.33%	54585.71%	275100.00%
mother of bride dress long		1,515	5700.00%	14354.90%	6700.00%
f1 caps		1,189	5216.67%	10520.00%	1322.86%

图 8-21　飙升词库

8.3　店铺数据分析

经营分析功能是针对本店铺数据进行分析的，可以帮助卖家回顾、了解本店铺的经营情况，发现问题并改正问题。

8.3.1　全球消费时间

速卖通作为全球性平台，使用的是太平洋时间（GMT-8），我们需要了解一下流量分布时间。

- 速卖通时间（GMT-8） AM11:00 = BeiJing（GMT+8） AM3:00。
- 速卖通时间（GMT-8） AM11:00 = Moscow（GMT+4） PM11:00。
- 速卖通时间（GMT-8） AM11:00 = Rio de Janeiro（GMT-3） AM6:00。

如图 8-22 所示为 2015 年 3 月 25 日的实时风暴数据，俄罗斯买家在黄金时间段的流量最集中，这家店铺来自俄罗斯买家的流量占比超过 30%。

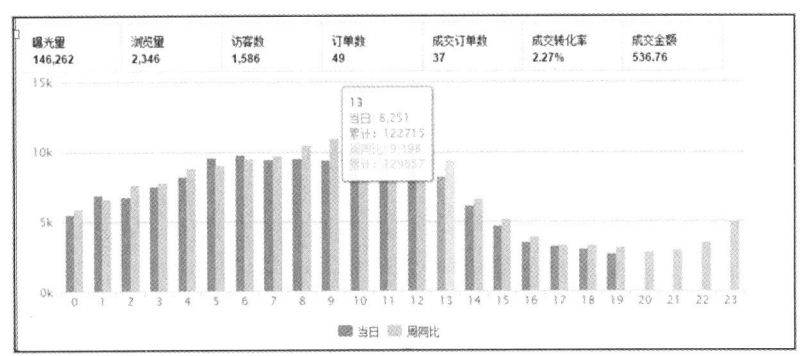

图 8-22 实时风暴数据

在每次大促中,北京时间凌晨 3 点到上午 8 点是值班人员的休息时间,此时俄罗斯买家已睡,巴西买家还没起床。全球消费时间可以参考时区的网站。

8.3.2 店铺概况分析

1．流量及转化概况

数据查询和分析是卖家了解店铺运营状况的主要方法,尤其是了解流量和转化数据,能够帮助卖家及时应对市场的变化。如图 8-23 所示为某店铺每日实时数据,此店铺在实时交易额上打败了 79% 的同行卖家,成交转化率为 2.27%。

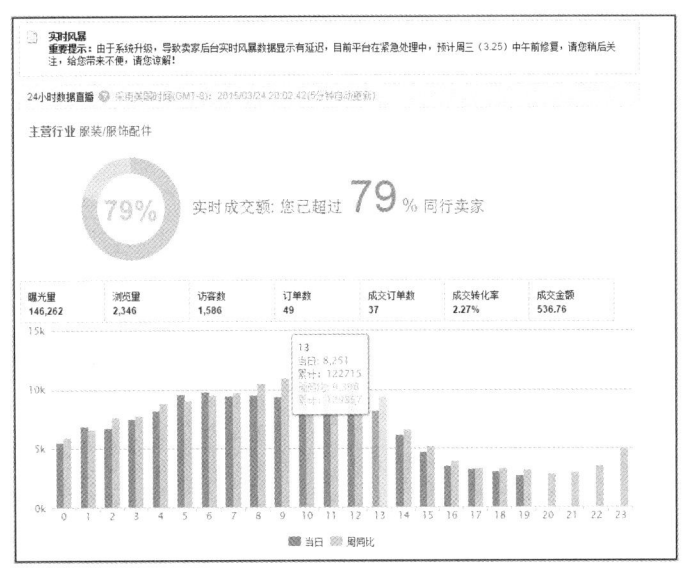

图 8-23 某店铺每日实时数据

如图 8-24 所示为此店铺曝光量和浏览量在最近 90 天的曲线图,随着平台竞争越来越激烈,商品排名的争夺更趋白热化,店铺的曝光度一直下跌。在关闭了联盟营销以后,店铺整体流量一直下滑。

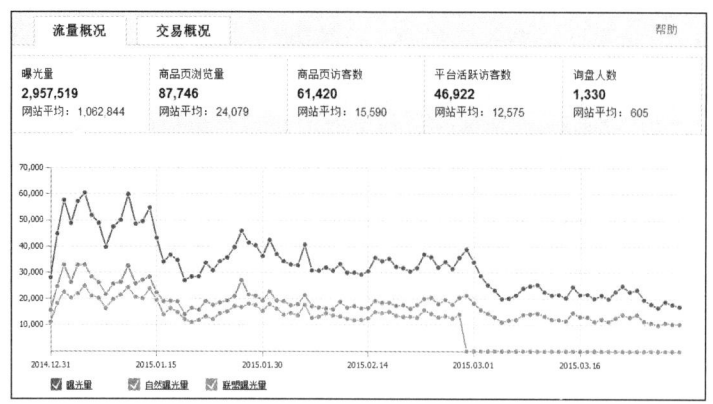

图 8-24　曝光量和浏览量在最近 90 天的曲线图

如图 8-25 所示，此店铺访客地域分布与速卖通平台的访客地域分布一致，俄罗斯、巴西客户占 40%以上的份额。

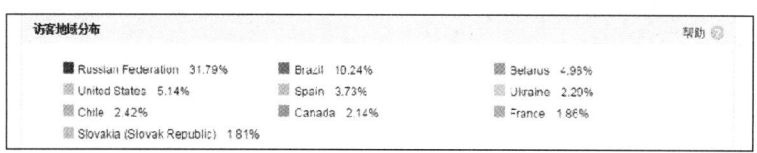

图 8-25　店铺访客地域分布

2．店铺交易概况

在店铺交易概况中最应该关注的数据是支付成功订单数，如图 8-26 所示，此店铺近期支付成功的订单数在下降，卖家需要思考如何提升订单数。

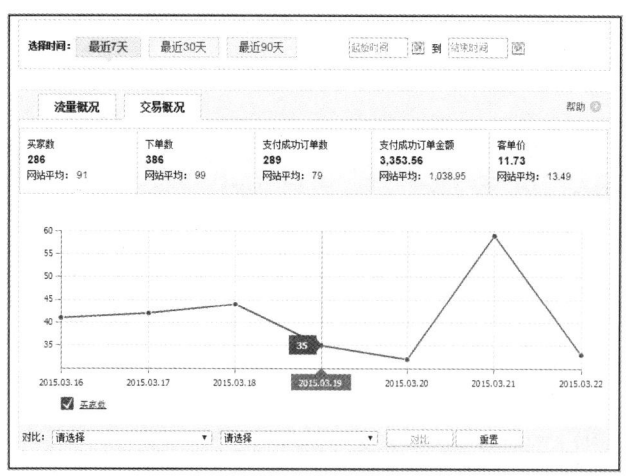

图 8-26　店铺的交易概况

3．店铺经营看板详情

如图 8-27 所示为"卖家责任裁决率"服务数据，可单击指标查看搜索处罚范围及本店铺具体数据。从计算机上看，可以查到店铺中"卖家责任裁决率"全部指标及每一个被判定为卖家责任的订单。

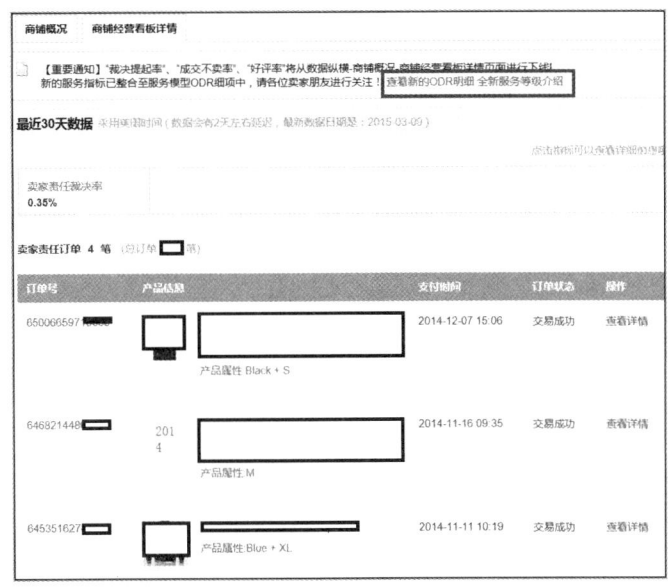

图 8-27 "卖家责任裁决率"服务数据

8.3.3 店铺流量来源分析

要进行店铺流量来源分析，可以查看店铺内的流量构成，如图 8-28 所示。分析不同渠道流量的占比和走势，从而帮助卖家了解及优化店铺流量来源，提升店铺流量，如表 8-1 所示。

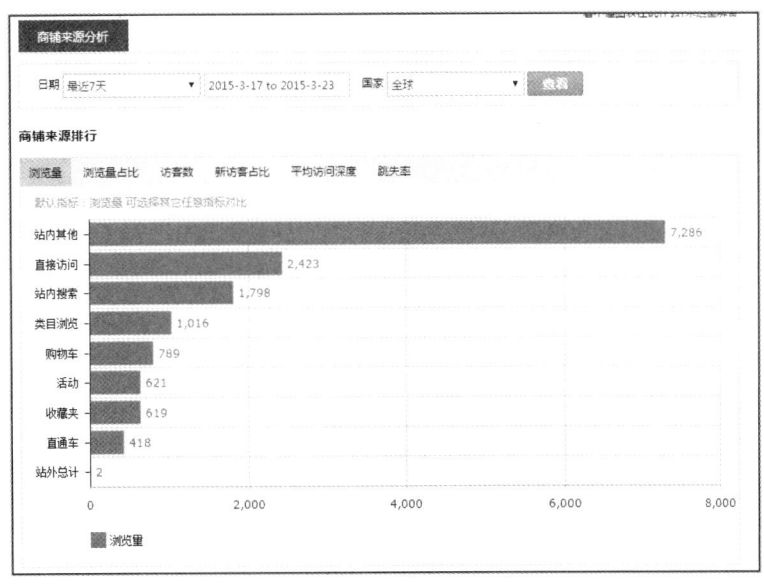

图 8-28 查看店铺流量构成

表 8-1 店铺流量来源分析

来源小类	渠道	详细说明	特别说明
站内	站内搜索	通过搜索框搜索后点击本店铺商品	仅限英语主站来源
	类目浏览	浏览类目页面后点击本店铺商品	仅限英语主站来源
	活动	报名参加的平台活动、非报名的活动、时尚频道	详细内容见下文
	直通车	P4P 流量	付费流量
	购物车	—	—
	收藏夹	收藏的商品链接	—
	直接访问	直接输入链接	不含直接访问店铺首页
	站内其他	店铺首页、分组页、买家后台订单历史页（snapshot）	非英语主站的大多数流量来源
站外	站外合计	非速卖通网站的链接进来的流量	—

1. "站内其他"和"活动"流量来源

店铺流量来源很多，这里主要分析"站内其他"和"活动"两大流量来源。"站内其他"流量不能简单地理解为关联促销带来的流量，它包含了俄语站点和葡萄牙语（简称葡语）站点（二级域名）的站内搜索、类目浏览、店铺首页访问的流量。"站内其他"流量来源的前 7 个分别是俄语站搜索、葡语站类目、本店铺首页、本店铺分组页、葡语站关键词搜索、俄语站类目、俄语站推荐关键词搜索（非自然搜索）。

关联促销流量来源在"站内其他"TOP10 来源排名中没有出现，因为其流量来源过于分散。"活动"是店铺流量来源的大户，其分为需要报名的活动和系统自动推荐的活动，还有一些类目频道推荐的活动。

2. 各流量来源渠道对店铺的贡献

通常来讲，搜索及类目流量占店铺所有流量的 60%以上才是健康的，由于现在没有区分各小语种分站的搜索和类目流量，所以大部分卖家看到的来自"站内其他"流量的比例都很高，这是正常的，但假发行业例外。如图 8-29 所示，某店铺来自活动和直通车的流量偏低，需要在引流上下功夫。

通常，活动和直通车带来的新访客比例最高，是店铺引流的利器，如图 8-30 所示。

从平均访问深度和跳失率来看，自然搜索和类目浏览的访客更为优质。如图 8-31 所示为平均访问深度数据，如图 8-32 所示为跳失率数据。来自类目浏览的流量由于访客购买目的性不强而造成了访问深度略显不够，跳失率也偏高，总体来说还是优于来自活动和直通车的流量。

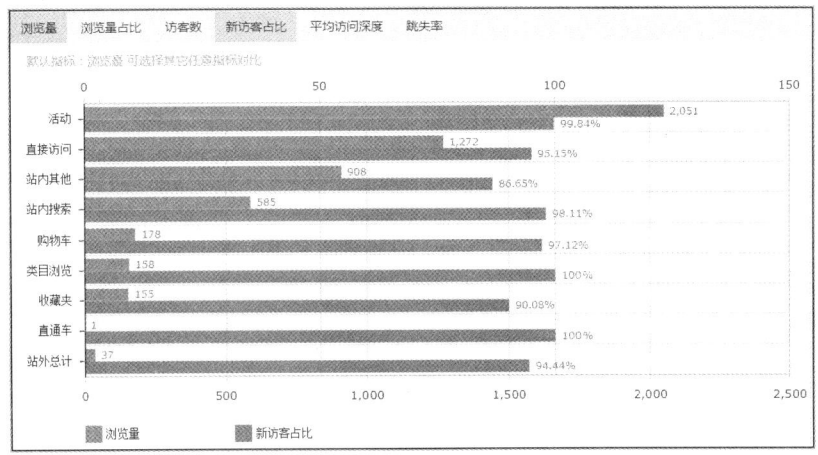

图 8-29　某店铺的流量对比分析

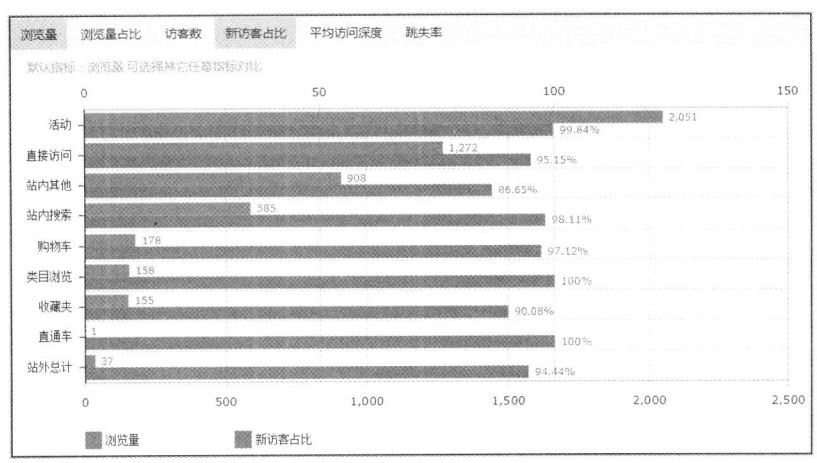

图 8-30　活动和直通车带来的新访客比例最高

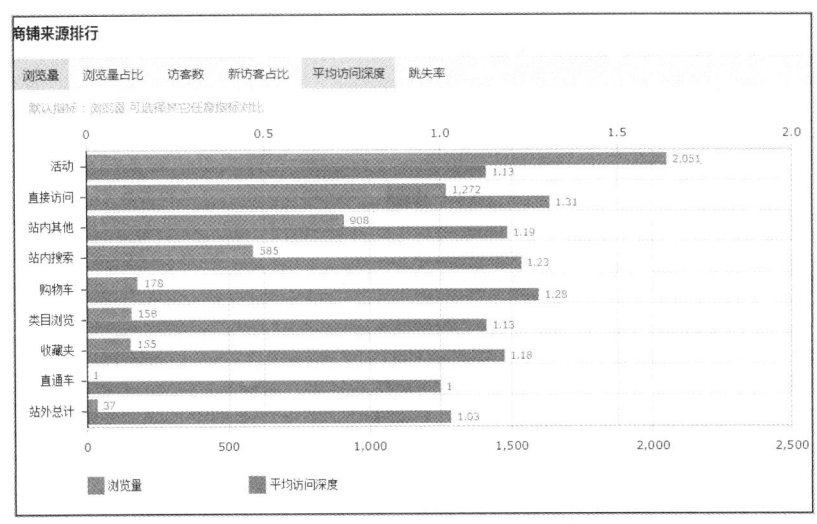

图 8-31　平均访问深度数据

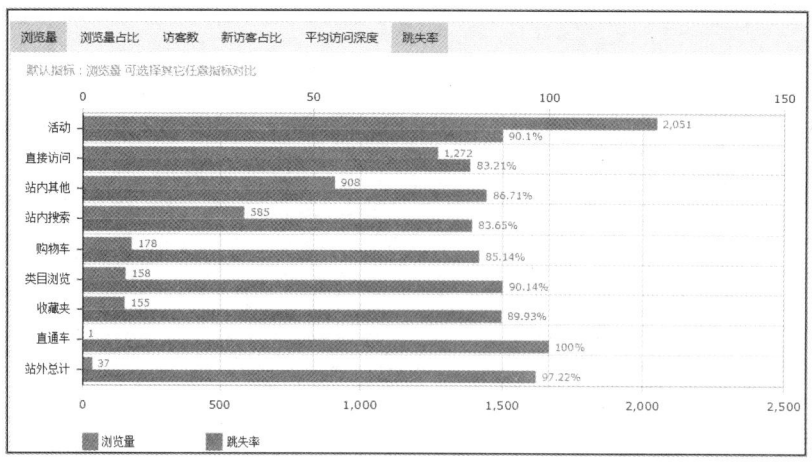

图 8-32　跳失率数据

8.3.4　装修效果分析

要想进行装修效果分析，可以查看在最近 30 天内哪些天做过店铺装修，以及装修后店铺的流量、访问深度、访问时长及跳失率的变化，以此来衡量店铺装修效果。装修效果分析指标说明如下。

- 平均访问深度

访客每次入店后在店铺内的平均访问页面数，即人均访问页面数。

一段时间内的平均访问深度等于每天访问深度日均值，即每天访问深度的平均值。

- 平均访问时间

访问时间为访客在一次访问中浏览店铺页面的时长，平均访问时间即所有用户每次访问时长的平均值。

- 跳失率

跳失率是只访问了该店铺一个页面就离开的次数占总入店次数的比例。

一段时间的跳失率等于每天跳失率日均值，即每天跳失率的平均值。

- 购买率

购买率等于访问该页面的访客中当天下单的访客数除以访问该页面的总访客数。

- 是否装修

如图 8-33 所示是装修效果趋势图。

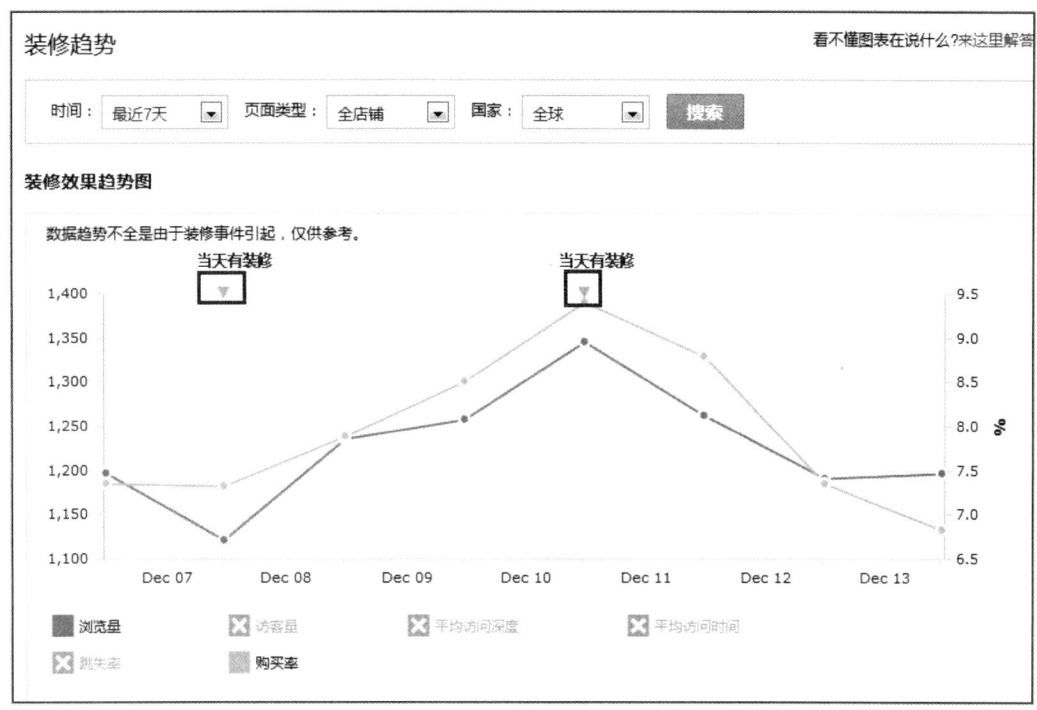

图 8-33 装修效果趋势图

8.3.5 自有商品分析

1. 自有商品分析指标

- 曝光量：指搜索曝光量，即商品在搜索或类目浏览下的曝光次数。
- 浏览量：指该商品被访客浏览的次数。
- 搜索点击率：商品在搜索或类目曝光后被点击的比例，即浏览量除以曝光量。
- 访客数：访问该商品的访客总数。
- 成交订单数：指该商品在选定时间范围内支付成功的订单数与选定时间范围内风控关闭的订单数的差值。
- 成交买家数：指选定时间范围内成功购买该商品的买家数。
- 成交金额：指该商品在选定时间范围内产生的交易额。
- 询盘次数：指访客通过该商品点击旺旺与站内信的次数。
- 成交转化率：指成功购买该商品的买家数占访客总数的比值，即成交买家数除以访客数。
- 平均停留时长：指访客浏览该商品所有详情页面的平均停留时间。
- 添加购物车次数：指该商品被访客添加到购物车的次数。
- 添加收藏次数：指该商品被访客收藏的次数。
- No-Pay 比率：指该商品在选定时间范围内未成功支付的订单数与创建成功的订单数的比值。

2. 商品分析要点

商品分析是指根据各项指标，找出店铺内商品的缺陷并提出解决方案。如表8-2所示是商品分析的整个过程。

表8-2 商品分析的整个过程

关键指标	因素	解决方案
曝光量	Listing排名（搜索、类目）	优化标题，优化结构化描述（属性）
点击率	主图	优化主图
转化率	价格	优化供应链
停留时间	商品详情页	丰富商品详情页，主要是优化图片

自有店铺商品分析主要有两个方面：爆款分析和长尾分析。爆款分析是以打造爆款为目的的全方位细致分析商品的方法；长尾分析是运用Excel功能分析除爆款外的所有商品的方法。

3. 潜力爆款分析案例

打造爆款是卖家的必修课，卖家需要不断优化影响销售的各项基本因素来吸引消费者购买商品。打造爆款至少需要提升商品的价格优势、拍摄优质清晰的商品图片、优化标题描述。

4. 爆款效果数据分析

如图8-34所示，这款军装多袋裤的曝光量远远高于行业平均值，但与行业TOP10的曝光量还有差距。这款商品的搜索点击率为3.36%，在此类目中超过行业平均值和行业TOP10的点击率，还算不错，但是成交转化率只有1.27%，低于行业TOP10的成交转化率和行业平均值。从这些数据分析来看：优化供应链、把商品价格降低或牺牲利润率可以提高转化率。

如图8-35所示，从商品成交分析页面中可以看到此商品的No-Pay比率达到31.76%，从侧面反映出访客对此商品有购买欲望，但对商品价格的接受度不高。

如图8-36所示，此商品的访客平均停留时长与行业TOP10商品的访客平均停留时长基本一致，说明商品详情页的描述还不错，图片基本符合要求；还可以看到添加购物车次数和添加收藏次数与行业TOP10的商品添加购物车次数和添加收藏次数有差距，这是访客数的落差造成的，当此商品UV不断提高后，这两项指标就能达标。

第 8 章 数据分析

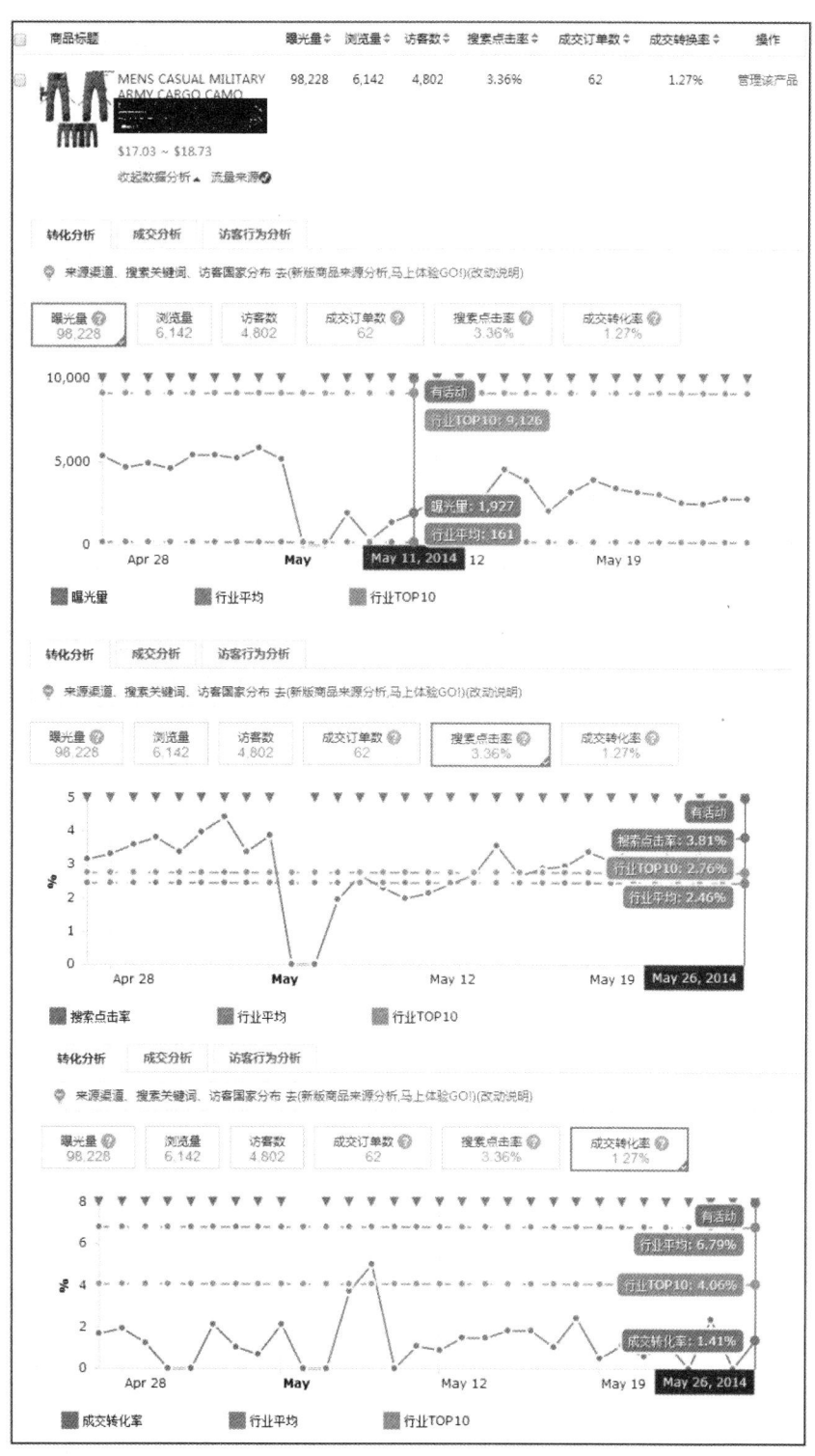

图 8-34 爆款效果数据分析

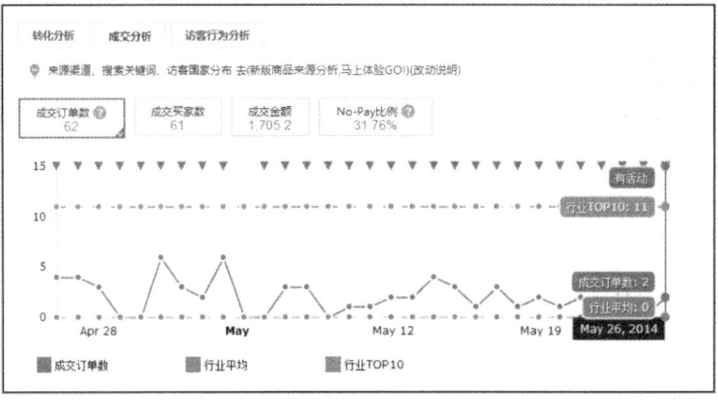

图 8-35　商品成交分析页面

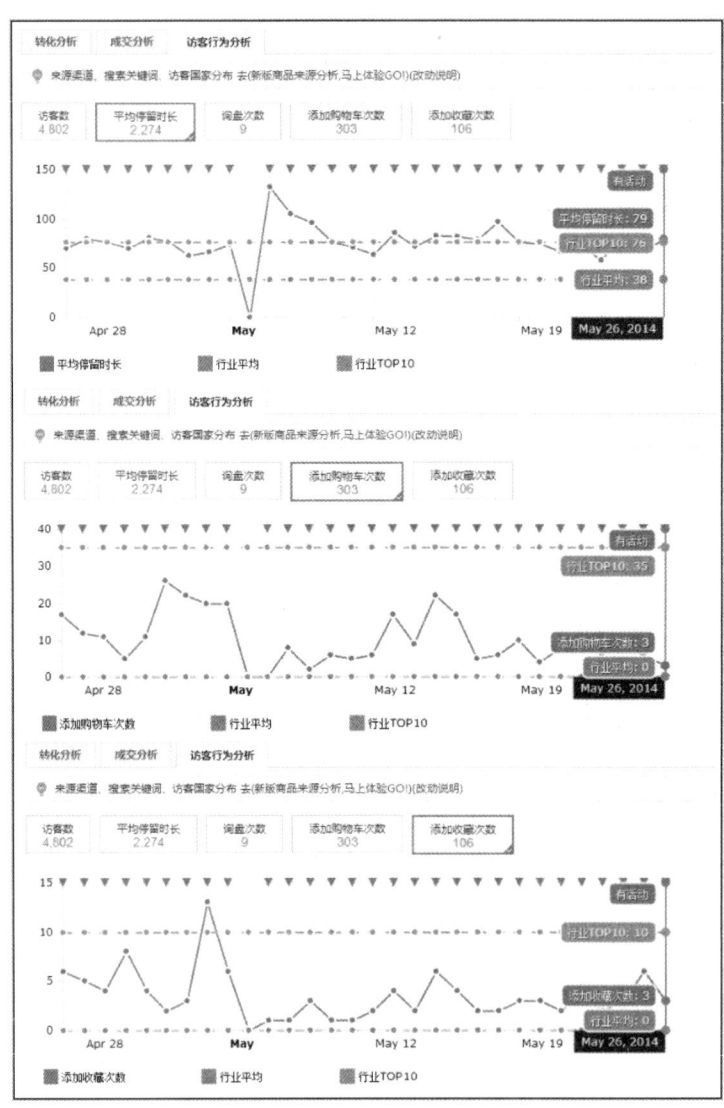

图 8-36　访客行为分析页面

5. 爆款流量来源分析

对于潜在爆款来说，更多的曝光、更多的 PV 是最大的需求，此时需要分析单品流量来源，增加各渠道流量。如图 8-37 所示为某款军装多袋裤在最近 30 天的流量来源：类目浏览占 35.16%、站内其他占 30.69%、站内搜索占 13.64%、直接访问占 9.85%、收藏夹占 4.18%、购物车占 3.08%、活动占 2.19%、站外总计占 1.20%。

这里唯独缺少了付费流量 P4P 直通车，这是运营的一个失误，卖家需要去调整。当爆款流量不足时，直通车流量占比应该达到 30%左右，才能给店铺带来新客户。站内搜索提供了很好的关键词来源 TOP10，可以把这些关键词加入直通车列表，这样也可以弥补此商品搜索流量来源不足的缺陷。

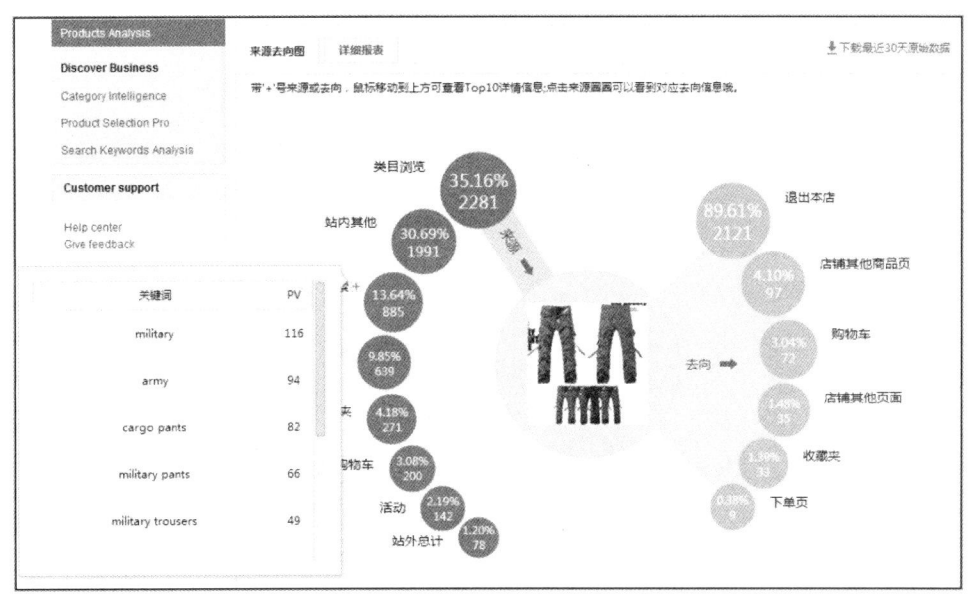

图 8-37　某款军装多袋裤在最近 30 天的流量来源

参加活动也是打造爆款的有力手段，但要因商品而异、因时间而异。商品在初期参加一次俄罗斯团购是很好的选择，能一次性增加上百个订单，让客户产生足够的信任感，也能博得一个相对不错的搜索排名。但在商品成长阶段，不要盲目参加团购，商品会有很长的锁定期和很低的上线概率，会缩短商品优化的时间，甚至引起各项指标的降低。

6. 是否要分析流量的去向

事实上，各种来源的流量去向基本成固定比例，即自然流量跳出率相对较低，去往购物车、其他页面、收藏夹、下单页的比例较高。通过前文店铺流量来源分析可知，"站内其他"流量来源是很值得去关注的，俄罗斯、巴西两大分站的流量都隐藏在这里。如果"站内其他"板块中未出现"+"按钮，则可选择时间为最近 1 天。如图 8-38 所示，来自俄罗斯的搜索带来 21 次点击，来自俄罗斯的类目搜索带来 16 次点击，说明该商品的俄语标题需要优化。

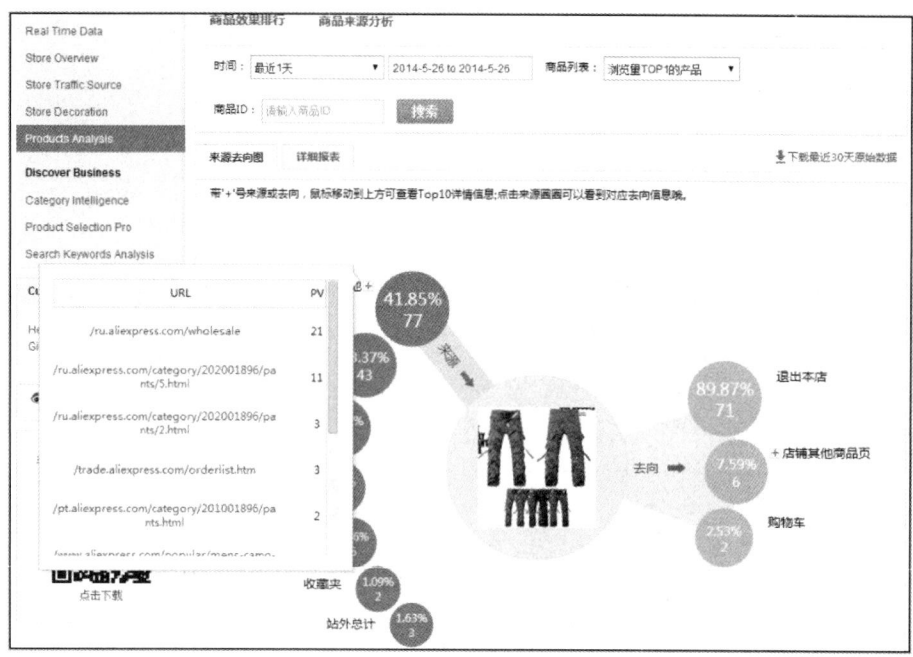

图 8-38　流量的去向分析

一个爆款如果不是为特定国家人群开发的,那么单品的访客国家来源与店铺的访客国家来源理应一致。如图 8-39 所示,此单品的巴西客户来源过低,只有 6.46%,与店铺中的访客来源数据相差很多,这不正常,也许是此单品有重要葡语关键词未填写,葡语标题描述需要仔细修改。

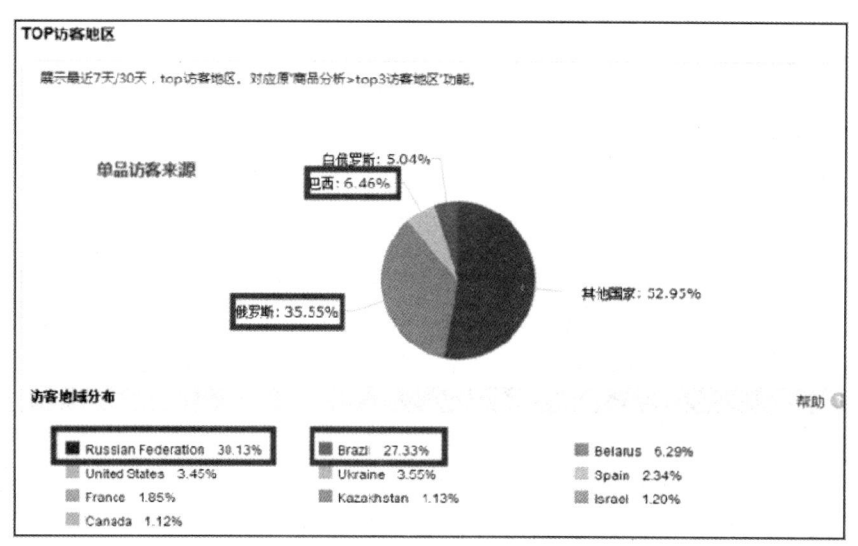

图 8-39　单品访客来源分析

7. 商品长尾分析

长尾是相对于爆款而言的，一家店铺中除引流商品、爆款商品外，都可以称为长尾商品。长尾商品可以通过批量导出所有商品数据进行分析，各个关键指标不能参照行业 TOP10 的关键指标，因为没有可比性，需要选取长尾商品的 TOP10 平均值作为参照指标。如图 8-40 所示，这里对 10 个商品做了问题点评并提出操作建议。

序号	售价	搜索曝光量/次	浏览量/次	访客数/人	订单数/笔	成交金额	点击率	转化率	存在问题	操作建议
1	$11.47-$11.79	53,478	3,235	2,458	133	$1,850.26	4.60%	5.41%	流量偏少	优化标题属性
2	$9.03-$9.93	69,228	2,786	2,221	130	$1,231.21	3.21%	5.85%	点击偏少	优化图片
3	$8.71-$8.71	56,952	3,656	2,910	108	$1,005.43	5.11%	3.71%	流量偏少，转化差	优化标题属性，打折促销
4	$7.44-$7.44	29,214	1,955	1,494	99	$915.80	5.11%	6.63%	曝光不够	潜力商品，平台活动
5	$7.76-$8.43	104,980	3,229	2,583	81	$660.40	2.46%	3.14%	点击偏少，转化差	优化图片
6	$10.41-$11.39	90,445	3,838	3,246	70	$657.50	3.59%	2.16%	点击偏少，转化差	优化图片
7	$7.59-$8.27	29,197	1,712	1,442	69	$630.41	4.94%	4.79%	曝光不够	优化标题属性
8	$12.93-$12.93	131,573	3,040	2,399	68	$850.51	1.82%	2.83%	点击偏少，转化差	更换图片
9	$9.89-$10.8	57,539	2,006	1,670	68	$933.97	2.90%	4.07%	点击很少	优化图片
10	$14.76-$17.51	97,945	4,672	3,607	67	$1,147.36	3.68%	1.86%	转化差	打折促销
	平均值	72,051	3,013	2,403	N/A	N/A	3.74%	4.04%	N/A	N/A

图 8-40　商品的问题点评和操作建议

8.4　第三方数据工具

- keepa

Amazon Price Tracker 是一款亚马逊历史价格追踪插件，也称作 keepa 插件，可以生成价格历史图表并添加到 Google Chrome，能看到商品价格的变化。

- camelcamelcamel

这是一个价格追踪插件网站，也是亚马逊 FBA 卖家标配，是可以追踪所有商品历史价格的网站。使用它可以进行具体的 ASIN 研究，查看价格变化等信息，从而为卖家研究商品提供参考。

- FBA Calculator

这是亚马逊自带的计算器工具，也可能是国内外卖家们最常用的工具，可以更快、更简单地计算 FBA 费用。

- Terapek

通过这个工具，可以看到 eBay 和亚马逊上成千上万种最热门的商品和品类，帮助卖家了解最热门的商品及商品定价。

- Google Adwords

这是一种通过使用 Google 的关键字广告或 Google 遍布全球的内容联盟网络来推广网站的付费网络推广方式，可以选择包括文字、图片及视频广告在内的多种广告形式。

第 9 章

跨境收款与支付

学习目标：

- 掌握主流收款工具的使用方法
- 了解海外买家的主要支付方式
- 掌握速卖通国际支付的使用方法

9.1 主流收款工具

1. 速卖通国际支付宝

卖家在速卖通平台使用的收款工具为支付宝。支付宝作为跨境支付工具,在支付过程中发挥"担保交易"功能。买家下单支付时将钱汇入支付宝,钱在支付宝被监管,买家确认收货后卖家才能收到这笔钱。全球速卖通会在交易完成后对卖家收取订单交易额 5%~8%的交易手续费,买家不需要支付手续费。

2. PayPal

PayPal 在中国的名字是贝宝,是 eBay 集团旗下全资子公司,其早年绑定 eBay 平台,是市场上领先的第三方支付平台。PayPal 收款涵盖美元、加元、欧元、英镑、澳元和日元等 25 种国际主要流通货币。

PayPal 在欧美国家有很高的市场普及率,在多个跨境电商平台被用来作为收款工具。PayPal 和支付宝的"担保交易"功能不同,买家通过 PayPal 付款后,钱直接进入卖家账户,卖家可以立即提现,但是如果买家向 PayPal 提出纠纷,PayPal 就会撤回卖家的资金。虽然卖家可能已经对这笔资金进行提现,但是因为卖家的 PayPal 绑定了多张信用卡,所以 PayPal 仍然可以从卖家的银行账户撤回这笔资金。

用中国国籍注册 PayPal,收取的货款有 4 种方式可以提现:

- 电汇到中国内地账户(手续费至少要 35 美元);
- 提现到中国香港账户(免费);
- 提现到美国账户(手续费是 35 美元);
- 通过支票(手续费是 5 美元)。

3. Payoneer

Payoneer 成立于美国纽约,是万事达卡组织授权的具有发卡资格的机构。卖家在注册 Payoneer 之后,会自动获得 Payoneer 在当地国(美国、英国、德国、日本、澳大利亚等)开设的银行账号,这些账号可以用来接收来自当地电商平台的销售款项,卖家可以将收到的美元、英镑、欧元、日元、加元、澳元、墨西哥元自动兑换成人民币并转入自己在国内的银行账户。在开通 Payoneer 之后可以申请实体卡(称为 P 卡),用实体卡可以在全球实体店刷卡消费,也可以在接受万事达卡的自动取款机上取现。

Payoneer 类似于国内商家版的支付宝。卖家在注册亚马逊卖家账号之前,需要注册收款账号。对于卖家来说,收款账号起到从亚马逊平台放款到卖家提款至国内银行卡的中转作用。与此类似的第三方收款工具还有 World First、PingPong、iPayLinks 等。

除亚马逊平台外、Wish、Lazada、Shopee、Cdiscount、Linio、Airbnb、Newegg 等平台都

支持 Payoneer。

Payoneer 和 PayPal 都可以用于跨境电商平台的收款，但它们也有一些区别：Payoneer 只收取来自合作平台的资金，不接受个人转账，中国卖家也不能往里面充值；PayPal 则更开放，不仅支持平台的资金转入，也接受个人转账、收款、付款，因此自建网站的收款就需要使用 PayPal。

Payoneer 收费标准如下。

1）实体卡收费

每年 29.95 美元年费，在 ATM 上取现时会收取跨境提现费用。如果不申请实体卡，则无此费用。

2）收款/提现手续费

美国银行账户收取转账金额 1%的手续费；转账到全球 210 个国家的当地银行账户，收取 2%的手续费；在 ATM 上直接取人民币，每笔收取 3.15 美元的固定费用。

4．WorldFirst

WorldFirst 成立于 2004 年，是一家注册于英国的国际汇款公司，简称 WF，中文名称为万里汇，专注于为企业和个人卖家提供国际支付服务。2010 年 WF 进入中国，提供国际电商平台收款及结汇服务，为中国电商卖家提供美元、欧元、英镑、日元、加元和澳元收款，并结汇到中国的银行账户。2019 年，WF 成为蚂蚁金服集团全资子公司。

WF 支持 Amazon、eBay、Walmart.com、日本乐天、Lazada、Opensky、Newegg、Cdiscount、PriceMinister 等全球 71 个网上交易平台，同时支持欧洲 VAT 的支付。

WorldFirst 提供 VAT 付税服务，账户里的余额可直接用于向英国税务机构支付 VAT 税款，提升资金的利用效率，降低付税成本，每笔收取 1%的手续费。

5．PingPong

PingPong 成立于 2015 年，总部位于中国杭州，是一家中国人创立的全球收款公司，为中国跨境电商卖家提供低成本的海外收款服务，支持 Amazon、Newegg、Wish、Shopee、Cdiscount、Yandex Market、Joom、eMAG、FactoryMarket 等多家跨境电商平台。

6．亚马逊官方收款

早期在亚马逊平台销售商品的中国卖家只能通过开设的国外银行账户或香港银行账户收款，没有国外银行账户或香港银行账户的卖家就必须通过第三方支付平台收款，收款的资金流程是：亚马逊平台→第三方支付平台→国内银行账户。2018 年亚马逊推出了亚马逊官方收款服务，中国卖家不需要再开设国外银行账户或第三方支付平台账户，即可通过国内银行账户进行收款。

对于中国卖家来说，使用亚马逊官方收款服务的好处是：对于新手卖家来说，无须开设海外账户或第三方支付平台账户即可收款;一站式管理,卖家可以统一管理亚马逊不同国家站点的收付款业务;官方收款,更安全稳定。不足之处是目前手续费偏高,且相较于第三方支付平台提供的 VAT 代缴、提前放款、代理出口退税等综合服务,亚马逊官方收款的服务目前还比较单一。

9.2 买家支付方式

不同国家和地区的买家习惯使用的支付方式有很大不同,跨境电商平台要针对自己的目标市场情况,为消费者提供主流的支付方式。

亚马逊部分国家站点支持的支付方式如下。

美国亚马逊:Visa、MasterCard、Discover、JCB、Diner's Club、American Express、Gift Card、Amazon Store Card 和 Checking Account 共 9 种。

英国亚马逊:Visa、MasterCard、Maestro、American Express、Delta、Solo 和 Gift Card 共 7 种。

德国亚马逊:Visa、MasterCard、American Express、Gift Card 和 Debit Account 共 5 种。

西班牙亚马逊:Visa、MasterCard、Maestro、Telebanco、American Express、Euro6000 和 Gift Card 共 7 种。

日本亚马逊:Visa、MasterCard、JCB、Diner's Club、American Express 和 Gift Card 共 6 种。

注:
Amazon Store Card 是亚马逊联合发行的信用卡,仅支持美国人。
Gift Card 指购物卡,也叫礼品卡。
Checking Account 指支票。
Maestro 在欧洲是比较受欢迎的支付方式之一,有英国、意大利和西班牙三国支持。
Delta 和 Solo 是英国常见的清算机构。
Telebanco 和 Euro6000 是西班牙三大银行卡支付网络清算机构。
JCB 是源于日本的结算组织,全名为日本信用卡株式会社(Japan Credit Bureau, JCB)。
Diner's Club 指大来卡(也称"大来信用卡"),是信用卡的鼻祖。

国际支付宝支持多种支付方式:Visa、MasterCard、Maestro、QIWI、Yandex.Money、WebMoney、Boleto、Mercadopago、DOKU、Western Union 和 T/T 银行汇款等。

- 信用卡/借记卡支付

买家可以使用 Visa、MasterCard 及 Maestro 对订单进行支付,订单完成后,国际支付宝会将订单款项按照买家付款当天的汇率结算成美元或人民币转给卖家。

- Western Union、T/T 银行汇款支付

这是国际贸易的主流支付方式，方便大额交易，订单完成后，平台会直接将美元支付给卖家。这种方式会产生汇款的转账手续费，在银行提现也会产生一定的提现手续费。

- Boleto 支付

除信用卡外，巴西的在线支付方式还有 Boleto。Boleto 是由多家巴西银行共同支持的一种使用 Bar Code 识别码的支付方式，客户可以到任何一家银行、ATM、指定超市或彩票网点完成支付。

Boleto 的支付额度是 1~3000 美元。目前，国际支付宝通过第三方 Ebanx 提供 Boleto 支付。Boleto 的退款由 Ebanx 负责，速卖通跟对方的协议中要求 Ebanx 必须退款到买家端。

买家完成 Boleto 支付后一般 5 个工作日左右到账，到账后订单状态会变为"等待卖家发货"，没有订单审核的情况。如果超过 5 个工作日未到账，需联系买家确认是否已付款。如已付款，请买家提供付款凭证，并联系支付宝客服查看。

- QIWI 支付

QIWI 是俄罗斯买家主要的支付方式，速卖通网站上的 QIWI 是 QIWI 金融集团旗下的电子钱包系统，其服务类似于支付宝，依托 QIWI 银行。

在买家付款时，付款页面会有此支付方式的提示，买家根据情况选择合适的付款方式，卖家无须进行任何设置。

使用 QIWI 钱包支付，通过资金审核（一般 24 小时内）即可到账。

- WebMoney 支付

WebMoney 简称 WM，是 WebMoney Transfer Techology 公司开发的一种在线电子商务支付系统，可以在包括中国在内的全球 70 个国家使用，是俄罗斯三大主流支付机构之一。

在速卖通网站，WebMoney 这种支付方式的消费额度是 0.01~5000 美元。WebMoney 的支付限额会根据会员类型有不同的限制。

买家使用 WebMoney 后发生退款，退款被 WebMoney 受理后，会立即退还到买家账户。

买家通过 WebMoney 支付的是美元，也可以在 WebMoney 账户里兑换成卢布。

- Yandex.Money 支付

Yandex.Money 是俄罗斯领先的支付电子钱包，在俄罗斯的品牌认知度高达 85%。目前，它支持钱包支付和现金支付。钱包支付指用户可以注册钱包账号，通过账户余额或账户绑定的银行卡进行支付。现金支付指用户通过网上下单，留下手机号码，Yandex.Money 会生成一个付款码，并发送至其手机。用户可以凭借此付款码至最近的 Yandex.Money 终端机或 Sberbank 的

ATM 使用现金支付，或者登录 Sberbank 的网上银行，输入付款码进行支付。

- Mercadopago 支付

Mercadopago 是拉丁美洲最大的支付平台，覆盖巴西、墨西哥、阿根廷、智利、哥伦比亚和委内瑞拉，向超过 9000 万注册用户提供本地化支付服务。但在速卖通，目前仅支持墨西哥的用户。国际支付宝通过 Mercadopago 提供本地信用卡、借记卡、网银或线下存款、OXXO 支付方式。OXXO 是在墨西哥非常常见的便利店，类似于"7-ELEVEn"。这是一种线下支付方式，用户选择这种支付方式并支付后，需打印付款单到 OXXO 门店支付，OXXO 必须要打印单据才能支付。

使用此支付方式，支付宝不向用户收费。对于 OXXO，用户在其门店支付时，OXXO 会向用户收取费用，该费用退款时不退回。

买家使用 Mercadopago 支付，可以在支付的时候兑换为墨西哥比索，支付额度根据不同支付方式会有所不同，总体来说额度为 5~65000 比索。

- DOKU 支付

DOKU 是印度尼西亚在线支付公司，包括钱包、网银、ATM 和便利店支付，目前也仅支持印度尼西亚。DOKU 总体支付额度是 1~2000 美元。

9.3 速卖通收款账户设置

9.3.1 收款账户的类型

国际支付宝目前支持买家用美元、英镑、欧元、墨西哥比索、卢布支付（后续还会不断增加新的币种），卖家收款则有美元和人民币两种方式。

当买家以任何外币进行支付后，都按买家付款清算日当天该货币兑美元汇率换算成美元入账，交易完成后国际支付宝将美元转入卖家的美元收款账户（提醒：只有设置了美元收款账户才能直接收取美元）。当买家以人民币进行支付后，交易完成后支付宝将收到的人民币直接转入卖家的人民币账户。

9.3.2 注册和激活支付宝账户

可以使用 E-mail 或手机号码来注册支付宝账户。首先进入支付宝网站，单击"新用户注册"按钮就可以按提示注册了。

支付宝账户分为个人账户和企业账户两种类型，可根据自己的需要选择账户类型。

企业类型的支付宝账户一定要有公司银行账户与之匹配。在使用 E-mail 注册时，第一步是输入注册信息,第二步是进入邮箱查收邮件并激活支付宝账户。

在输入注册信息时,需按照页面中的要求如实填写,单击"填写全部"按钮可以补全信息。进入邮箱查收并激活邮件,激活成功后,补全支付宝账户基本信息就可以进行付款、充值等操作了。

个人支付宝账户和企业支付宝账户的认证流程如下。

- 个人支付宝账户认证流程

打开支付宝网站,登录支付宝账户,单击"账户设置"→"基本信息"→"实名认证"→"立即认证",如图 9-1 所示。

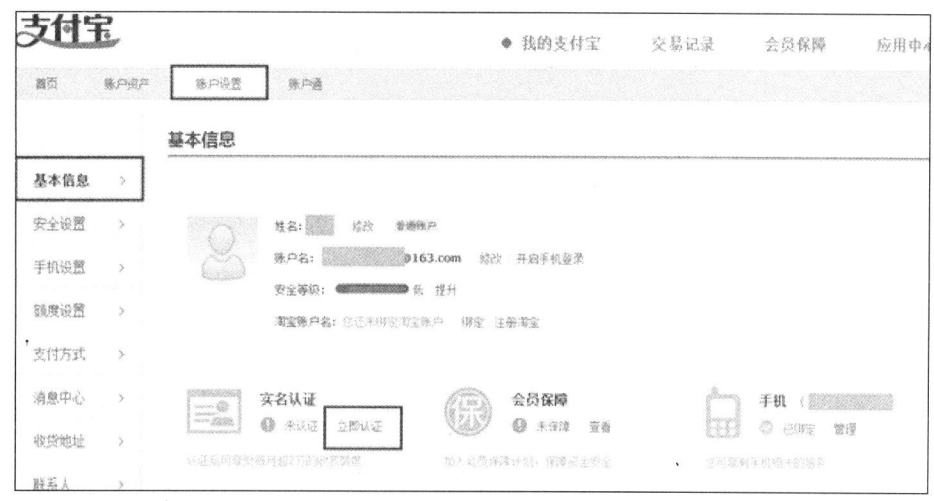

图 9-1 个人支付宝认证流程

仔细阅读支付宝实名认证服务协议后,按照提示申请开通。

- 企业支付宝账户认证流程

登录支付宝网站,找到认证入口,输入认证信息,确认后进入填写信息页面,正确输入公司名称、营业执照注册号和校验码。

公司名称须与营业执照上的公司名称完全一致,输入后即进入具体信息提交页面,如申请人不是公司法定代表人,则需下载委托书。组织机构代码、企业经营范围、企业注册资金、营业执照有效期等非必填项可以选择填写。

确定提交的信息准确无误后,单击"下一步"按钮,进入审核页面,审核次数为两次。审核成功后,等待客服人员对营业执照信息进行审核。

卖家信息审核成功后,平台将在 1~3 个工作日内给卖家的银行卡打款,卖家需确认支付宝给自己账户付款的金额,单击"继续"按钮,输入收到的金额,完成此次认证。

9.3.3 国际支付宝简介

1．创建、绑定和修改支付宝国际收款账户的流程

创建支付宝国际收款账户（可以通过创建或登录支付宝的方式进行绑定）的具体操作流程如下。

1）登录全球速卖通网站，单击"交易"按钮，在左侧菜单中，选择"支付宝国际账户"选项，如图9-2所示。

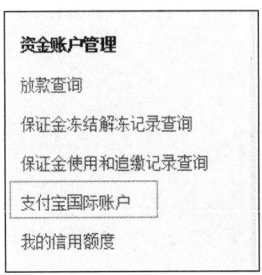

图9-2 选择"支付宝国际账户"选项

2）进入支付宝国际账户管理页面，可以通过"提现账户管理"功能管理人民币提现账户，如图9-3所示。

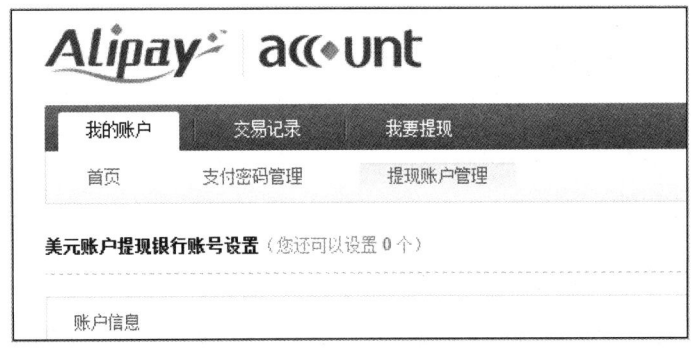

图9-3 支付宝国际账户管理页面

支付宝账户登录界面如图9-4所示，依次输入支付宝账户名称、登录密码，然后单击"登录"按钮。登录成功后，即完成收款账户的绑定，也可以对收款账户进行编辑。

输入注册信息时，请按照页面中的要求如实填写，否则会导致您的支付宝账户无法正常使用。单击"填写全部"按钮可以补全信息。建议使用实名认证的支付宝账户作为收款账户，以避免非实名认证账户提现额度的限制影响资金的提取。

图 9-4 支付宝账户登录界面

2．申请支付宝国际账户

登录速卖通平台，单击"交易"按钮，在左侧菜单中，选择"支付宝国际账户"选项。如果尚未开通过支付宝国际账户，则在第一次进入的时候，会弹出如图 9-5 所示的页面，仔细阅读服务条款，根据提示签署使用协议，设置支付宝密码用于资金提取等，在确认相关信息后，即成功开通您的支付宝国际账号。

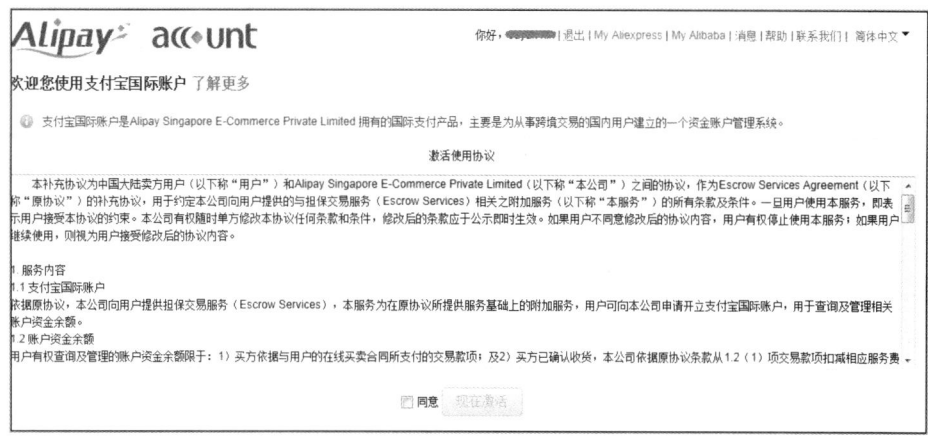

图 9-5 激活使用协议页面

绑定国内支付宝账户后，就可以通过支付宝账户收取人民币了。国际支付宝会按照买家支付当天的汇率将美元转换成人民币支付到卖家的国内支付宝账户或银行账户中。还可以通过设置美元收款账户的方式来直接收取美元。

3．国际支付宝常见问题

1）什么是国际支付宝

国际支付宝由阿里巴巴集团与蚂蚁金融服务集团开发，是为了保护国际在线交易中买卖双方的交易安全所设的一种服务。如果用户已经拥有国内支付宝账户，则绑定国内支付宝账户即可，无须再申请国际支付宝账户。

2）使用国际支付宝的优势

- 多种支付方式：支持信用卡、银行汇款、第三方钱包多种支付方式。目前，国际支付宝支持的支付方式有信用卡、借记卡、QIWI、Yandex.Money、WebMoney、Boleto、TEF、Mercadopago、Doku、Western Union 和 T/T 银行汇款。更多符合买家当地的支付方式还在不断地接洽中。
- 安全保障：全面保障卖家的交易安全。
- 国际支付宝是一种第三方支付服务，而不只是一种支付工具。对于买家而言，它的风控体系可以保护其在交易中免受信用卡盗卡的风险，同时也可以避免在交易中使用其他支付方式导致的交易欺诈。
- 方便快捷：线上支付，直接到账，足不出户即可完成交易。使用国际支付宝收款无须预存任何款项，速卖通会员只需绑定国内支付宝账户和美元银行账户就可以分别进行人民币和美元的收款。
- 品牌优势：背靠阿里巴巴和支付宝两大品牌，海外潜力巨大。

3）国际支付宝与国内支付宝（Alipay）的区别

国际支付宝的第三方支付服务是蚂蚁金融服务集团支付宝国际站提供的，是专为跨境出口交易定制的交易收单服务。

4）国际支付宝支持哪些商品的交易

只要商品满足以下条件即可通过国际支付宝进行交易：

- 商品可以通过速卖通平台支持的物流方式进行发货；
- 每笔订单金额小于 10 000 美元（商品总价加上运费的总额）。

5）国际支付宝支持哪些物流方式

目前，国际支付宝支持速卖通的物流方式有 UPS、DHL、FedEx、TNT、EMS、顺丰、中国邮政、中国香港邮政航空包裹服务及其他全球速卖通日后指定的其他物流方式，暂时不支持海运。

6）国际支付宝单笔订单的最大额度是多少

为降低支付宝用户在交易过程中产生的交易风险，目前支付宝支持单笔订单金额在 10 000 美元（商品总价加上运费的总额）以下的交易。

7）通过国际支付宝在线交易如何报关

如果货物申报价值在 600 美元以下，那么快递公司会集中报关。如果货物申报价值超过 600

美元，那么卖家可以提供全套的报关单据，委托快递公司代报关。

8）通过国际支付宝在线交易如何核销退税

买家使用 Visa 和 MasterCard 信用卡支付时，无法核销退税。买家使用 T/T 银行汇款支付时，卖家报关后可以进行核销退税。

9）国际支付宝卖家保护指南

为了保护全球速卖通平台买卖双方的合法权益，让卖家能够更加放心和顺利地在速卖通平台完成交易，避免不必要的纠纷，国际支付宝有"支付宝卖家保护指南"，当买家投诉货物没有收到或收到的货物与描述不符时，了解"支付宝卖家保护指南"可以协助和保护卖家在最短的时间里解决纠纷。

9.3.4 创建美元收款账户

1. 新增账户

若是中国供应商会员，则需登录 My Alibaba，单击"交易"→"银行账户管理"，进入"收款账户管理"页面，再单击"创建美元收款账户"。

速卖通会员则登录"我的速卖通"，单击"交易"→"资金账户管理"，进入"支付宝国际账户"页面，在"提现账户管理"功能中，进行美元收款账户的设置，如图 9-6 所示。

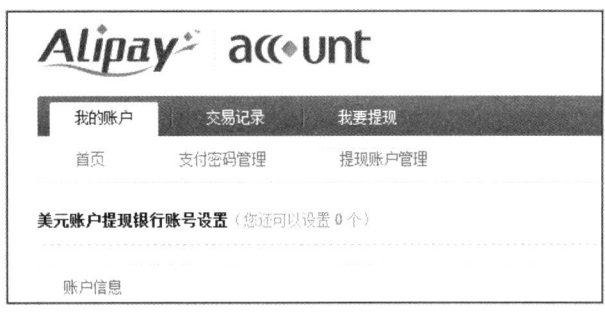

图 9-6　设置美元收款账户

进入"新建美元账户"页面之后，可以选择"公司账户"和"个人账户"两种账户类型进行设置。

2. 公司账户

在中国内地开设的公司必须有进出口权才能接收美元并结汇。使用公司账户收款的订单，必须办理正式报关手续，才能顺利结汇。

3. 个人账户

创建的个人账户必须能接收海外银行（新加坡花旗银行）对个人的美元汇款。汇款没有限制，但结汇需符合外汇管制条例，每人 5 万美元结汇限额。选择个人账户后，依次输入开户名（中文）、开户名（英文）、开户行、银行国际代码、银行账号等必填项。输入完毕后，单击"保存"按钮即可。

4．美元账户常见问题解答

1）哪些银行卡可以接收美元？我没有能接收美元的外币账户，怎么办？普通银行卡可以接收外币吗？

国内的银行都有外币业务，需要本人带上有效身份证去银行开通个人外币收款功能。如果银行卡本身就是双币卡（人民币和美元），则可以直接接收。

2）我创建的美元收款账户有误，想修改，可以吗？

不可以修改。可以删除后重新创建一个新的美元收款账户。

3）是否必须是中国内地的美元收款账户，中国香港的美元收款账户可以吗？

可以。

4）我只设置了美元收款账户，没有设置人民币收款账户，能否做交易？

不可以。

5）我有一个中国银行的私人账户，既可以收接人民币，也可以接收美元，我已经绑定了支付宝人民币提现账户，可以再绑定个人账户下的美元收款账户吗？

请向发卡银行确认，询问是否能接收国外的美元汇款，因为速卖通是从新加坡花旗银行汇款进您的账户的。

6）我设置了美元个人收款账户，收款超过 5 万美元的限制怎么办？

有两种解决方案：如果一次提现已经超过 5 万美元，则可以分年结汇；还可以在金额未超过 5 万美元时提现一次，下次提现时更改个人收款账户，分开提现。

7）我设置了美元收款账户，提现要手续费吗？

美元提现手续费按提取次数计算，每笔提现手续费固定为 15 美元，已包含所有中转银行手续费。建议卖家减少提款次数，当可提资金累积到一定金额时再进行提现操作。

9.3.5　查询银行的银行国际代码

银行国际代码（ISO 9362）也叫作 SWIFT-BIC、BIC 代码、SWIFT ID ，由计算机自动判读的 8 位或 11 位英文字母或阿拉伯数字组成，用于在 SWIFT 电文中明确区分金融交易里相关的不同金融机构，用于快速处理银行间的电报往来。

银行国际代码的 11 位数字或字母可以拆分为银行代码、国家代码、地区代码和分行代码四部分。以中国银行上海分行为例，其银行国际代码为 BKCHCNBJ300，其中 BKCH 为银行代码、CN 为国家代码、BJ 为地区代码、300 为分行代码。

- 银行代码：由 4 位英文字母组成，每家银行只有一个银行代码，由其自己决定，通常是该行的名字或缩写，适用于其所有的分支机构。
- 国家代码：由两位英文字母组成，用以区分所在的国家和地理区域。
- 地区代码：由 0、1 以外的两位数字或两位字母组成，用以区分所在国家的地理位置，如时区、省、州、城市等。
- 分行代码：由 3 位字母或数字组成，用来区分一个国家里某一个分行、组织或部门。如果银行的银行国际代码只有 8 位而无分行代码，则其初始值为"XXX"。

要了解银行的银行国际代码，一般可拨打银行客服电话询问，或者登录 SWIFT 国际网站查询页面查询。

以中国银行上海分行为例，登录 SWIFT 国际网站查询页面，如图 9-7 所示，根据提示输入要查询的银行信息。在"BIC or Institution name"文本框中输入中国银行的统一代码"BKCHCNBJ"；在"City"文本框中输入要查询的银行所在城市的拼音"Shanghai"；在"Country"下拉列表框中选择"CHINA"；最后在"Challenge response"文本框中输入所看到的验证码。完整输入要查询的银行信息后，单击"Search"按钮即可。

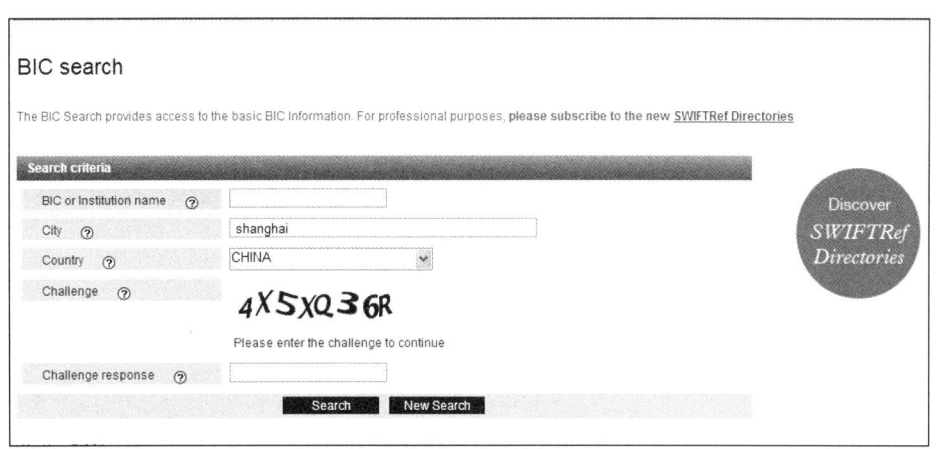

图 9-7 SWIFT 国际网站查询页面

9.3.6 卖家提现

提现采用余额提现方式，分为美元提现与人民币提现，美元提现将提款到用户的美元银行账户中，人民币提现将提款到用户的支付宝国内账户中。

用户可以先进入国际支付宝，到"我要提现"功能下的"提现银行账户设置"中确认是否已经设置了美元和人民币提现银行账户，如果没有设置，则设置完成才能提现。

具体提现操作步骤如下。

1）查看"我的账户"信息，可以看到可提现的人民币金额和美元金额、已冻结的人民币金额和美元金额，以及人民币账户总金额和美元账户总金额。

2）单击人民币账户或美元账户后对应的"我要提现"按钮。

3）打开美元账户提现页面（如图 9-8 所示）或人民币账户提现页面（如图 9-9 所示），输入要提现的金额，单击"下一步"按钮，打开提现信息确认页面，如图 9-10 所示。

图 9-8　美元账户提现页面

图 9-9　人民币账户提现页面

4）确认提现信息后，输入支付密码，单击"确定"按钮后，系统会进行手机验证。

5）输入正确的手机验证码后确认提交，即可提现成功（注：手机验证码的有效时间是 30 分钟）。

图 9-10 提现信息确认页面

注意：美元提现金额至少需 16 美元，人民币提现金额至少需 0.01 元；人民币提现无手续费，美元提现每次收取 15 美元的手续费。

第 10 章

亚马逊平台介绍

学习目标：

- 了解亚马逊平台商品分类
- 掌握亚马逊平台的运营原理和工具
- 了解 FBA 的特点和使用方法
- 掌握黄金购物车的特点
- 了解亚马逊平台提供的营销方式

10.1 亚马逊平台组织结构

亚马逊（Amazon）平台上销售的商品分为自营商品和第三方卖家商品两类，买家在购买时会看到以下三种类型。

- shipped from and sold by amazon.com：标有这种类型的就是亚马逊自营商品。
- sold by xxx and fullfilled by amazon：这类商品不是亚马逊的自营商品，但是由亚马逊的物流配送。
- shipped from and sold by xxx：这类商品既不是亚马逊自营商品，也不由亚马逊配送。

第三方卖家的商品在亚马逊平台上会显示为第二种和第三种类型，第二种类型使用了亚马逊的 FBA 仓储和配送服务，使用 FBA 仓储可以提升买家体验，也有利于卖家在平台上获得更多流量；第三种类型由卖家确定物流商进行配送，可能通过跨境小包的方式邮寄给买家，通常需要买家等待更长的物流寄送时间。

10.1.1 亚马逊自营

亚马逊在 2009 年推出了 Amazon Basics 自营品牌，至今已经有 70 多个不同名字的自营品牌。初期的自营商品主要是充电线、电池等易耗品，主打低价、优质的销售策略，现在亚马逊自营商品种类已经覆盖电子产品、家居用品、男女服饰、时尚用品、珠宝首饰、保健品、母婴用品等多种类目。

不得不说，亚马逊自营商品在平台上占据了绝对的竞争优势，就数据线一款商品的日均成交就在上千单。作为亚马逊平台的第三方卖家，在选品时要尽量避开和亚马逊自营商品相同的商品，尤其是自营商品中的热销款。

10.1.2 亚马逊全球开店

为了丰富商品种类，亚马逊也招募第三方卖家在平台上销售商品，这就是亚马逊的全球开店，即让中国卖家的商品在全球亚马逊站点销售。目前，亚马逊全球开店可以对接海外 13 大亚马逊站点共 3 亿个活跃付费用户，包括美国、英国、加拿大、墨西哥、法国、德国、澳大利亚、日本、意大利、西班牙、印度、阿拉伯联合酋长国和沙特阿拉伯。卖家只要加入亚马逊全球开店计划，在亚马逊平台上上传商品，就可以面向以上这些国家的买家进行销售。

10.1.3 亚马逊平台特点

亚马逊平台相比其他跨境电商平台有三大特点。

- 强调商品，弱化店铺。平台的运营定位是纳入第三方卖家的商品，使平台上的商品更丰富，同时确保亚马逊平台统一的品牌形象。所以，平台没有给卖家的店铺提供过多自定义的选项，卖家上传的商品也必须符合亚马逊平台统一的形象要求。
- 高门槛，严要求。平台会对申请入驻的卖家的企业资质进行严格审查，经过亚马逊筛选通过的卖家才可以入驻；平台对卖家的运营和销售过程也有严格要求，所有卖家必须遵守亚马逊平台对买家的服务承诺，一旦卖家无法达到要求就会被严厉处罚，甚至永久封号。
- 去个性化，看重价格、配送、售后服务。亚马逊平台不希望卖家上传的商品有太鲜明的特点，引导卖家把精力放在提升商品竞争力和售后服务能力上。

10.2 卖家运营要点

在亚马逊平台上销售商品之前，需要了解亚马逊平台上的一些运营功能和概念。

10.2.1 详情页（Listing）

Listing 在亚马逊平台上指一款商品的详情页。卖家创建的详情页归亚马逊所有，当其他卖家也销售相同商品时，可以公用此页面。

1. 详情页跟卖政策

A 卖家创建了一个商品详情页，其他卖同款商品的卖家看见详情页后可以单击"Sell yours on Amazon"链接，在此商品页面上增加一个按钮用来链接到自己的商品。如图 10-1 所示，右下角的"Other Sellers on Amazon"区域即跟卖的卖家。跟卖的前提是必须是完全相同的商品，包括商品本身、包装、品牌、赠品、功能、数量等。

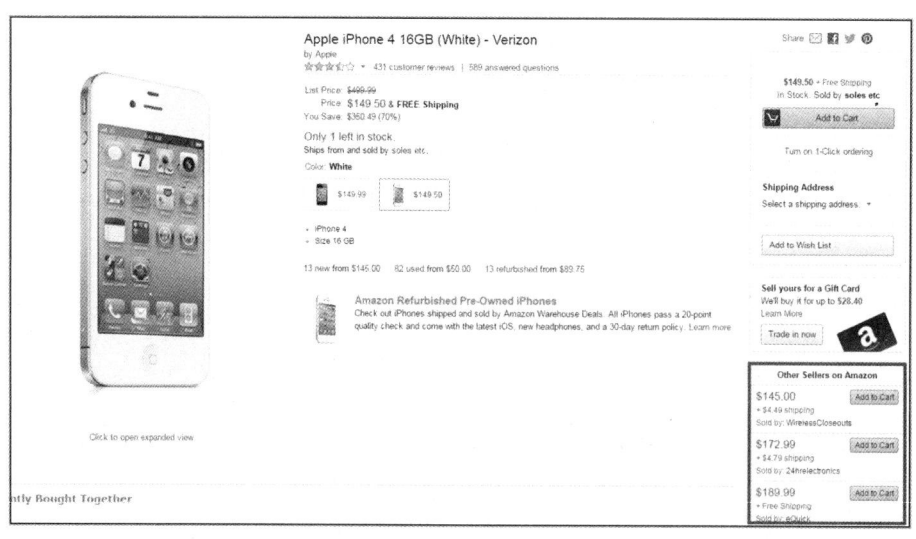

图 10-1 详情页跟卖

利用跟卖政策可以促进卖家提供更优质价廉的商品，方便消费者快速购买到所需商品；如果卖家不希望被跟卖，就必须建立自己的品牌，让自己的商品具有不可替代性。跟卖规则也是为了鼓励卖家打造自己的品牌。

2．详情页跟卖的优势

- 不用自己制作页面，几秒钟就搞定。
- 商品出价会立即出现在排名靠前的详情页中。
- 跟卖大流量的详情页不仅可以迅速提升跟卖商品销量，还可以增加店铺其他商品的销量。

3．跟卖的风险

- 容易被详情页所有者投诉侵权，一旦投诉成功，会被封账号。
- 同质化竞争直接引发价格战，导致低利润。

4．跟卖的建议

首先，确定自己的商品描述和跟卖的详情页描述完全一致，包括商品本身、包装、卖点、功能等，否则买家收到货后如果发现任何与描述不一致的地方，都可以向亚马逊平台投诉。你所跟卖的卖家也有可能对你的商品进行 Test Buy（测试购买），如果发现商品和描述不一致，也可以向亚马逊平台投诉。

其次，跟卖时尽可能设置较低的价格，价格越低，获得加入购物车的可能性越高。抢夺购物车的权重依次为：FBA>价格≥信誉度。

再次，选择跟卖销量比较多的详情页，如果一款商品销量多又没有人跟卖，则极有可能是有品牌保护的，这个时候千万不要冒着侵权的风险去跟卖。了解商品是否是注册品牌，可以在网上搜索或去商标网站查看。如果被投诉侵权，就要立刻取消跟卖，并且积极和对方沟通是否真实发生了侵权行为。

5．如何防止被跟卖

自己辛苦打造的详情页当然不想被别人跟卖，防止被别人跟卖的前提是做好品牌保护，如果你可以证明这款商品确实是属于你的，平台就会移除跟卖卖家，并且跟卖的卖家还会受到处罚。做好品牌备案的步骤如下。

1）注册自己的品牌（建议注册美国和当地国商标）。

2）有了注册商标或商标授权书，还需要到亚马逊平台进行品牌备案。品牌备案需要准备网站、以网站后缀的电子邮箱、两张带有品牌的商品图片，在线提交资料后就可以在 48 小时内完成备案。

3）品牌备案通过后亚马逊平台会生成一个全球专属的 GCID 编码。为自有品牌的商品创建的详情页编辑权不会让渡给其他等级高的卖家。

做好品牌备案后一旦发现跟卖，可以先发警告邮件，向对方表明你的商品详情和品牌备案等信息，要求对方停止跟卖。在警告邮件无效的情况下，可以做测试购买，收到商品后将任何与你的商品不同的地方或质量问题向亚马逊平台进行举报，平台会警告跟卖卖家，甚至关闭其账号。

10.2.2 ASIN

ASIN（Amazon Standard Identification Number）是亚马逊平台的商品编号，相当于一个独特的商品 ID，在亚马逊平台具有唯一性，由亚马逊系统自动生成。一般情况下，卖家刊登商品时系统就会生成一个 ASIN，即使修改详情页，ASIN 码也不会被修改，但是当多个卖家的详情页是同一款商品且描述相似时，详情页可能会被合并，ASIN 也会改变。

在平台前端和卖家后端都可以使用 ASIN 查询商品，在前端的商品详情页里，ASIN 位于“Product Details”或“Product Information”一栏，如图 10-2 所示。

Package Dimensions: 7.2 x 3.2 x 1.4 inches
Shipping Weight: 9.1 ounces (View shipping rates and policies)
ASIN: B06Y3L2SYX
Item model number: 4331819061
Batteries: 1 CR123A batteries required. (included)
Date first listed on Amazon: April 6, 2017
Amazon Best Sellers Rank: #54,460 in Clothing, Shoes & Jewelry (See Top 100 in Clothing, Shoes & Jewelry)
#326 in Men's Wrist Watches
#15126 in Men's Shops
Average Customer Review: 553 customer reviews

图 10-2　商品的 ASIN

10.2.3 UPC

UPC（Universal Product Code）是美国统一代码委员会制定的一种商品用条码，主要用于美国和加拿大地区。UPC 是最早大规模应用的条码，由于其应用范围广泛，故又被称为万用条码，通行于国际贸易。UPC 由 12 位数字组成，每个条码都不一样，包含了商品类别、制造商、属性、特性等信息。

10.2.4 EAN

EAN（European Article Number）是在 UPC 的基础上确立的商品标识符号。EAN 是国际物品编码协会（GS1）制定的一种商用条码，全球通用，分配给中国物品编码中心的前缀区间为 690-696，再由中国物品编码中心统一分配企业代码，商品代码则由制造商根据规则自己编制。

10.2.5 GCID

GCID（Global Catalog Identifier）是全球目录编码，如果卖家在亚马逊平台上进行了品牌备案，亚马逊平台就会自动为卖家分配一个 GCID 码。在亚马逊平台上上传商品时，卖家必须提供 UPC 或 EAN，但如果卖家品牌备案成功后分配了 GCID 码，则无须再提供 UPC 或 EAN。

10.2.6 A+页面

创建亚马逊商品详情页有普通版和增强版两种形式，而 A+页面就属于增强版。目前，A+页面仅面向供应商中心受邀的品牌卖家。符合要求的卖家可以用不同的模板创建页面，如图表、视频、格式化文本等。亚马逊平台在 Basic A+页面中提供 5 个标准模板，而 Premium A+页面还额外支持 7 个模板和其他高阶功能。在设置中，卖家可以根据品牌定位自行选择不同的模板（Basic、Silver、Gold、Platinum 皆有不同的费用）。如图 10-3 所示分别是 A+页面和非 A+页面展示效果。亚马逊官方称，使用 A+页面可以有效增加 3%~10%的销量。

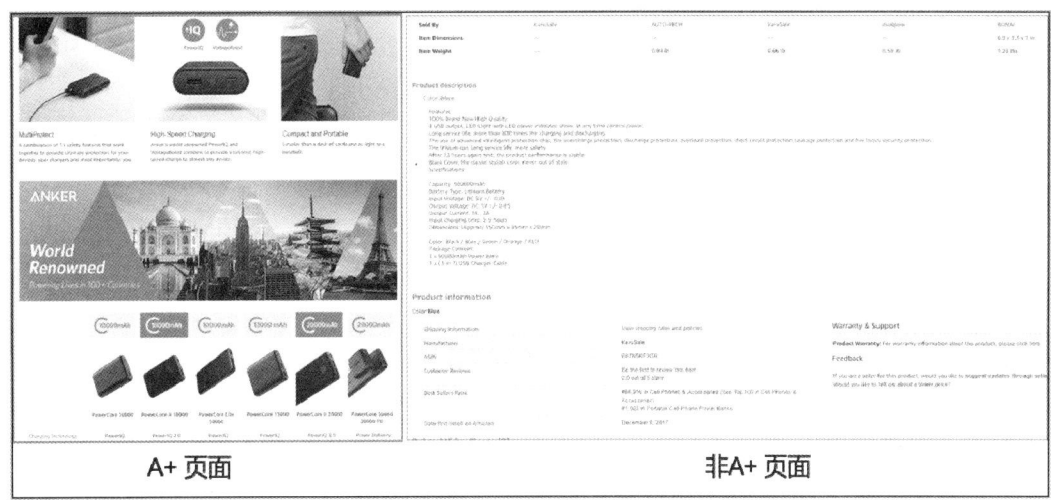

图 10-3 A+页面和非 A+页面展示效果

10.2.7 A9 算法

A9 算法是亚马逊搜索引擎的名称，可以通过亚马逊官方说明来了解 A9 算法。

在官方说明中，我们看到 A9 算法在用户开始搜索之前，就已经对平台上的每件商品过去的数据、流量和属性特征进行了分析，一旦用户输入第一个字母，A9 算法就会推荐最佳匹配的商品。

一旦确定哪些商品与用户输入的字母是最佳匹配，A9 算法就会对它们进行评分，把最适合的商品呈现给用户。

从 A9 算法的官方说明中我们可以得知，A9 搜索引擎的目的是找到最符合用户需求的商品，不断提高用户的购买转化率，执行最大化买家收益（最大化买家收益可以理解为最大化每个用户向亚马逊贡献的价值）。

卖家在整个交易流程各环节的运营状况都会影响 A9 算法的结果，影响因素包括：商品和买家搜索关键词的相关性；商品过往的转化率、满意度、复购率；详情页上的价格、销量、商品评论、图片质量、Q&A 等；卖家账号过去的订单处理速度、完美订单率（POP）、订单缺陷率（ODR）、退货率；商品目前的库存状态和包装选项等。

10.2.8　商品评论（Review）

亚马逊的商品评论在 A9 算法中占有很大的权重。在亚马逊平台上，无论是否购买过商品都可以对该商品进行评论，没购买过商品的商品评论权重极低；购买过且被认证的买家的商品评论权重很高，这种商品评论旁边会标记 Verified Purchase（简称 VP Review），VP Review 会被排在所有评论前面；权重最高的商品评论是亚马逊平台组织 Vine Voice 评论员留下的评论，这类评论旁边都带有绿色标签。站在消费者的角度来看，Vine Voice 评论员留下的商品评论可信度更高，也更有说服力，在转化的效果上也更优于其他商品评论。

评论内容可以是文字、图片、视频。当其他买家认为某条评论对自己有帮助时，可以单击"Helpful"按钮，在该评论下方会显示"xx people found this is helpful."。

10.2.9　黄金购物车（Buy Box）

亚马逊的黄金购物车（Buy Box）如图 10-4 所示，它在页面的右上角，是买家浏览页面时最容易看见的黄金位置，只要买家单击"Add to Cart"按钮，页面就会自动跳转到拥有这个黄金购物车的卖家店铺；页面右下角的"Other Sellers on Amazon"区域是平台上其他销售此款商品的卖家，如果买家单击这个区域中的"Add to Cart"按钮，则会从这些卖家店铺下订单，然而，很少会有买家从这里将商品加入购物车。

亚马逊平台在每个商品刊登中，都会选择一位卖家占据这个黄金购物车的位置，所以，占据黄金购物车的位置意味着大量的订单。黄金购物车的位置不是给固定卖家的，亚马逊平台希望把黄金购物车的位置给优秀的卖家共享，既能提高卖家店铺整体竞争力，又能改善买家的良好购物体验。亚马逊平台使用 cookies 控制每个买家在每个小时内只能看到一个获得黄金购物车的卖家。一般来说，评级高的卖家获得黄金购物车的概率更高，获取黄金购物车和当天的竞争情况、卖家库存和时间等都有关系。

第 10 章 亚马逊平台介绍

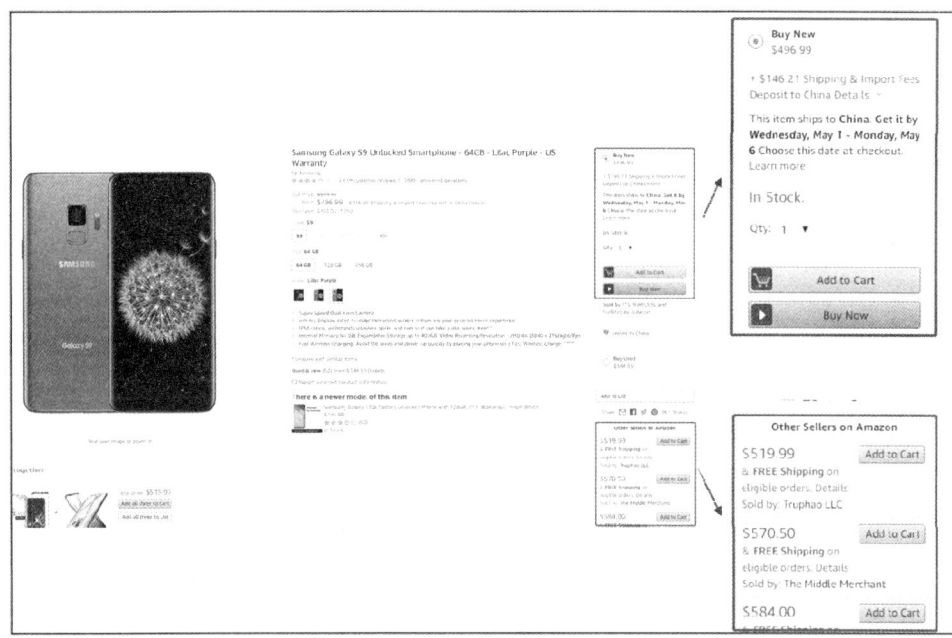

图 10-4 黄金购物车和 "Other Sellers on Amazon" 区域

10.2.10 亚马逊销售排名（Best Seller Rank）

Best Seller Rank 即表示亚马逊销售排名，数字越小，表明商品销量越多，亚马逊平台会将这个数值作为搜索算法里面的一个因素。如图 10-5 所示，某款女裙在 Women's Novelty Dresses 类目下排名第 10，在 Women's Dresses 类目下排名第 195，在 Women's Shops 类目下排名第 1565，这三个类目从上至下是被包含的关系。

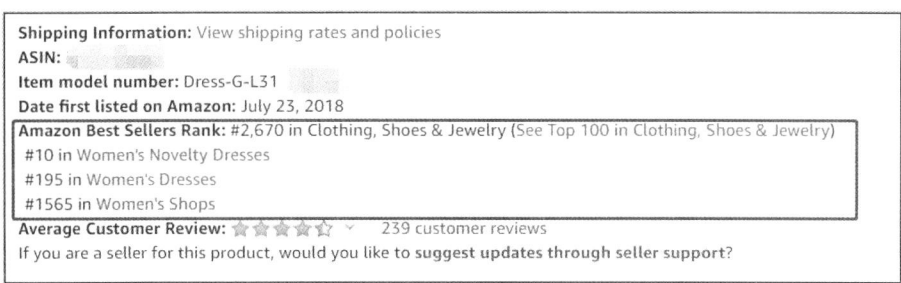

图 10-5 某款女裙的亚马逊销售排名

影响亚马逊销售排名的因素如下。

- 排名是基于销售的，不是基于评价或评级的。马逊销售排名仅和销量有关，这个销量包括最近的、历史的及未来预估的，和买家留下的评价和评级无关。
- 商品销量对销售排名的影响不会立竿见影。亚马逊销售排名是按小时计算的，但是有时也会在增加销量和改善排名之间有延迟。

- 销量的增加并不完全意味着排名的提升。排名并不是销量增加了就一定会提升，而是商品的销量要比相同类目中其他商品的销量高才会提升。即使你的商品每天有稳定的销量，但是你的竞争对手的销量比你还多，那么你的排名还是会下降。

- 预测功能也被置入算法。马逊销售排名中的预测功能基于商品的历史数据来预测商品未来的销量，所以商品近期的销量并不是唯一的考虑因素。亚马逊可以预测新商品的销量是否会在一定时间内赶上旧商品的销量，当排名靠前时，亚马逊的复杂算法就开始计算了，这时候想再进一步地突破排名就会很难，高评级商品因为有历史数据支持，所以在销售间歇，它们的排名不会像新商品那样因缺少数据而导致排名急剧地下降。

- 保持持续的销量增长才能提升排名。在亚马逊平台上，很多卖家无法保证自己商品的销量可以一直稳定持续地增长。他们往往会利用一些促销活动，使销量在短时间内增加，但是促销活动结束后，商品的销量就会大幅度减少，从而导致商品的排名直线下降。所以，一款商品推出一段时间后，亚马逊平台就可以收集连贯的历史数据来预测未来的销量。

10.2.11　Amazon Business

Amazon Business 即 B2B 贸易业务。2015 年 4 月，亚马逊在美国推出了 Amazon Business，是针对企业及机构买家的一站式商业采购站点。2016 年 12 月，Amazon Business 中国团队成立，正式开始招募中国优质卖家。

加入 Amazon Business 需要具备国际资质专业检测公司审核颁发的有效 ISO9001 质量标准认证。亚马逊会对卖家的企业资质、生产能力、团队能力和研发能力进行择优筛选，通过筛选的卖家即可成为 Amazon Business 卖家。

10.3　亚马逊全球物流 FBA

FBA（Fulfillment By Amazon）是亚马逊提供的代发货服务，卖家把货物发往 FBA 的仓库，亚马逊提供仓储、拣货打包、派送、收款、客服、退货处理等一系列服务。亚马逊平台非常看重卖家的物流配送和售后服务的质量，为了达到平台的物流标准，对于大部分卖家来说，都建议使用 FBA 服务，尤其是针对欧洲市场的卖家，国内寄往欧洲的商品物流时间长、费用高，如果卖家不能保证买家在 7~10 天里收到包裹，那么就会严重影响卖家的综合评分。所以，这时候选择 FBA 是比较明智的做法。

10.3.1 FBA 的优缺点

1．FBA 的优点

- 亚马逊为 Prime 买家会员提供 2 天送达服务和满足条件即可免运费服务，使用 FBA 的商品都可以在亚马逊的 2 日达和免运费服务范围内，买家会更倾向于对这些商品下单。
- 使用欧洲 FBA，可以给欧盟任何国家的订单进行出口和配送。
- 使用 FBA 的商品会得到更多的曝光，增加抢占黄金购物车的机会。
- 亚马逊平台的大部分促销活动要求必须是 FBA 商品才可以参与。
- 卖家不用担心因为物流而引起的差评。
- 由 FBA 提供 7×24 小时客户服务，解决卖家的客服问题。
- 丰富的仓储和物流经验、先进的智能管理系统，让买家体验更好的物流服务。

2．FBA 的缺点

- FBA 提高了买家收货体验的同时，也需要卖家支付更高的配送和仓储成本，尤其是仓储费用。如果商品滞销，卖家就需要支付较高的长期仓储费。
- FBA 不负责清关和货物从中国运输到 FBA 仓库的过程，卖家需要自己解决头程运输的问题。
- 买家退货很简单，容易导致退货率上升。

10.3.2 FBA 的费用

亚马逊 FBA 费用包括仓储费和配送费，仓储费以每月每立方英尺按比例收费，配送费根据尺寸和重量每件商品收取固定费用。

卖家需要支付的仓储费分为月度库存仓储费和长期库存仓储费。月度库存仓储费是卖家的货物到了亚马逊物流中心的仓库就开始依照尺寸按月收取的费用。长期库存仓储费是除月度库存仓储费外，针对仓储时间超过 365 天的滞销品收取的费用。为了避免产生长期库存仓储费，卖家应定期监测库存状况报告，针对即将超期的库存提交移除订单，或者开展促销活动及时清仓。移除库存的商品由亚马逊退还卖家或由亚马逊弃置。

10.3.3 FBA 的操作

1．将商品设置为 FBA 发货

进入卖家后台，单击"INVENTORY"→"Manage Inventor"菜单项，如图 10-6 所示。进入库存管理界面，选择要通过 FBA 发货的商品，如图 10-7 所示。

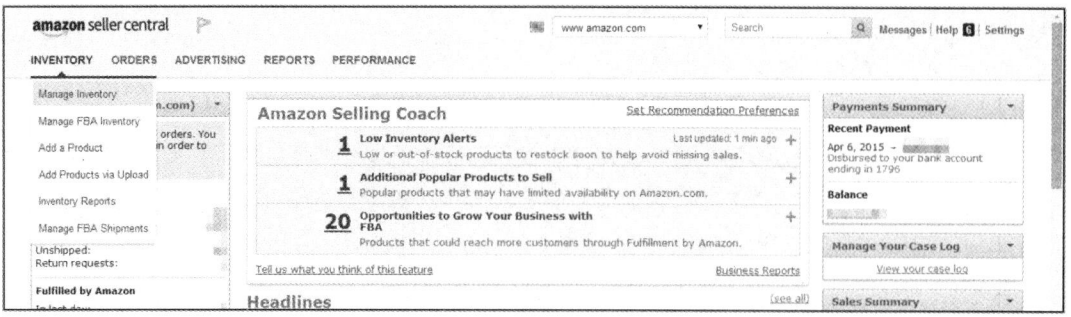

图 10-6　单击 "INVENTORY" → "Manage Inventor" 菜单项

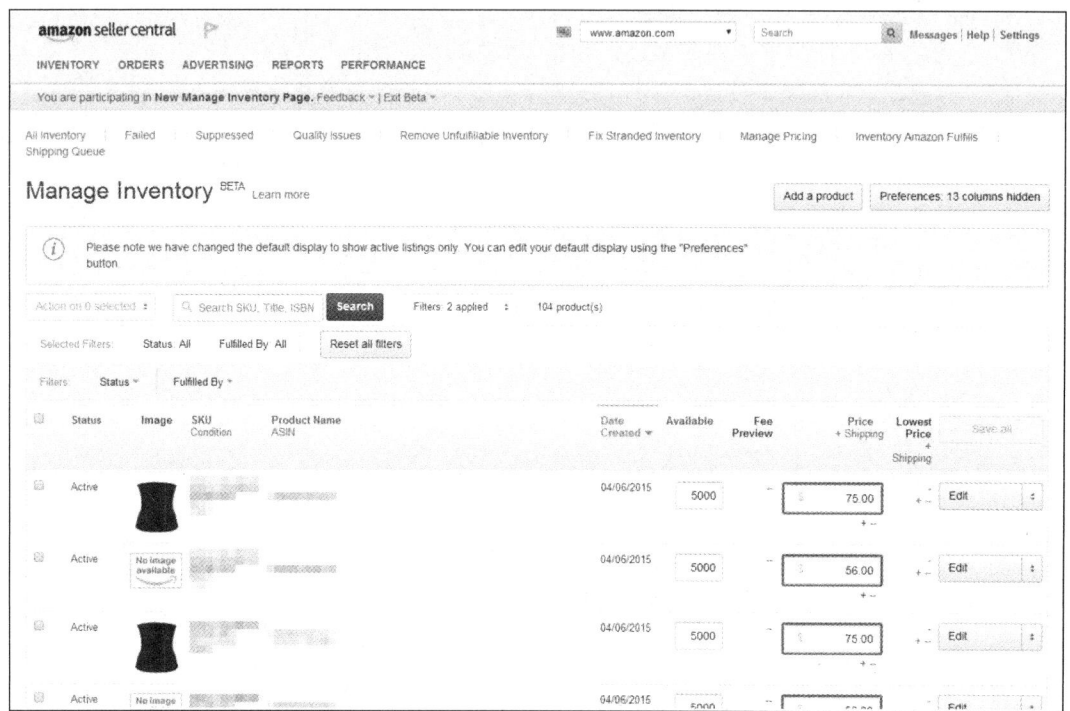

图 10-7　选择要通过 FBA 发货的商品

在已选好商品的 "Action" 下拉菜单中选择 "Change to Fulfilled by Amazon" 选项，如图 10-8 所示。

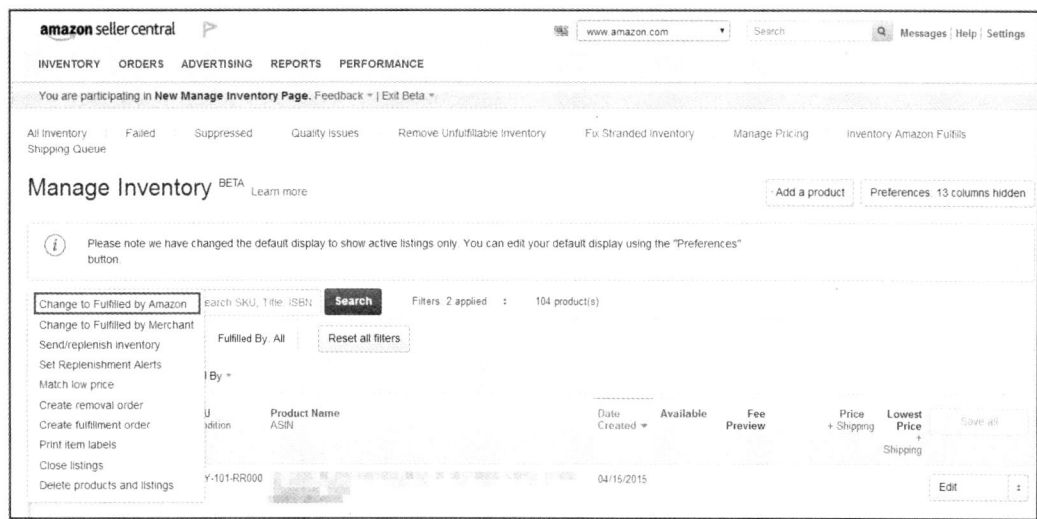

图 10-8　在"Action"下拉菜单中选择"Change to Fulfilled by Amazon"选项

单击"Yes,continue"按钮或"No, return to full list"按钮，如图 10-9 所示。

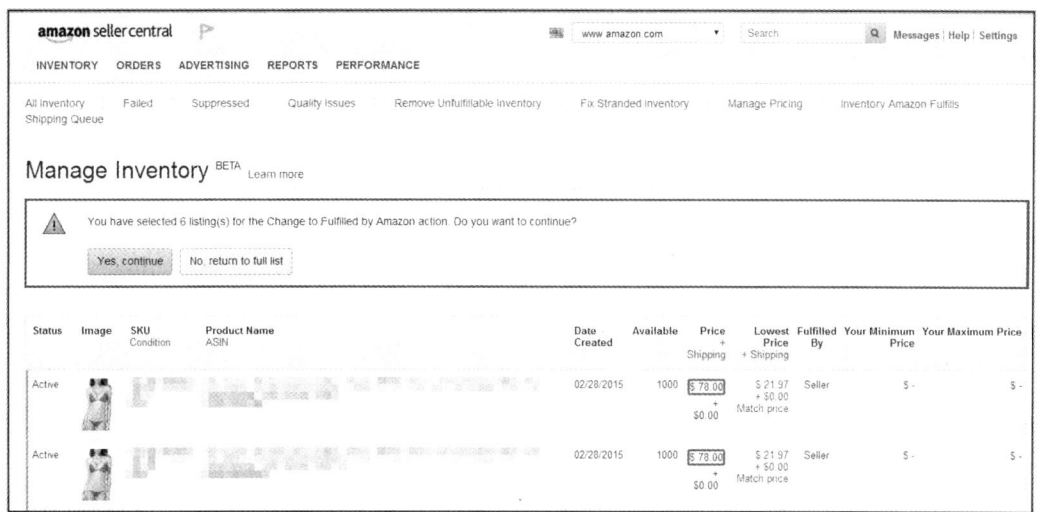

图 10-9　单击"Yes,continue"按钮或"No, return to full list"按钮

2．发货到 FBA

选择"Send/Replenish Inventory"，勾选要发货的商品，如图 10-10 所示。

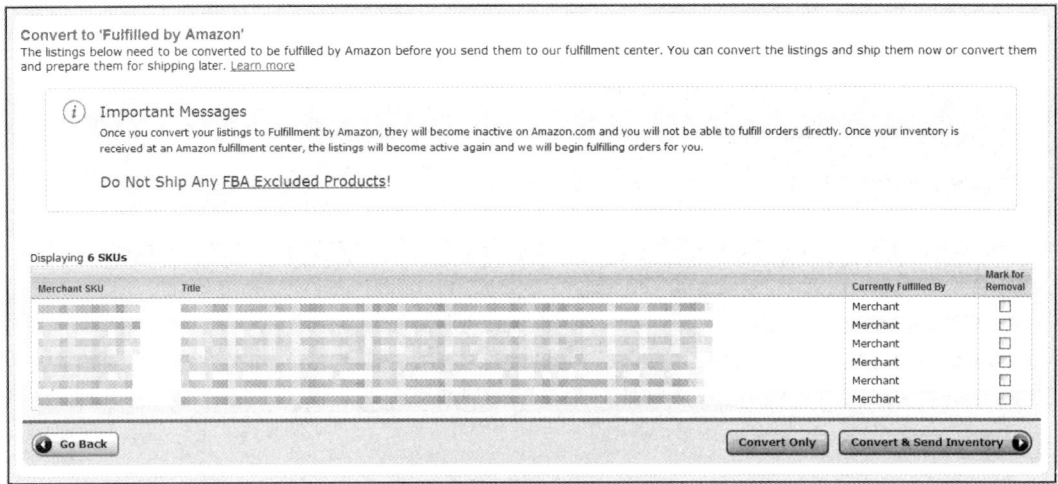

图 10-10　勾选要发货的商品

默认选项是"Create a new shipping plan",发货地址会自动生成,如需改写可单击"Ship from another address",选择打包方式"Individual products"或"Case-packed products"单选按钮,然后单击"Continue to shipping plan"按钮,如图 10-11 所示。

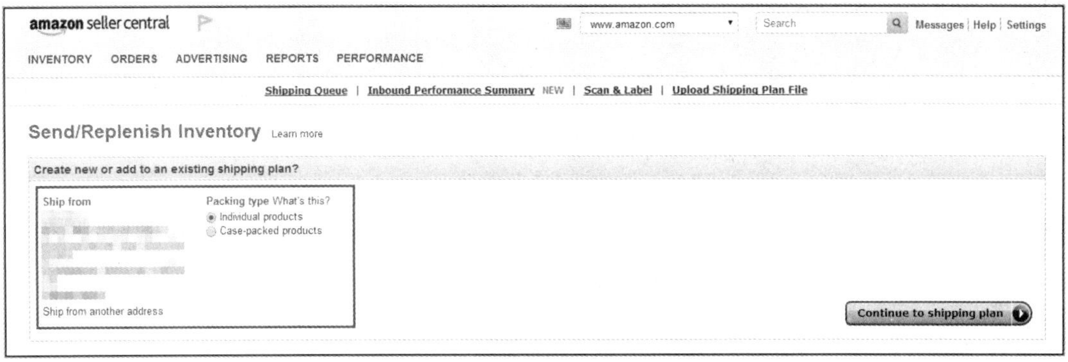

图 10-11　确定发货地址并选择打包方式

在打开的页面中设置"Set Quantity"选项卡,输入发货商品的数量和尺寸,如图 10-12 所示,然后单击"Continue"按钮。

在打开的页面中选择"Seller"或"Amazon"打印标签,再选择标签打印方式。这里选择"Amazon"打印标签,在弹出的对话框中选中"I agree to the Terms of Service"单选按钮,如图 10-13 所示,然后单击"Save"按钮,返回页面后单击"Approve shipment"按钮同意发货。

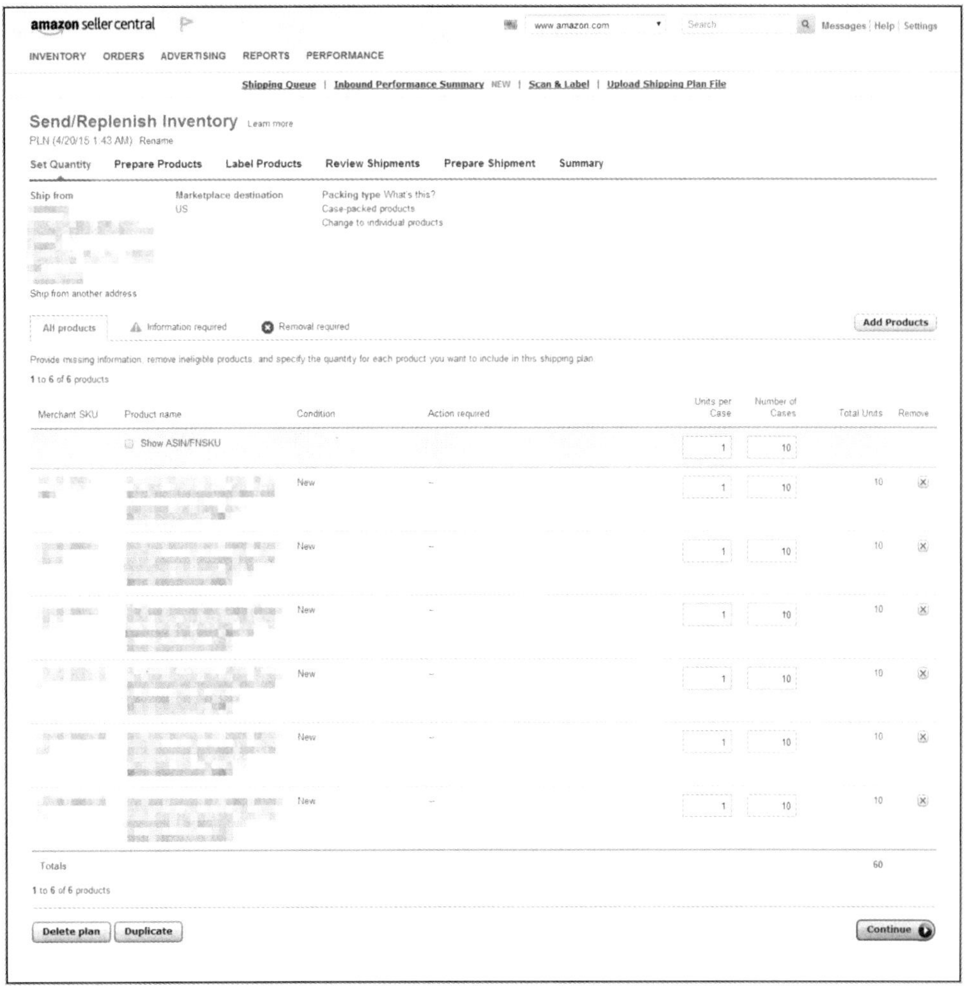

第 10 章 亚马逊平台介绍

图 10-12 输入发货商品的数量和尺寸

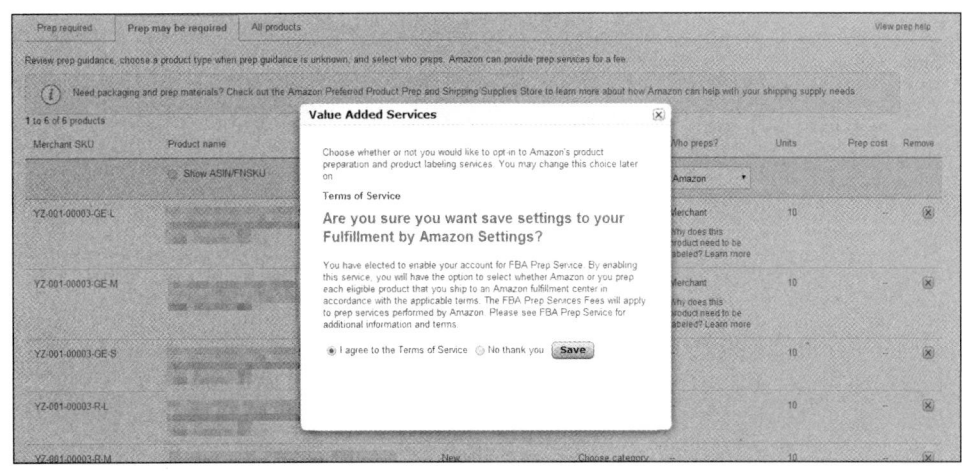

图 10-13 选中"I agree to the Terms of Service"单选按钮

打开 Label Products 选项卡，在"Apply to all"下拉列表框中选择商品类目，再单击"Continue"按钮，如图 10-14 所示。

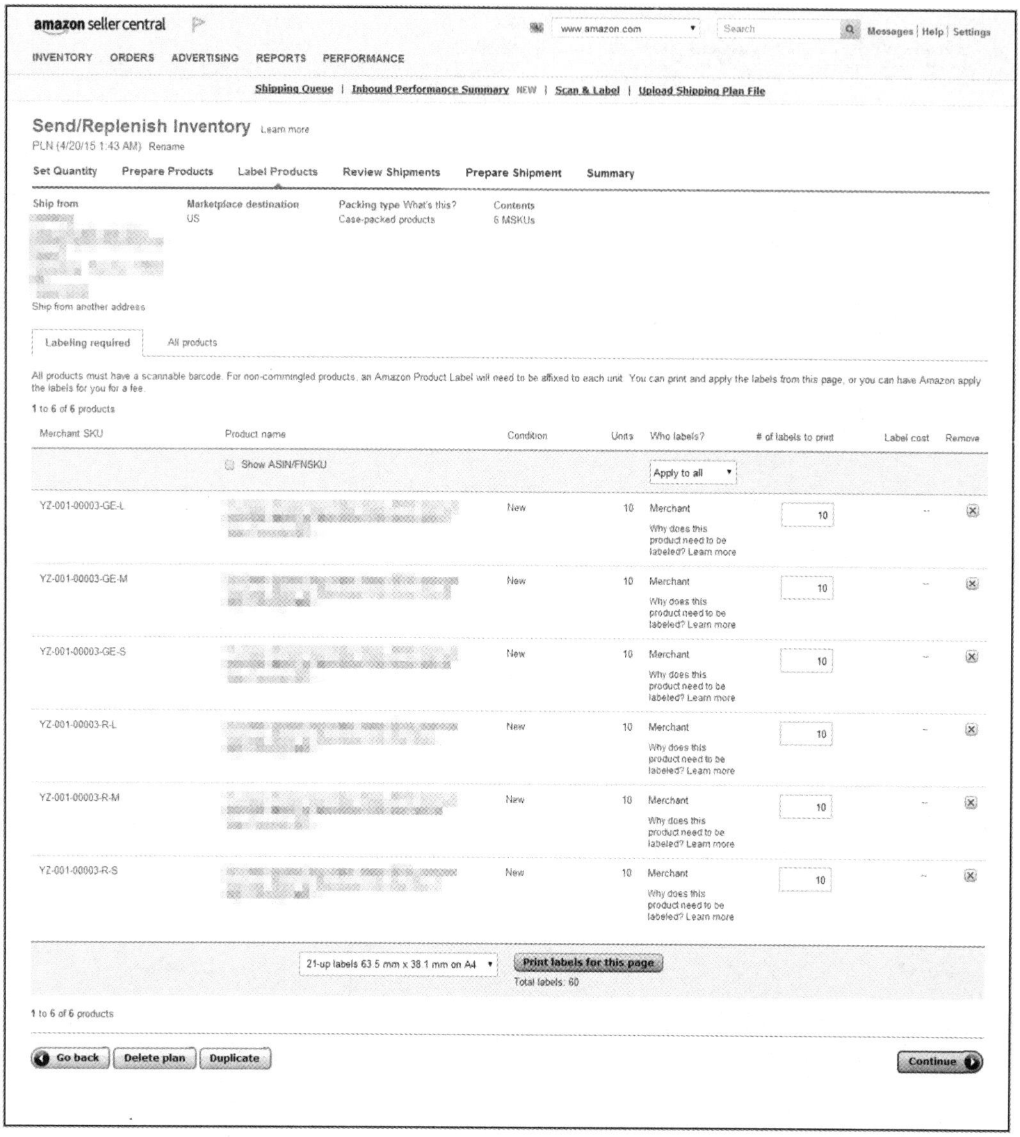

图 10-14　选择商品类目

打开 Review Shipments 选项卡，单击"Approve shipment"按钮，如图 10-15 所示。

打开 Prepare Shipment 选项卡，输入发货信息并单击"Complete shipment"按钮，如图 10-16 所示。

打开 Summary 选项卡，单击"Work on another shipment"按钮进行发货，如图 10-17 所示。打印标签后将标签贴在包裹外面。

第 10 章 亚马逊平台介绍

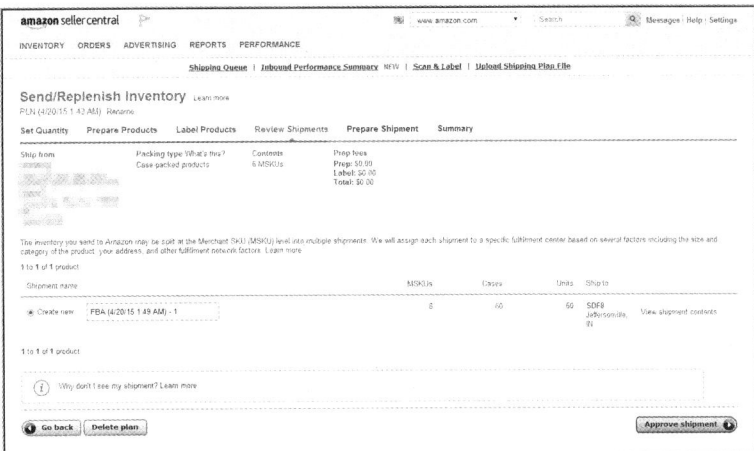

图 10-15　单击"Approve shipment"按钮

图 10-16　输入发货信息并单击"Complete shipment"按钮

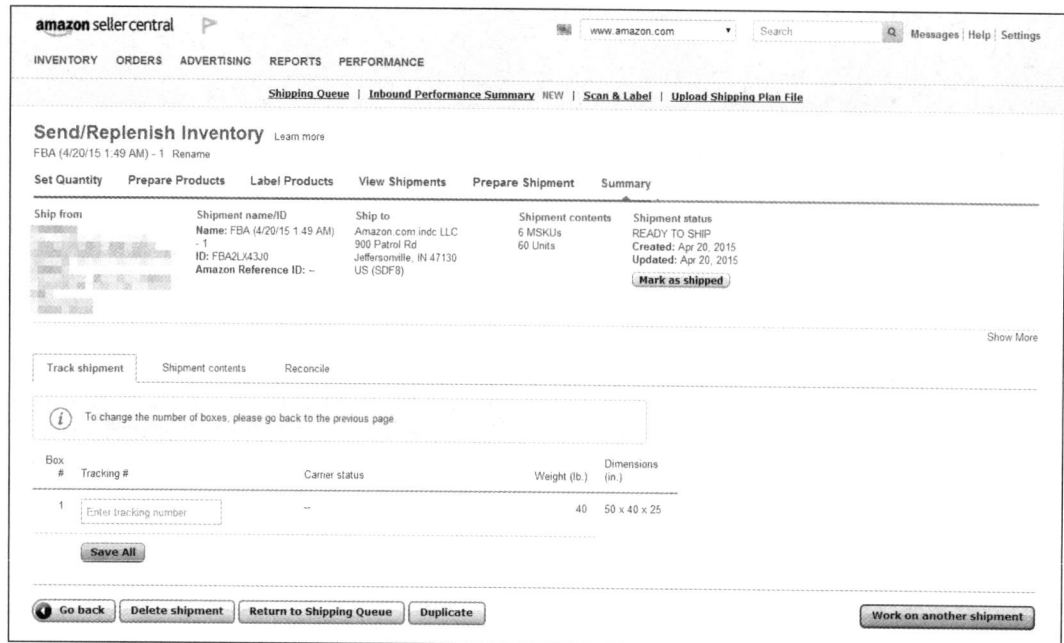

图 10-17　单击"Work on another shipment"按钮进行发货

10.4　运营管理

10.4.1　刊登商品

进入卖家后台，单击"INVENTORY"→"Add a Product"菜单项，在打开的页面中单击"Create a new product"按钮，如图 10-18 所示。在打开的页面列表中选择商品品类，然后单击"Select"按钮确认品类，如图 10-19 所示。

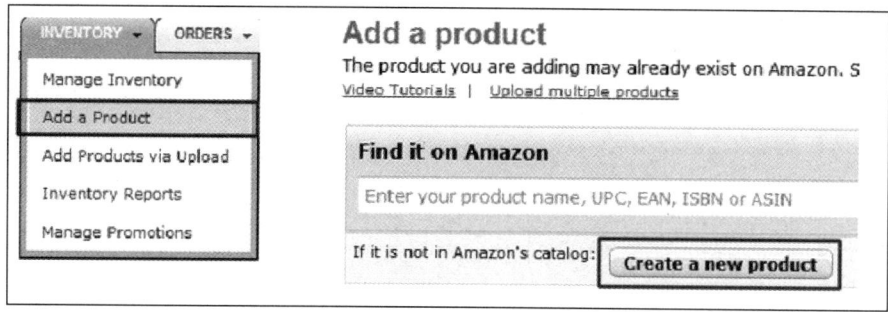

图 10-18　单击"Create a new product"按钮

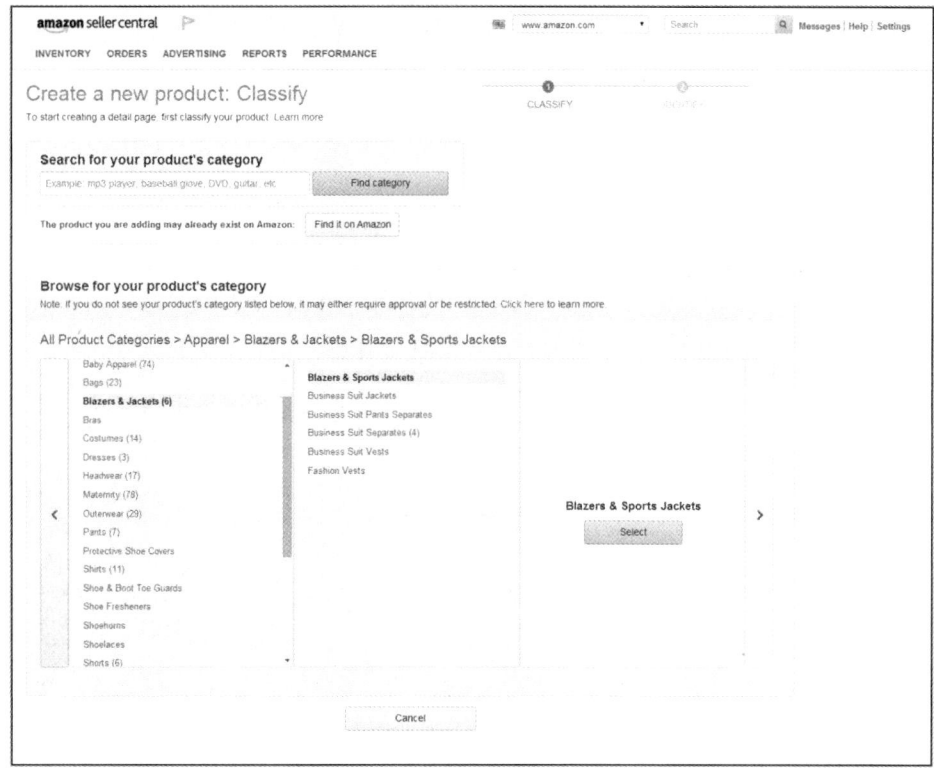

图 10-19　选择商品品类

如果不确定商品属于什么品类，可以使用品类搜索功能，确定正确的品类。在搜索框中输入关键词，找到适合你的商品的品类，如图 10-20 所示。

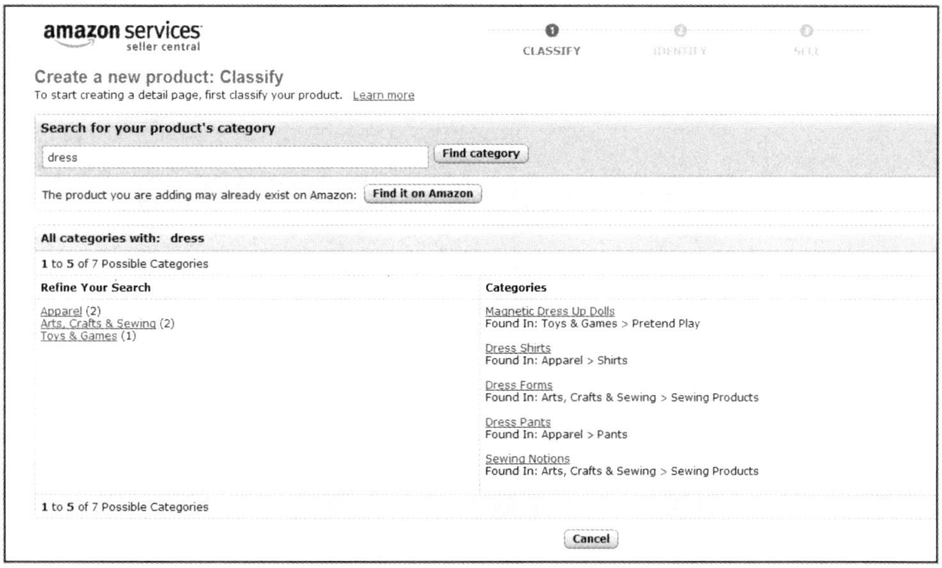

图 10-20　搜索商品的品类

按照提示输入所有的商品信息，带星标的为必填项，建议不带星标的项也尽可能填写。商品的基本信息要尽量完整，如 SKU、标题、描述、品牌、生产厂商、功能、图片、价格、关键字、UPC 码等，如图 10-21 所示。首次创建商品的过程中图片不会马上上传，要等商品信息都输入完毕，单击"Save and finish"按钮的时候图片才会上传。

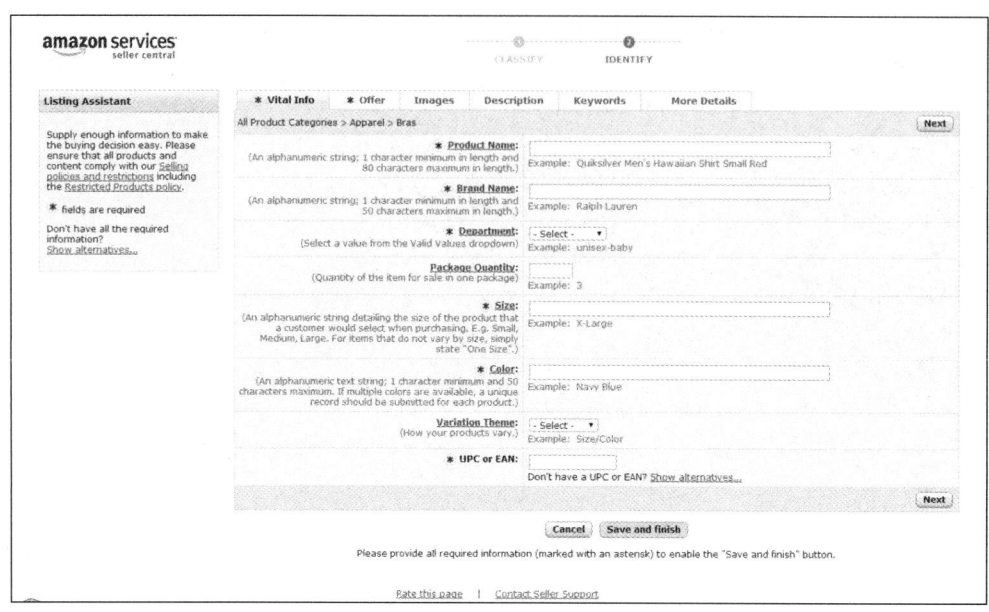

图 10-21 输入商品信息

上传成功后，在 Manage Inventory 页面会显示新上传的商品，如图 10-22 所示。

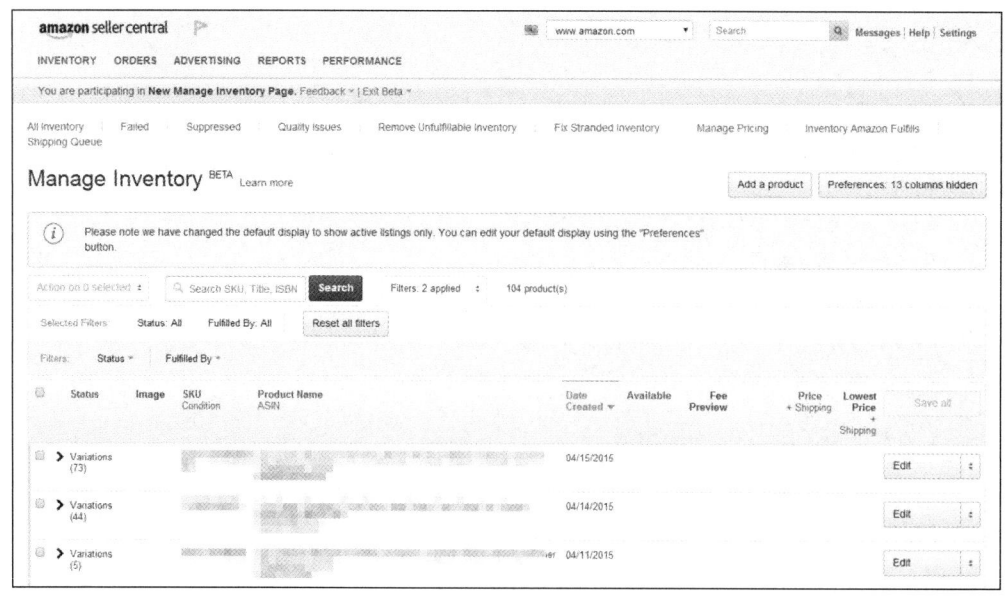

图 10-22 显示新上传的商品

要批量上传商品信息，可进入卖家后台，单击"INVENTORY"→"Add Products via Upload"菜单项，打开批量上传商品页面，如图 10-23 所示。

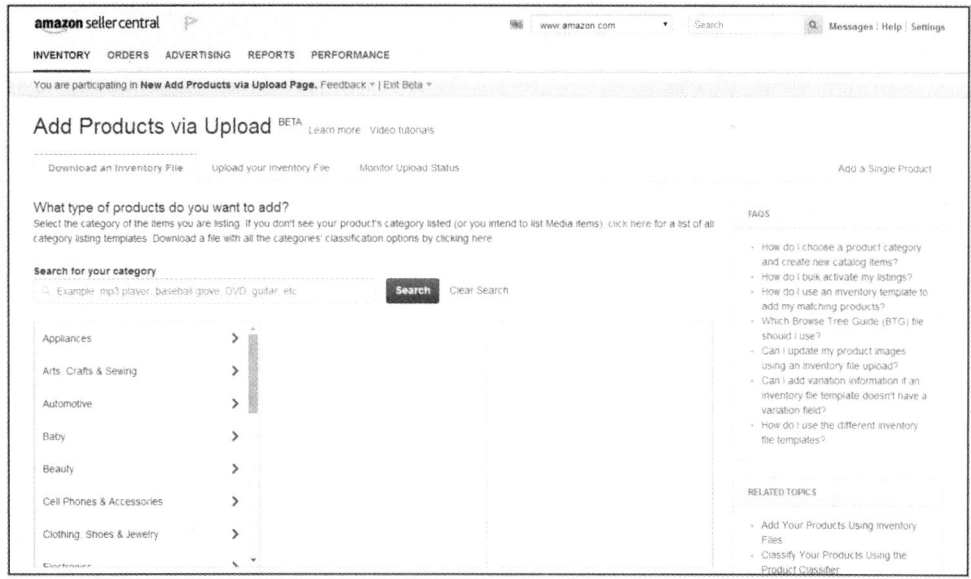

图 10-23　批量上传商品页面

确认自己的账号是否有想销售的商品类目的权限，如果没有，则需要单独申请，一般工作日 48 小时内会得到回复。如果已经具备对应类目的销售权限，则可以下载对应类目的模板，如图 10-24 所示。

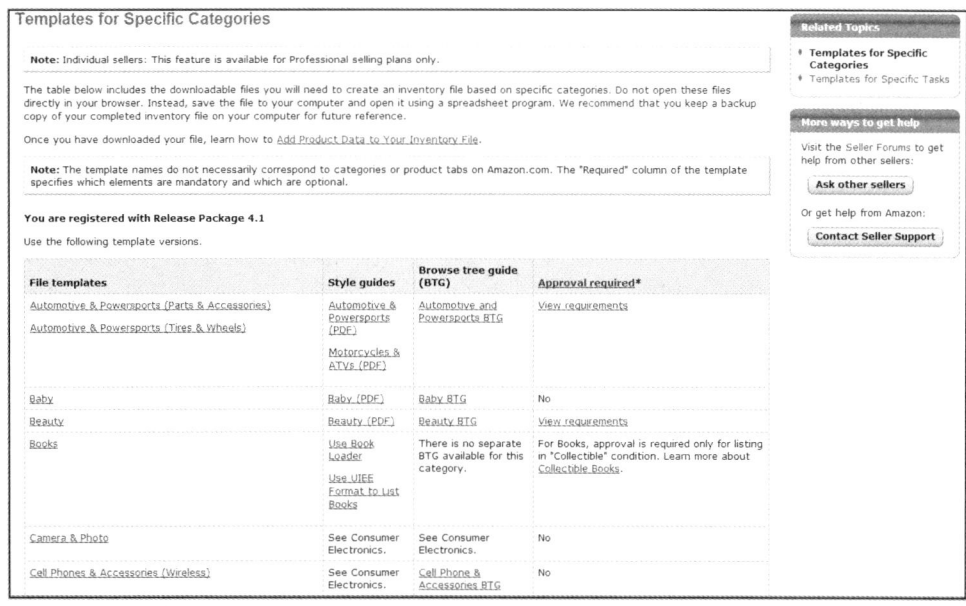

图 10-24　各个类目的模板

下载的模板中有几个子模板："Instructions""Images""Data Definitions""Template""Example""Valid Values"。将"Template"模板单独复制到新建的 Excel 中，表格中每个选项的具体要求在"Data Definitions"中都有说明，其中一些"值"只能在"Valid Values"中选择。图片处理好之后，先保存到图片空间中，然后将以".jpg"结尾的图片地址粘贴到对应的商品页面中。

"Template"模板中的内容输入完成后，保存为"文本文件（制表符分隔）"的形式。

将编辑完成的文件批量上传到亚马逊后台，如图 10-25 所示。

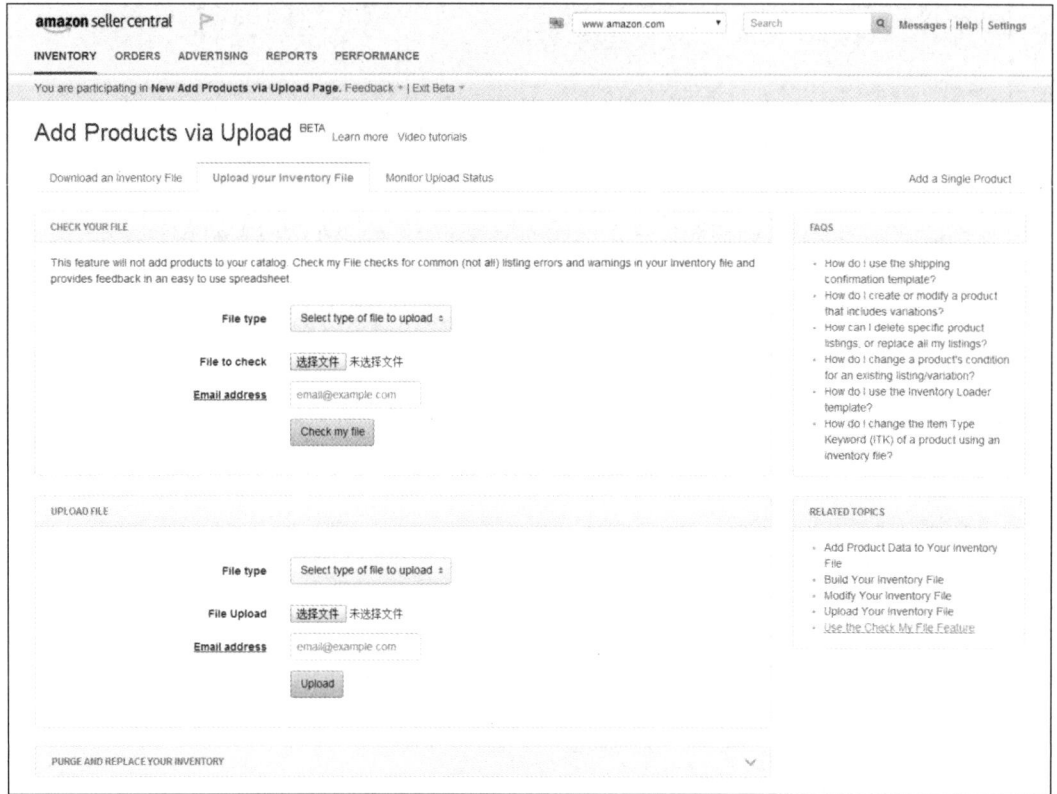

图 10-25　批量上传文件到亚马逊后台

检查上传的状态，如图 10-26 所示。

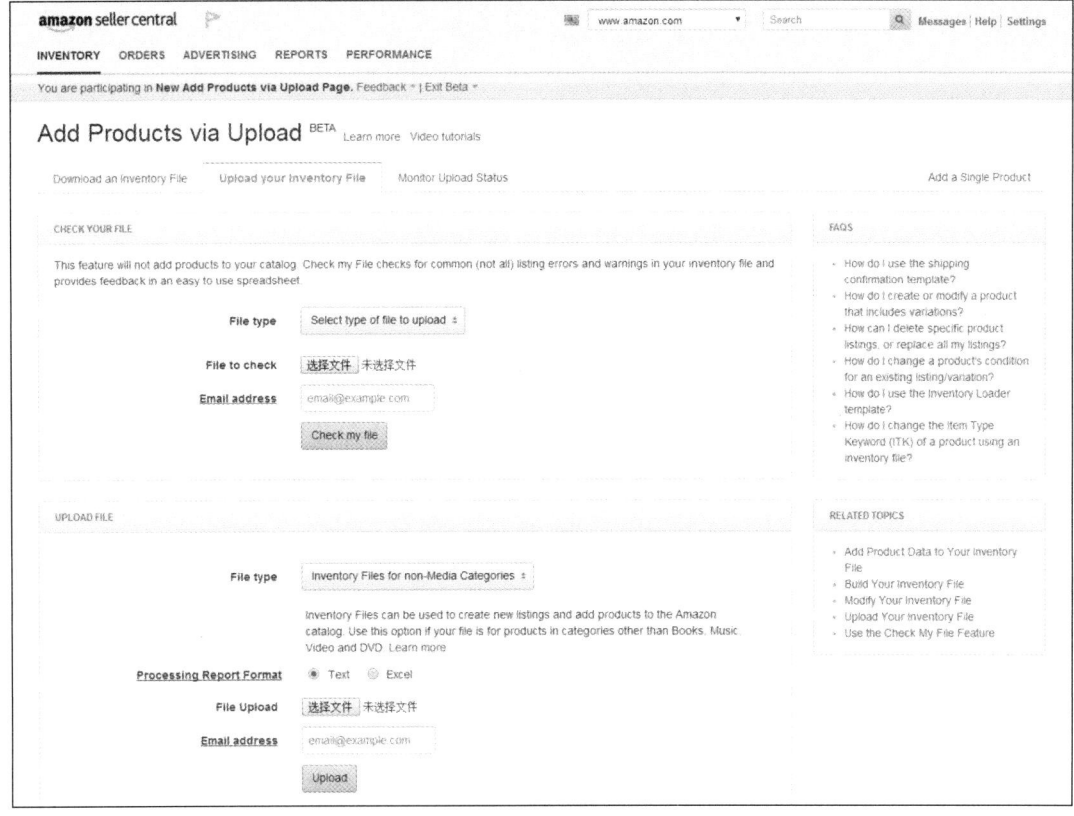

图 10-26　检查上传的状态

10.4.2　卖家店铺评分

卖家店铺评分（Selling Rating）的计算方法是：最近 365 天内所有订单的得失分数总和除以最近 365 天内的所有订单数。订单的得失计算分数情况如下：

- 发货延迟和 24 小时之内没回复买家信息，扣 0 分；
- 确认发货前擅自取消客户订单，扣 100 分；
- 卖家原因引发的 A-to-Z 索赔，扣 500 分；
- 1~2 星的负面反馈，扣 500 分；
- 买家的开卡行发起的服务退单索赔，扣 500 分；
- 有过期订单（过期订单一般为超过发货期 30 天还没发货的订单），扣 500 分；
- 如果一个订单从始至终都没有任何问题，那么这个订单就是完美订单（perfect order），加 100 分；
- 订单没有任何问题并且有有效的跟踪信息，并且在 3 个工作日内成功投递，符合最快承诺到达时间且没有任何退款和与买家的沟通让步，这样的订单就会被奖励 10 分（这种订单多见于 FBA 订单）。

10.4.3 运营优化策略

1. 控制 ODR

亚马逊平台的 ODR 全称为 Order Defect Rate，即订单缺陷率。ODR 是反映卖家能否提供良好的买家购物体验的非常重要的一个指标，ODR 应控制在 1%以内。

2. 提高转化率

转化率高的商品会得到更多曝光的机会，可以从以下几点着手提高转化率。

- 优化详情页，学习销量高的商品页面是如何设置图片、标题、描述、价格的。
- 引导买家做出有价值的好评，所谓有价值的好评应该是对其他潜在买家有帮助的好评。
- 适当免运费或进行节假日促销打折。
- 抢占黄金购物车位置。

3. 提高售后服务质量

卖家可以选择亚马逊平台提供的 FBA 物流服务，或者自己负责物流。如果是自己负责物流，则需要保证发货时间和妥投时间在亚马逊平台要求的时间范围内。选择 FBA 物流服务的商品会得到平台更多的流量倾斜。

4. 注册商标并备案

保护好自建的详情页有助于抵挡竞争对手跟卖，避免价格战，也可以避免自建详情页编辑权转移给其他销量更好的卖家。

10.5 优化详情页

10.5.1 详情页内容

详情页的内容包括商品标题、商品图片、商品描述、Q&A、买家评论、商品评级和价格，下面就从这几个方面来优化。如图 10-27 所示是优秀的详情页示例。

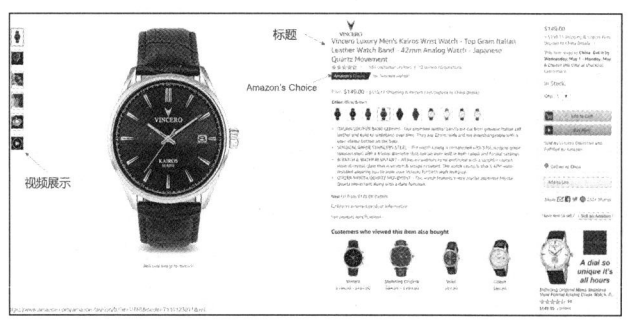

图 10-27 优秀的详情页示例

1. 商品标题

商品的标题既要迎合系统算法，也要符合买家的阅读习惯，标题的结构应该简单，重要的关键词放在前面，毕竟人们的浏览习惯是从左至右的。编辑标题时要注意以下几点。

- 每个单词的首字母要大写（特殊情况除外，如连词 and、or、for，冠词 the、a、an，少于 5 个字母的介词 in、on、over、with）。
- 能使用数字就使用数字而不使用单词（如尽量使用 2 而不是 Two）；不要包含类似"!""*""$""?"这种符号；把一些单位写出来而不使用符号代替（如表达英寸时使用 inches 而不使用符号""）；不使用中文输入法输入内容。
- 只包含商品本身的信息，不加入营销性质和物流方式的词，如 Free Shipping、New Arrival、Sale、Best Seller、Great Deal、Hot Item 等。
- 标题长度控制在每个特定类目的规定范围之内，标题中的单词避免拼写不规范或拼写错误。
- 描述清楚商品信息，通过标题就可以让买家知道卖的是什么商品，但不要堆砌关键词，尽量保持标题简洁。关键词放在商品短描述里，标题中已经出现的关键词就不用再重复出现在商品短描述里了。关键词的每个单词之间用英文的空格隔开，同一个 SKU 的 5 个搜索条目中的单词会自由组合成新的关键词。
- 参考 Amazon 给出的各类目标题建议。
- 符合 Amazon 平台算法，增加曝光量。

参考标题模式：品牌名+核心关键词+功能亮点+次要特征/适用范围+属性（尺寸/颜色/数量/规格等）。

2. 商品图片

图片大小均为 1000 像素×1000 像素，使用放大器看图也不会影响图片效果。尽量以白色作为底色，必要时也可以用其他底色，所有图片均要求简约美观，所使用的商品主图为精修后的主图。

- 精修主图尽量是白色背景，展示商品的正面或 30°侧面。
- 2~3 张不同角度的商品展示图。
- 细节和功能展示图，也可以进行使用场景的展示。
- 添加视频展示，可以让你的详情页更有吸引力。

优秀的主图能让买家一眼就知道这款商品所有的功能，不需要再看其他细节图，如图 10-28 所示。

图 10-28　优秀的主图

3．商品描述

商品描述区域包括 Key Product Features（又称为 Bullet Point）和 Product Description 两部分，如图 10-29 所示。Key Product Features 可以理解为对商品特点的短描述，Product Description 是对商品的长描述。

标题里放不下的关键词可以放在短描述里，编辑时要突出商品卖点，语句简短、结构简单。从买家的角度思考买家希望了解的商品价值，可以展示商品材质、用途、能解决的问题、售后保障和包装里包含哪些零部件等。由于买家在手机上浏览时只能看到前三点，所以要把重要的内容放在前三位。

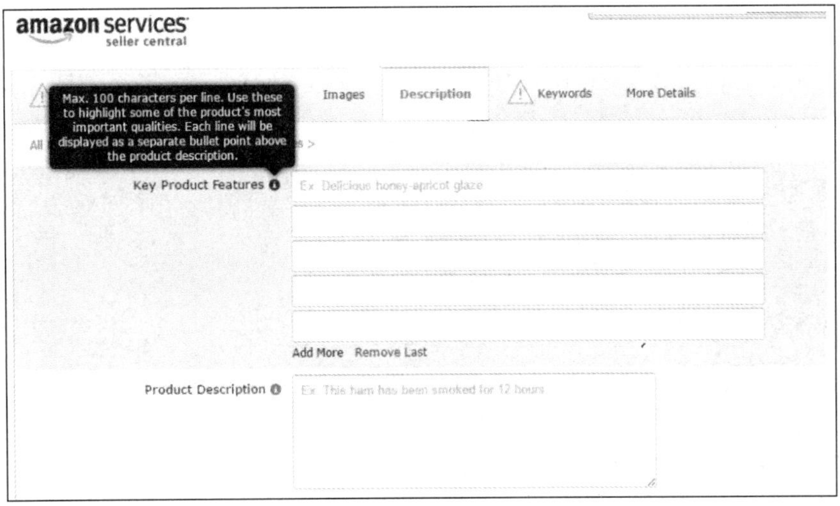

图 10-29　商品描述区域

优秀的商品特点短描述如图 10-30 所示，每行一个核心卖点，字母大写且放在句子开头。

- FIRE TRUCK TOY: Save the day with Marshall's Ultimate Rescue Fire Truck Equipped with a 2 ft tall extendable ladder, mini fire cart, light and sounds, this fire truck is ready for action-packed missions
- LAUNCH WATER CANNONS: Use the water cannon launchers on the front and back of this vehicle to put out fires Turn the yellow knob or press the button to launch the water cannons
- EXTEND THE 2 FT TALL LADDER: This Fire Truck has lots of exciting features to explore Extend the 2 ft tall ladder, roll out the Mini Fire Cart, open up the lookout cab and move the working claw arm to help save the day on your next Ultimate Rescue
- The Ultimate Rescue Fire Truck is a great gift for kids aged 3+ Requires 2 AAA batteries (included) Collect all the Ultimate Rescue vehicles and go on exciting new adventures with the PAW Patrol

图 10-30　优秀的商品特点短描述

4．Q&A（Customer Question & Answers）

Q&A 是亚马逊用户对商品的问答平台（如图 10-31 所示），无论是否购买过该商品的用户都可以在这里对商品提出相关疑问，其他用户或卖家可以回答这些疑问。同时，用户还可以针对某条 Q&A 是否有帮助，单击"Yes"或"No"按钮，被单击"Yes"按钮数量多的 Q&A 会被排在前面的位置。理论上 Q&A 数量越多，对详情页的转化越有帮助。

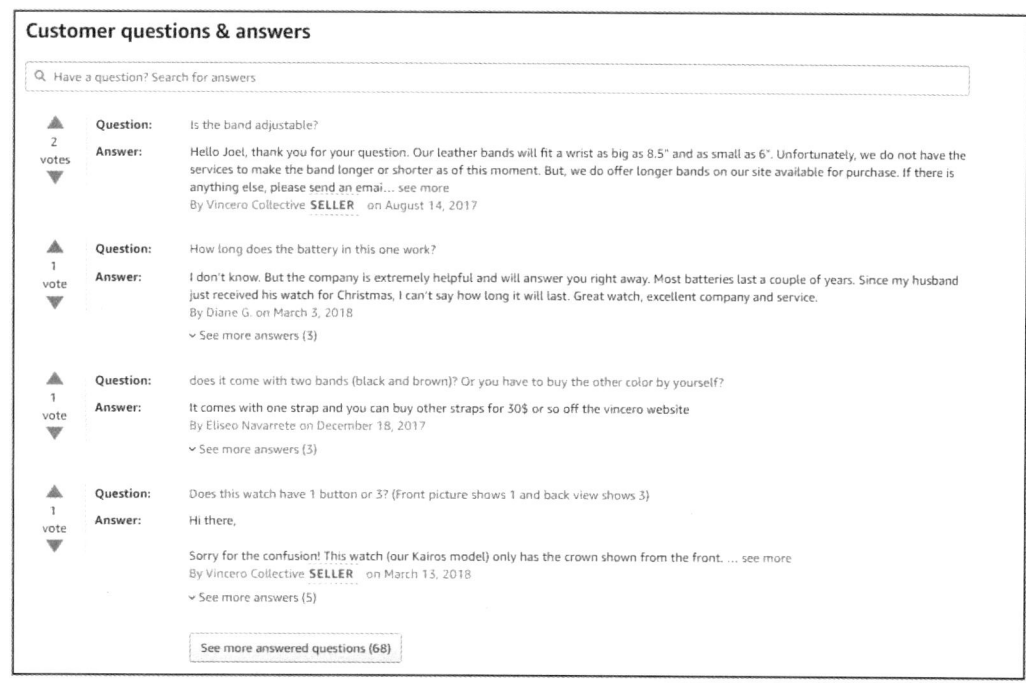

图 10-31　亚马逊问答平台

5．买家评论

买家评论在亚马逊的算法中占有很大比重，而且是影响潜在买家购买决策的重要因素。因此，我们应该看重评论，引导买家积极留下正面评论。让买家留下正面评论的前提条件是保证商品质量，并提供优质的客户体验。可以通过售后卡片和电子邮件鼓励买家进行评论，在评论不多的情况下每个买家评论都应该进行回复，如图 10-32 所示。

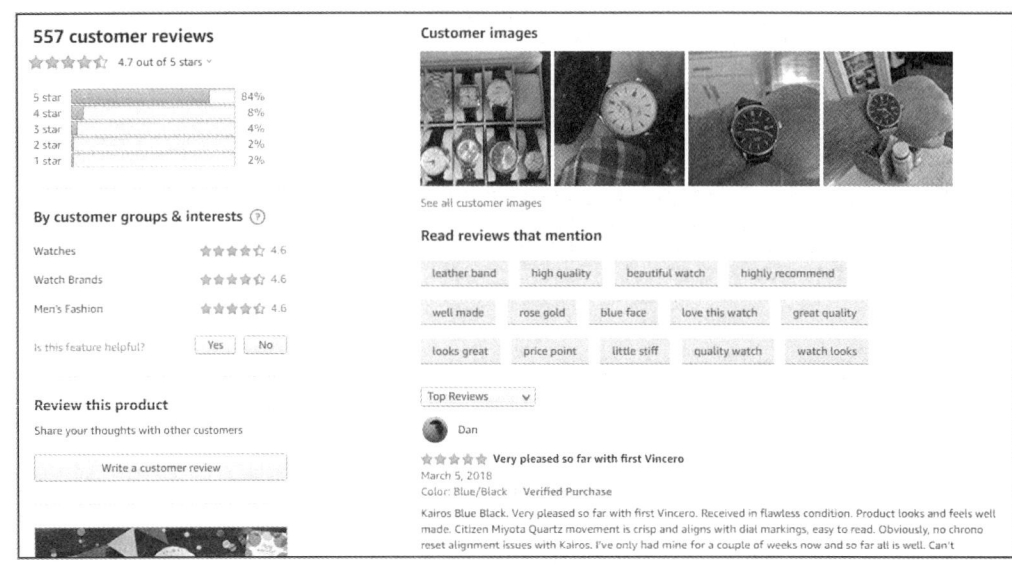

图 10-32　买家评论

6．如何获得 Amazon's Choice

部分商品会显示 Amazon's Choice 的蓝色标签，带有此标签代表该商品有很高的销量且评价很好。当把鼠标指针放到 Amazon's Choice 标签上时，会显示 "Amazon's Choice recommends highly rated, well-priced products available to ship immediately." Amazon's Choice 推荐的是评分高、价格合理且可以立即发货的商品。

获得 Amazon's Choice 标签的前提是有足够多的销量、使用 FBA 发货、买家评分很高且退货率很低。

10.5.2　价格

在其他因素相同的情况下，价格是抢占黄金购物车和排序的重要因素。我们在计算亚马逊平台的商品售价时，务必考虑所有的成本，避免亏本销售。商品的固定成本包括商品的采购价、国内物流费、头程运费、平台佣金（8%~15%）、FBA 配送费。商品的可变成本包括广告费用、运营成本、货损和 FBA 的仓储费用。FBA 的仓储费用随着仓储时间的延长而增加，针对滞销商品还会收取长期仓储费。

参考定价公式：卖家自发货商品销售价格=（商品成本+国际运费）×（1+利润率）/（1−平台佣金比率）；FBA 商品销售价格=（商品成本+FBA 头程费+FBA 配送费+FBA 仓储费）×（1+

利润率）/（1−平台佣金比率）。以上利润率为毛利润率，其中还包含广告费、货损和公司运营成本等可变成本。毛利润率建议设置在 50% 左右。

10.6 抢占黄金购物车

黄金购物车由系统计算卖家的综合评分来决定分配给哪个卖家，平台运营规则的目的是最大化买家收益，即让买家下单付款，平台才可以从交易中获取利益（销售利润、销售佣金或会员费等各类收益）。

10.6.1 赢得黄金购物车的条件

- 注册专业的卖家账户。在创建亚马逊卖家账户时，可以选择个人卖家计划或专业卖家计划。虽然前者不需要交月租，后者月租为 39.99 美元/月，但后者有更多特权，那就是能获得 Buy Box 资格，个人卖家不能抢占 Buy Box。
- 卖家须是特色卖家，特色卖家的要求是卖家需要在亚马逊上有 2~6 个月的销售记录，拥有一个比较高的卖家评级、送货评级，并且订单错误率低于 1%。
- 商品需要是全新状态。
- 商品必须有库存。如果第一位满足要求的卖家没有库存了，那么黄金购物车会自动转到第二位卖家。

10.6.2 影响黄金购物车的变量

- **配送方式**：使用 FBA 将大大增加卖家获得黄金购物车的概率。同等情况下，卖家抢占黄金购物车的顺序是：亚马逊自营 > 使用 FBA 的卖家 > 本地发货 > 跨境发货。亚马逊平台让使用 FBA 的卖家优先获得黄金购物车的原因不仅是卖家付费使用了 FBA 服务，而且亚马逊知道他们自己的物流可以按时交付订单，而由卖家自己发货，最终可能会因为各种原因导致买家退款。
- **最终价格**：包括商品价格、运费和关税。亚马逊不一定会让价格最低的卖家获得黄金购物车，但要想抢占黄金购物车，肯定不能比竞争对手价格高很多。低价商品的价格变动对抢占黄金购物车影响更为敏感。
- **卖家评分**：卖家评分是卖家过去一年交易中的综合得分，越是近期的交易得分在综合评分中所占的比重越大。
- **运送时间**：亚马逊非常看重运送时间，准时送达对于抢占黄金购物车非常重要。运送时间的标准分为：0~2 天、3~7 天、8~13 天、14 天。所以，使用 FBA 会让卖家的运送时间得到保证。

- **订单缺陷率（ODR）**：由三个因素组成，即差评率、A~Z（交易保障索赔率）和退单拒付率。该分数分为两个部分：17~77 天的短期和 32~122 天的长期。过去 17 天的订单不计入分数内。无论长期，还是短期，如果订单缺陷率大于 1%，则会大大降低卖家获得黄金购物车的概率。
- **评价分数**：买家评分，近期的评分影响更大。
- **运输历史**：运输相关分数包括按时发货率、延迟发货率、追踪订单的比率。
- **卖家反馈时间**：是否能快速回复买家信息也会影响获得黄金购物车的机会。
- 其他影响变量还有买家评价、库存深度、销售数量、取消和退款比率等。

10.7 营销方式

10.7.1 亚马逊付费商品推广

商品推广也被卖家称为"关键字广告"，是一种利用关键词匹配用户搜索，在亚马逊上精准定向展示商品的广告形式，按实际点击次数收取费用。

1. 设置付费商品推广的步骤

1）选择想要推广的商品，并设置推广关键词

选关键词有两种方法：Automatic Targeting（系统自动生成）和 Manual Targeting（手动设置）。对于新手来说，可以先使用自动投放，让系统自动选词匹配用户的搜索词。通过一段时间的投放，从投放效果报告中选出搜索量高的词和转化率高的词，再将这些词重点进行手动投放设置。在手动投放模式中，可以设置关键词级别的竞价，也就是可以针对效果好的关键词设置更有竞争力的竞价。将广告活动设置为"始终在线"模式，不要设置结束日期，可以避免因忘记操作导致广告下线。

关键词的匹配类型有以下几种。

- 广泛匹配：这种匹配类型可以获得最大流量。用户以任何顺序搜索你的关键词（包括与之相似的变体），你的广告都可以得到展示。
- 词组匹配：用户搜索与关键词完全一致的词组或在搜索中以完全一致的顺序使用关键词中的字词时，你的广告就可以得到展示。这种匹配类型的限制性高于广泛匹配，但它可以为你的广告带来相关度更高的流量。
- 精准匹配：用户的搜索词必须与你的关键词完全匹配，你的广告才会得到展示。这是限制性最高的匹配类型，可以产生相关度最高的流量。
- 否定词组和精准匹配：如果对广告活动中的关键词应用否定匹配类型，那么你的广告就不会在用户搜索这些关键词时显示。这有助于最大程度地增加相关点击数、最大程度地减少非相关点击数。

2）设置每日推广预算

每日实际花费会和设置的预算有少许出入，但是每个月末的月度花费不会超过每日推广预算乘以天数的总和。每个广告最少的预算是100美元，每天最低的预算是1美元。

3）广告被展示

广告会在搜索结果页或商品详情页醒目的位置展示，包括搜索结果页的"搜索顶部"和"其他广告位"，"其他广告位"即左侧和底部的位置。

4）买家点击广告后进入商品详情页，卖家按点击量支付广告费

投放广告之后要查看投放效果报告，关注曝光量、点击量和转化率三个重点指标。如果曝光量低，主要原因可能是出价太低，需要提高竞价获取更靠前的展示位置。如果曝光量高而点击量低，可能是广告展示位置靠后，或者广告图片没有足够的吸引力，需要调整出价和优化广告图片。当点击量增加、销量却没有显著增加时，应分析商品是否符合消费者需求、商品售价是否过高，结合平台其他竞争对手的商品情况，对商品进行优化。

2. 广告推广形式

1）商品推广

商品推广即推广单件商品，当用户搜索关键词时，系统会推送和该关键词匹配的商品，这些商品广告会显示在搜索结果页顶部和商品详情页中。

设置商品推广的要求：

- 持有处于激活状态的专业卖家账户；
- 能够将商品运到销售国的所有地方；
- 提供属于一个或多个有效类别的商品；
- 拥有黄金购物车权限。

2）品牌推广

满足商品推广的要求，并且已经进行亚马逊品牌备案，就可以使用品牌推广广告。品牌广告会展示品牌Logo及三件商品，和商品推广相比更有助于提高品牌认知度。品牌推广广告展示在搜索结果页顶部，并且可以将用户引导至品牌方的商品集合页面，或者特定的商品详情页。

3）亚马逊品牌旗舰店

进行过品牌备案的卖家还可以创建亚马逊品牌旗舰店，这是一种免费的自定义多页面购物体验，可以展示你的品牌和商品目录。可以通过品牌推广广告将用户引导至你的品牌旗舰店，也可以通过亚马逊平台以外的营销活动对其进行推广。

10.7.2 亚马逊平台活动

亚马逊平台全年活动日历如图 10-33 所示,其中最重要的促销活动有针对会员日的 Prime Day、"黑色星期五"和"白色网络星期一"。此外,比较重要的促销节日还有感恩节和圣诞节。黑色星期五是北美地区传统大促节日,更多的是线下促销。电商行业发展后兴起的"白色网络星期一",对线上的促销效果更加明显。

促销活动开始前,卖家应提前准备好促销计划,确保促销商品有充足的库存。选择的促销商品应围绕促销主题,挑选相关联的商品。卖家还可以为促销商品设置秒杀活动,设置秒杀后,系统会自动将该商品标记为亚马逊推销商品,并会考虑将其添加到活动登录页面。

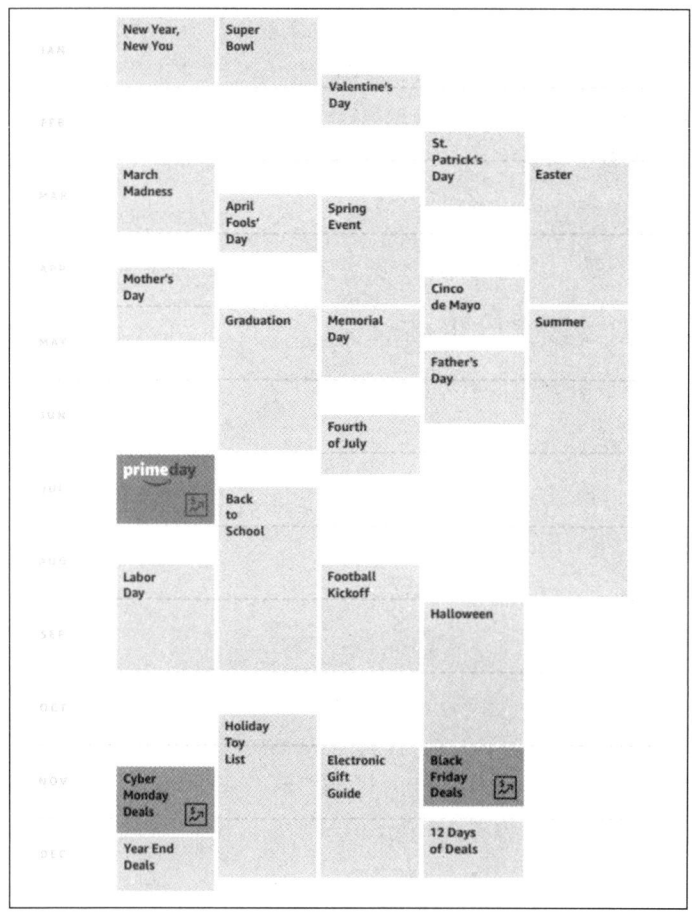

图 10-33 亚马逊平台全年活动日历

10.7.3 秒杀

秒杀(Lighting Deals)是一种限时促销活动,参与秒杀的商品会在亚马逊平台的"Z 秒杀"页面(亚马逊上的热门页面)上特别展示几个小时。参与秒杀活动可以提高品牌曝光量,有机会让新客户认识你的商品；秒杀也可以用来清库存，尤其是即将需要支付长期库存仓储费的商品。秒杀商品展示如图 10-34 所示。

图 10-34　秒杀商品展示

10.7.4　抽奖

设置抽奖活动可以为品牌带来的好处有：

- 提高浏览量和销量；
- 建立商品和品牌的口碑；
- 提高流量和知名度；
- 营造社会存在感，即利用抽奖吸引参与者关注 Twitter、发布 Twitter 消息或观看 YouTube 视频，从而增加品牌曝光度并营造社会知名度。

设置抽奖活动的操作步骤如下。

在卖家后台依次单击"设置"→"亚马逊物流"→"抽奖设置"→"启用"，在"Create a Promotion（创建一个促销活动）"选项卡中找到"Giveaway"，单击它下面的"Create"（创建）按钮，如图 10-35 所示。

图 10-35　单击"Giveaway"下面的"Greate"按钮

在打开的页面中选择要设置为抽奖的商品，再设置抽奖类型，如图 10-36 所示。

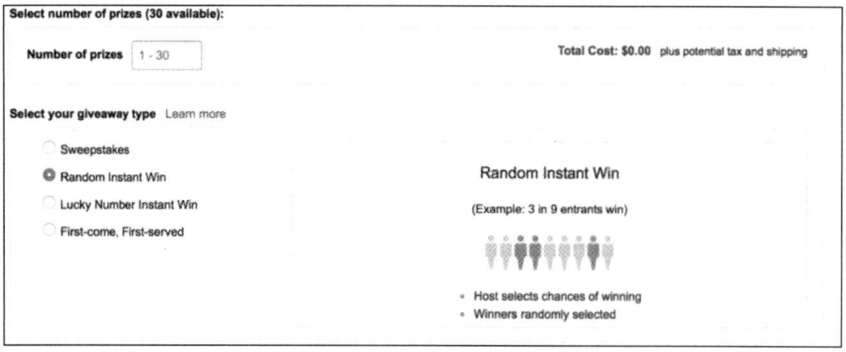

图 10-36　设置抽奖类型

接下来设置抽奖要求，即在用户参与抽奖之前希望他们做什么，如关注 Twitter 账户、观看视频等，如图 10-37 所示为设置抽奖要求的页面。

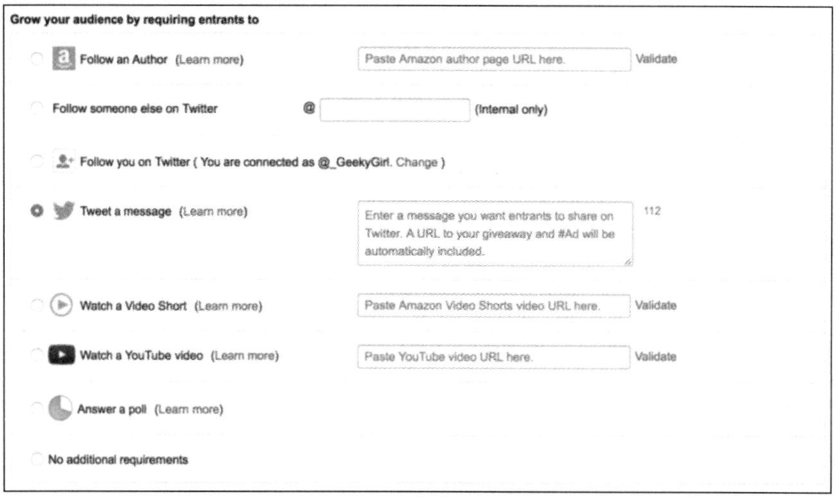

图 10-37　设置抽奖要求的页面

10.7.5　亚马逊联盟

亚马逊官方对联盟的介绍是：品牌所有者可以使用联盟，通过链接、小工具和横幅将客户从自己的网站、博客或社交媒体渠道引导至亚马逊平台上购买他们的商品。如果这些客户在亚马逊平台上购买了商品，则品牌所有者可以赚取广告费，广告费按照总价的百分比进行计算。

如果你有自己的独立网站或博客之类的网站，就可以为你在亚马逊上销售的商品引流，客户从你的独立网站点击进入亚马逊平台后购买了你的商品，你就会收到亚马逊平台支付给你的佣金。如果客户从你的网站点击进入亚马逊后，没有购买你的商品，而是购买了其他品牌的商品，那么你同样可以收到佣金。

亚马逊联盟提供给推广者的收款方式有以下三种：

- Amazon Gift Card（Amazon 礼品卡），可以在美国亚马逊网站消费；
- 银行转账收款，但仅限美国银行卡；
- 通过支票接受付款，可以邮寄到全球，可以自主设置达到多少金额邮寄一次支票，最低起付金额是 100 美元。

10.8 北美站

北美站覆盖的国家站点有 Amazon.com（美国）、Amazona.ca（加拿大）和 Amazion.com.mx（墨西哥）。

10.8.1 亚马逊北美站优势

- 亚马逊在美国最受欢迎的购物网站中排名第一，并且亚马逊在北美电商市场份额持续增长，2017 年亚马逊美国站的销售额占美国电商销售总额的 28%。
- 截至 2017 年 6 月 30 日，亚马逊 Prime 会员数量超 1 亿人，Prime 会员占美国站顾客的 50%以上，并且 75%的中产家庭会购买 Prime 会员，Prime 会员的平均花销是非会员平均花销的 2 倍，蕴含巨大的购买潜力。
- 亚马逊加拿大站点是加拿大境内规模最大及增长速度最快的零售网站，加拿大拥有和美国相似消费习惯的消费者、相似的季节性，共享相似的畅销品类，并且主要语言都为英语。
- Prime Day 会员日、"黑色星期五"、"白色网络星期一"等节日流量档期，非常适合快速打造爆款、提升销量。

10.8.2 北美站注册流程

1. 准备资料

   - 法定代表人身份证和营业执照。
   - Visa/Master Card 等支持美元扣款的信用卡用于扣除月租。
   - 开通海外银行账户（也可以开通中国香港账户）用于收款。
   - UPC/EAN 码，没有 UPC 码可到 UPC 官网购买。

2. 注册

   1）输入姓名、邮箱地址、密码，创建新用户。

   2）输入法定名称，阅读并勾选卖家协议。

3）输入联系地址、卖家名称、联系方式，进行电话/短信认证。

4）输入用于支付的信用卡卡号、有效期、持卡人姓名、账单地址和用于收款的银行账户。

- 使用可以支付美元的双币信用卡，如 Visa 卡、Master 卡。
- 确认默认地址与信用卡账单地址相同。
- 信用卡持卡人与账户注册人无须为同一个人，公司账户也可使用个人信用卡。
- 若输入信息正确，系统会尝试对该信用卡进行预授权以验证该信用卡是否尚有信用额度，持卡人可能会收到发卡行的预授权提醒。
- 在注册完成后和账户运营过程中，可随时更换信用卡信息。
- 信用卡用于账户结算，若卖家账户结余不足以抵扣相关款项，系统就会从信用卡中扣除每月月费或其他销售费用。
- 如果收到通知，被告知卖家账户中注册的信用卡信息无效，则要检查以下信息：账单地址，该地址必须与信用卡对账单中的账单地址完全相同；与开户银行核实，确认信用卡尚未过期，具有充足的信用额度，且对被拒金额的网上扣款无任何限制。
- 设置收款方式，如果没有美国的银行账户，可先注册 Payoneer 卡，然后在银行所在地下拉列表框中选择美国。

5）纳税审核。这个过程需要提交卖家的相关信息，中国卖家也必须完成审核流程才可以继续注册。

6）亚马逊会列举一些问题请注册用户回答，借此了解用户的商品性质和开始销售时计划的数量。基于这些信息，亚马逊会推荐适合用户账户的相关工具和信息。

7）亚马逊会根据用户在上一步所选择的内容，指导用户熟悉商品上架之前的流程，包括商品编码、分类审核、品牌注册、商品上传、图片要求等信息，帮助用户顺利完成商品上架。

8）完成注册！进入卖家后台进行管理操作。

亚马逊账户类型有专业销售计划（Professional）和个人销售计划（Individual）两种，有些平台活动要求必须是专业销售计划账户类型才能参加，因此建议选择专业销售计划。两种卖家账户的区别如表 10-1 所示。

表 10-1　个人销售计划和专业销售计划两种卖家账户的区别

账号类型	个人销售计划（Individual）	专业销售计划（Professional）
注册主体	个人/公司	个人/公司
月租金	免费	39.99 美元/月
按件收费	0.99 美元/件	免费
销售佣金	根据不同类目收取不同比例的佣金，一般为 8%~15%	
功能区别	单一上传，无数据报告	单一上传/批量上传，可下载数据报告

10.9 欧洲站

欧洲站覆盖的国家站点有 Amazon.co.uk（英国）、Amazon.de（德国）、Amazon.fr（法国）、Amazon.it（意大利）和 Amazon.es（西班牙）。卖家只需要 1 个账户，就可以通过 5 个站点销往 28 个国家和地区。如果你已经拥有北美或日本卖家账户，就可以直接激活欧洲销售账户，并且通过登录卖家后台管理全球业务。

亚马逊在欧洲 7 国设有运营中心，使用亚马逊欧洲 FBA 物流服务，可以从一国入仓，FBA 配送至 7 国运营中心，销往欧洲各地。

在欧洲市场销售商品需要注册当地的 VAT 税号，且 VAT 税号在每个国家都需单独注册，只要在当地国有库存就需要注册当地的 VAT 税号。降低成本的方法是先从一个国家市场入手，比如在英国销售商品成本最低，可以先做英国的生意，再从英国派送到其他国家，根据欧盟相关法律规定，只要发往德国的商品价值不超过 10 万欧元、发往法国的商品价值不超过 3.5 万欧元，就可以在英国申报。所以，发 FBA 之前一定要先注册当地的 VAT 税号，不要开通泛欧计划（pan-eu），因为开通泛欧计划等于默认亚马逊可以自由调配货物到 5 个国家，那么在 5 个国家都需要注册 VAT 税号。

10.10 日本站

亚马逊日本站的优势有：

- 2017 年最受日本客户信任的电商品牌；
- PC 端的浏览量在电商网站中排名第一；
- 在 PC 端，月访问亚马逊日本站的用户约 1624 万人，月流量约 10.4 亿次；
- 在移动端，月访问亚马逊日本站的用户约 3296 万人，月流量约 10.8 亿次；
- 日本毗邻中国，拥有相较欧美站点更低的物流费用及退货率；
- 亚马逊日本站的买家中 52%为中高消费人群，年收入在 500 万日元（约合人民币 30 万元）以上；
- 亚马逊日本站的买家中 10%的年收入在 1 千万日元（约合人民币 59 万元）以上。

亚马逊日本站为专业销售计划账户的卖家提供客户服务（Customer Service By Amazon，CSBA）。亚马逊日本站代替卖家，用日语为日本客户提供与卖家自配送订单相关的客户服务，让自配送订单的买家也可以享受如同亚马逊物流订单一样的客户服务体验。通过该举措，可以大量减轻客户服务的负担并减少费用，甚至无须担心大量自配送订单导致的客服问题的积累和回复延迟带来的绩效风险。

10.10.1　Amazon A-to-Z 条款

A-to-Z 条款用于保护买家从第三方卖家购买商品的权益。当买家从第三方卖家购买商品时，商品和物流都在 A-to-Z 条款的保护下。买家提出 A-to-Z 索赔，需要满足以下几个条件。

1）买家已经通过自己的账号和第三方卖家沟通过。

2）买家已等待 2 个工作日还未得到卖家回复。

3）以下情况满足一条，买家就可以提出 A-to-Z 索赔：

- 第三方卖家超过最长送达时间 3 天后或下单日 30 天后，买家尚未收到商品，不论哪种情况先达到；
- 买家收到的商品有损坏、有缺陷，或者与商品介绍有本质的区别；
- 第三方卖家同意给买家退款但并没有退款，或者退款数额有误。

注意：如果买家拒收包裹或买家退回的包裹没有追踪号，则买家的 A-to-Z 索赔不会被受理。

10.10.2　卖家如何应对 A-to-Z 条款

当买家的 A-to-Z 索赔尚未被核准受理时，卖家可以采取全额退款的方式解决 A-to-Z 的投诉。如果卖家不同意退款，则应立刻提供卖家方的陈述资料。如果卖家的账户还不支持退款，则可以请买家联系亚马逊客服协助处理。有些情况下，即使亚马逊已核准了买家的赔偿要求，此调查也还在进行中，卖家需要继续配合亚马逊提供卖家应提供的资料，否则卖家需要承担不回应 A-to-Z 的责任。

卖家需要注意，如果 7 天内不回应 A-to-Z 的通知，亚马逊就会核准买家的赔偿要求，并且会从卖家账号里直接退款给买家。收到 A-to-Z 通知，如果明显是卖家的责任，则应该积极帮助买家解决，并退款给买家；如果是买家的责任，则要主动向亚马逊提供证据。在处理过程中卖家要及时关注提醒信息，不要错过时间。

第 11 章

eBay 平台介绍

学习目标：
- 认识 eBay 平台的销售方式
- 掌握售卖专家功能
- 掌握促销工具的使用方法
- 熟悉平台规则

11.1 eBay 平台特点

11.1.1 eBay 集团

eBay 于 1995 年在美国加利福尼亚州成立，成立之初是一个拍卖二手物品的网站，1997 年之后 eBay 逐渐发展成为全球在线商品交易平台。eBay 集团旗下有三大业务：在线交易平台 eBay、在线支付工具 PayPal、为企业提供零售渠道及数字营销便利的 eBay Enterprise。eBay 在全球共有 31 个站点，卖家只需要注册一个账号就可以在 31 个站点销售商品，但是不同站点的销售费用是单独计算的。

11.1.2 独特的销售方式

eBay 创立之初是一个拍卖网站，如今，eBay 在销售方式上依然延续了拍卖的模式，这是 eBay 区别于其他平台的一大特色。在 eBay 上有三种售卖方式：拍卖、一口价、综合销售。

1. 拍卖

以拍卖方式刊登商品是 eBay 卖家常用的销售方式，卖家在设定商品的起拍价及在线时间后，开始拍卖商品，并以下线时的最高竞拍金额卖出，出价最高的买家即为该商品的中标者。在 eBay 上以低起拍价的方式拍卖商品，仍然是调动买家积极性，使其踊跃竞拍的最好方式。而且，在搜索排序规则中，即将结束的拍卖物还会在"即将结束（Ending Soonest）"排序结果中获得较前的排名，得到更多的免费曝光机会。

以 eBay 美国站为例，设置以拍卖方式刊登商品的步骤如下。

1) 进入选择商品刊登方式页面，可以选择"More listing choices"，让自己有更多刊登选择，也可选择"Keep it simple"，快速完成刊登。选择商品刊登方式后，单击"Go"按钮，如图 11-1 所示。

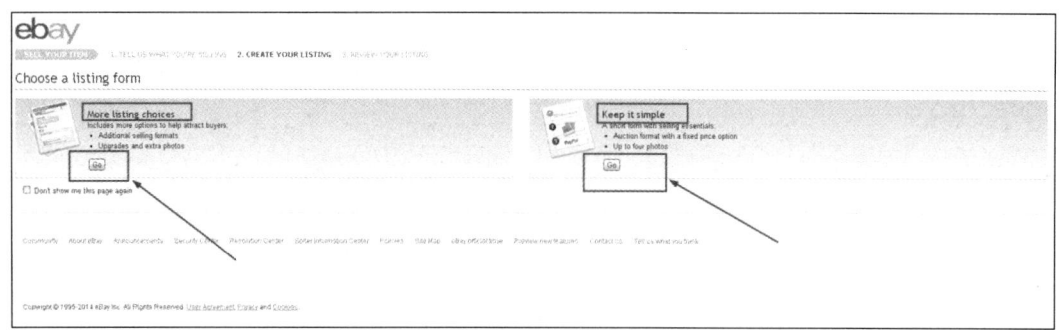

图 11-1　选择商品的刊登方式

2）在详细的商品刊登设置页面中有一个 Choose a format and price 模块，即商品价格设置模块，选择"Auction"选项卡以拍卖方式销售商品，如图 11-2 所示。

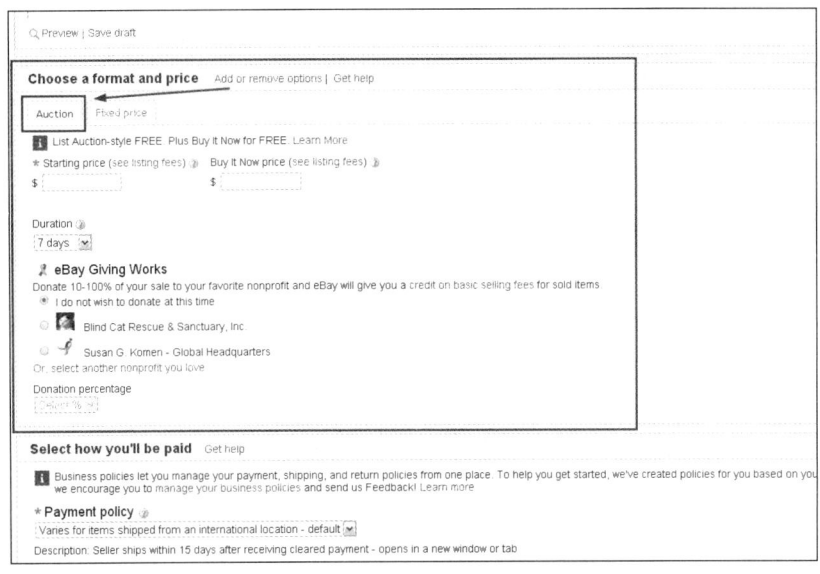

图 11-2 选择"Auction"选项卡

3）卖家可以在"Starting price"下方的文本框中输入商品拍卖的起拍价，如图 11-3 所示。

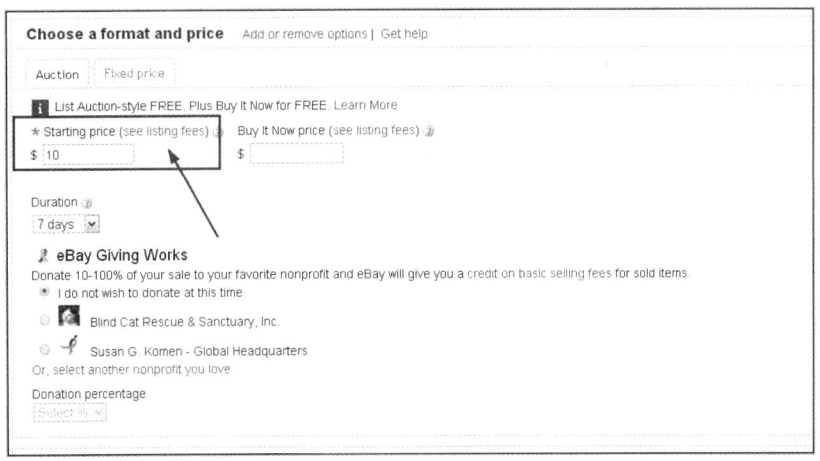

图 11-3 输入商品拍卖的起拍价

拍卖的形式虽好，但并不是所有的商品都适合拍卖，适合拍卖方式的商品主要有以下特点：

- 有特点的商品，明显区别于市场上常见的其他商品，并且是有市场需求的；
- 库存少的商品；
- 非职业卖家，只是偶尔出售商品；
- 在无法判断商品的准确价值时，可以设置一个能接受的起拍价，由市场决定最终价格。

2．一口价

在 eBay 店铺中以一口价定价方式刊登的库存商品，可设置商品的在线时间最长达 30 天，让商品得到充分展示。

设置以一口价方式刊登商品的步骤如下。

1）进入选择商品刊登方式页面，选择"More listing choices"选项后单击"Go"按钮，如图 11-4 所示，打开详细的商品刊登设置页面。

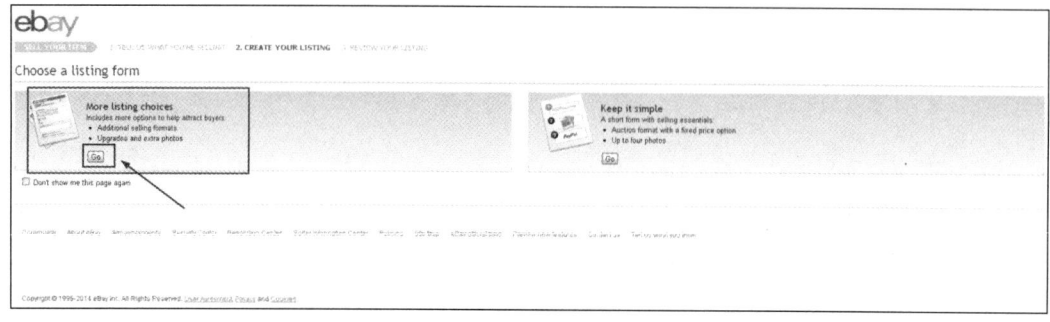

图 11-4　选择"More listing choices"选项

2）在详细的商品刊登设置页面的 Choose a format and price 模块中，选择"Fixed price"选项卡，以一口价方式销售商品，如图 11-5 所示。如果卖家没有可选择的"Fixed price"选项卡，则表明尚未符合该站点以一口价形式销售商品的资格。

图 11-5　选择"Fixed price"选项卡

适合以一口价方式销售的商品主要有以下特点：

- 有大量库存；
- 有丰富的 SKU，可以整合到一次刊登中；
- 需要长时间在线销售的商品；
- 卖家希望有固定可控的利润。

一口价方式的特点：商品刊登后，不能将一口价商品变更为具有一口价功能的拍卖商品，反之亦然。如果一口价商品的结束时间在 12 小时后，则可编辑一口价价格。

3．综合销售

综合销售是指使用拍卖（Auction）与一口价（Fixed price）方式进行综合销售。

卖家可在选择"拍卖方式"时既设置起拍价，又设置一个满意的"保底价"，也就是一口价，让买家根据自己的需求灵活选择购买方式，这种贴心的设计不仅综合了拍卖方式和一口价方式的所有优势，还能给商品带来更多的商机。

设置以拍卖与一口价方式综合刊登商品的步骤如下。

1）进入选择商品刊登方式页面，选择"More listing choices"后单击"Go"按钮，如图 11-6 所示，进入详细的商品刊登设置页面。

图 11-6　选择"More listing choices"后单击"Go"按钮

2）在详细的商品刊登设置页面中有一个 Choose a format and price 模块，即商品价格设置模块，选择"Auction"选项卡以拍卖方式销售商品，如图 11-7 所示。

3）在"Starting price"下方的文本框中输入商品拍卖方式的起拍价，在"Buy it Now price"下方的文本框中输入商品的保底价，也就是拍卖商品的一口价，如图 11-8 所示。

图 11-7 选择"Auction"选项卡

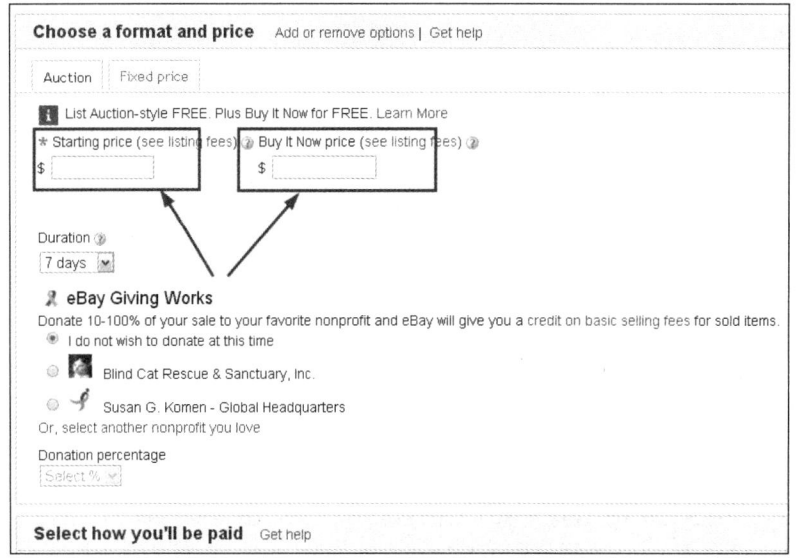

图 11-8 输入起拍价和保底价

什么情况下适合使用综合销售方式呢?

- 店铺销售很多种类的商品,希望同时吸引想要通过竞拍达成交易的人和其他更倾向于选择方便的"一口价"交易的买家。
- 希望尽可能扩大买家对库存商品的需求,通过竞拍和一口价方式来帮助竞拍者和买家了解店铺和店铺中的其他商品。

综合刊登商品的注意事项如下。

- 商品刊登后,不能修改商品的销售形式,不过在特定情况下,可以增加、编辑或移除拍卖商品的一口价功能。
- 拍卖的商品如果结束时间在 12 小时后，同时刊登的商品无人出价竞拍，则可新增、编辑或移除一口价功能。

11.1.3 eBay 费用

eBay 平台收取的费用主要有以下 5 种。

- 刊登费：在发布一个商品时就需要支付的固定费用，不同类目的商品收费标准不同。
- 成交费：成交后按照成交总金额支付一定比例的费用，未成交则不收取。
- 特色功能费：卖家可以为刊登的商品添加特色功能，特色功能费需要在发布的时候与刊登费一同支付。
- 店铺月租费：不同级别的卖家，店铺月租费的金额不同。
- PayPal 费用：使用 PayPal 工具的手续费，在 PayPal 上单独收取。

eBay 平台卖家分为非店铺卖家和店铺卖家，刊登商品数量不足 40 个的为非店铺卖家，刊登商品数量达到 40 个的为店铺卖家。

下面以 eBay 美国站为例介绍卖家收费标准。

非店铺卖家需要支付的费用包括刊登费、成交费、特色功能费（如果使用）、PayPal 费用。刊登费和成交费的计算方式如表 11-1 所示。

表 11-1　eBay美国站的卖家收费标准

刊登商品数量	刊 登 费	成 交 费
每月前 50 个刊登商品	免费	成交总额的 10%，上限 750 美元。
每月 50 个以后的刊登商品	0.30 美元	用卖家收取的运费计算成交费，税不计算

特色功能费的收费情况如表 11-2 所示。

表 11-2　eBay美国站特色功能费的收费情况

升级功能	拍卖起拍价或一口价低于 150 美元		拍卖起拍价或一口价高于 150 美元	
	拍卖、一口价刊登（1 天、3 天、5 天、7 天、10 天在线）/ 美元	一口价刊登（30 天，无限期在线）/ 美元	拍卖、一口价刊登（1 天、3 天、5 天、7 天、10 天在线）/ 美元	一口价刊登（30 天，无限期在线）/ 美元
定时刊登（Scheduled Listing）	免费	—	免费	—
页面设计师（Listing Designer）	0.10	0.30	0.20	0.60
橱窗展示大图（Gallery Plus）	0.35	1.00	0.70	2.00
副标题（Subtitle）	0.50	1.50	1.00	3.00
优惠包（Value Pack）	0.65	2.00	1.30	4.00
字体加粗（Bold）	2.00	4.00	3.00	6.00

续表

升级功能	拍卖起拍价或一口价低于 150 美元	拍卖起拍价或一口价高于 150 美元
同时刊登在两个商品分类中（List in 2 categories）	刊登费和特色功能费按照不同类目标准收取；商品成交时，成交费只收取 1 次	

升级功能中还有一个多站点展示，其收费情况如表 11-3 所示。

表 11-3 多站点展示收费情况

	起价/美元	费用/美元
拍卖刊登	0.01～9.99	0.10
	10.00～49.99	0.20
	50 或更多	0.40
一口价刊登	0.50	

店铺卖家需要支付的费用包括店铺月租费、刊登费、成交费、特色功能费（如果使用）、PayPal 费用。

11.2 eBay 平台运营

11.2.1 开通 eBay 账户

开通 eBay 账户的操作步骤如下。

1）在 eBay 首页找到注册按钮，打开注册页面，如图 11-9 所示，输入姓名、邮箱和密码。

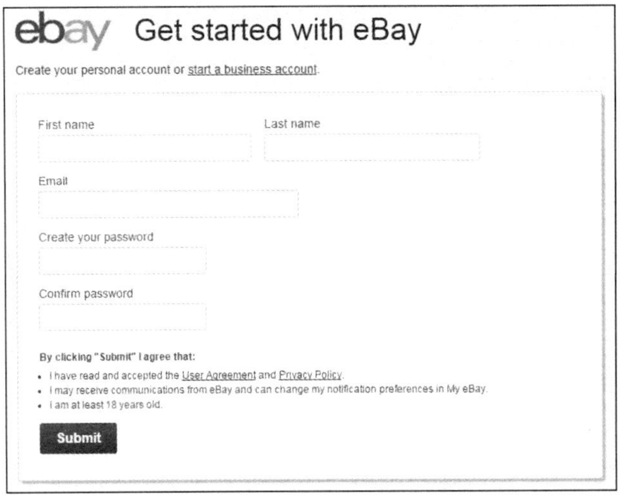

图 11-9 注册页面

建议选择大型电子邮件服务商提供的邮箱作为注册邮箱，确保可以收到来自 eBay 的邮件。单击"Submit"按钮后完成注册，此时页面如图 11-10 所示。

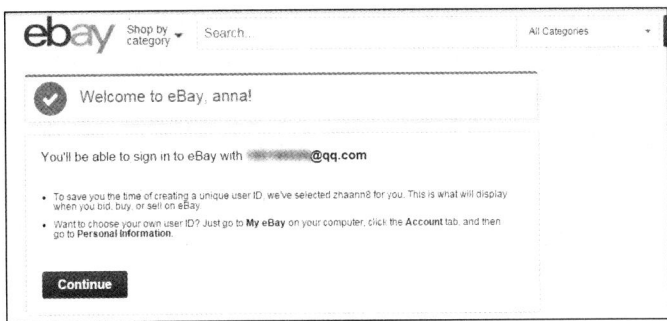

图 11-10　完成 eBay 账户注册页面

2）在 eBay 首页找到"sell"入口，选择国家为"中国"，这时会被链接到中国香港 eBay 平台填写注册表单，如图 11-11 所示，需要输入真实地址等信息，然后单击"继续"按钮[①]。

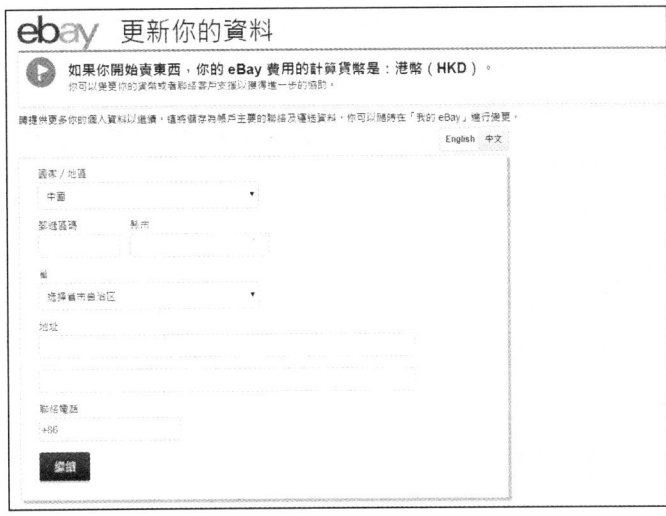

图 11-11　注册表单页面

3）打开确认身份页面，选择"透过信用卡确认身份"单选按钮，如图 11-12 所示，单击"继续"按钮。

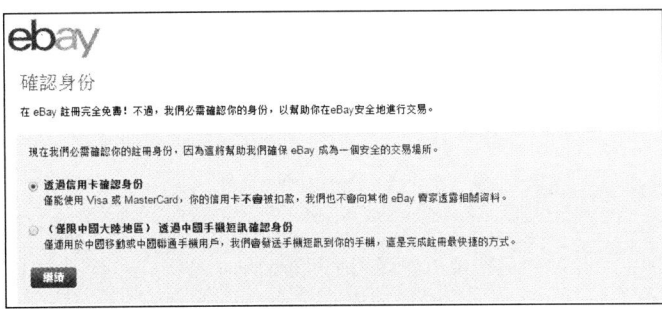

图 11-12　选择确认身份的方式

---

① 页面中"帐户"应该为"账户"。

4）在打开的页面中输入信用卡信息，如图 11-13 所示，然后单击"继续"按钮。

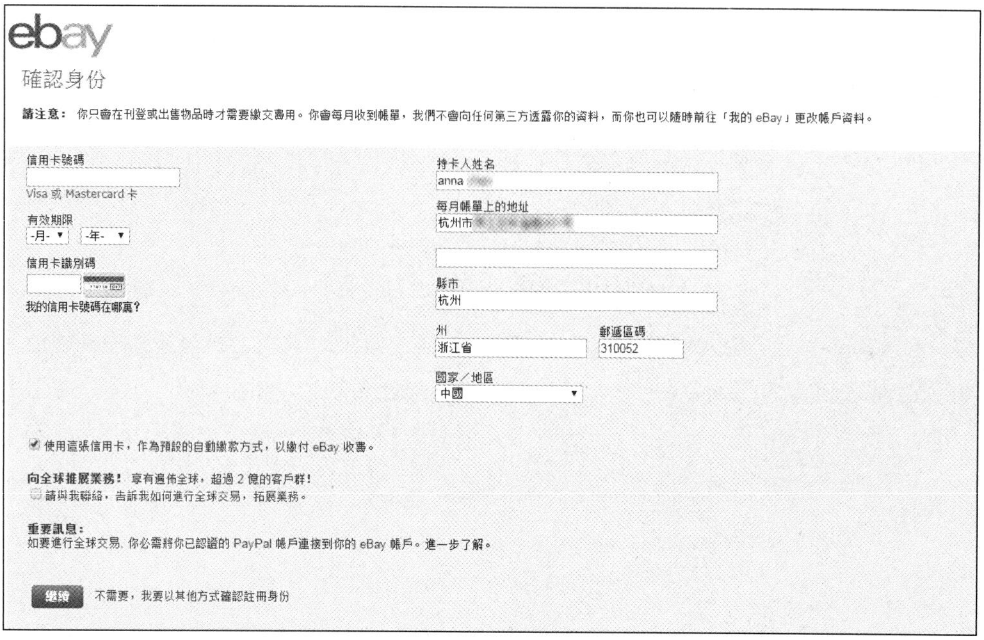

图 11-13　输入信用卡信息

5）打开信用卡合约页面，确认条款并单击"授权信用卡"按钮完成认证。

若用手机短信认证 eBay 账号，则在步骤 3）打开的确认身份页面中选择"透过中国手机短讯确认身份"单选按钮，每个手机号码仅支持一个账号认证。单击"继续"按钮，在打开的页面中输入手机号，可以选择以这个手机号作为联络号码，然后单击"传送手机短讯给我"按钮，如图 11-14 所示。

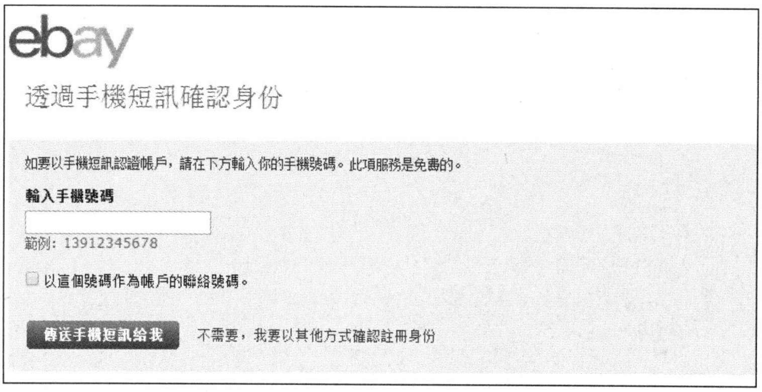

图 11-14　使用手机短信确认身份

手机收到确认代码后在页面中输入正确的确认代码，如图 11-15 所示，单击"继续"按钮完成认证。

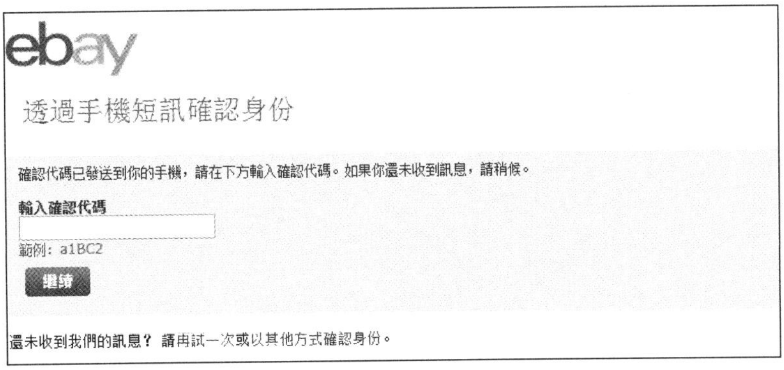

图 11-15　输入确认代码

11.2.2　设置运营规则

账号注册好后需要设置必要的运营规则，告知买家关于卖家、支付、物流等信息，包括以下几点：

- 登记营业执照；
- 设置卖家承诺；
- 设置买家付款时的指定方式，可以是 PayPal、信用卡或其他付款方式；
- 设置物流政策，包括指定处理时间、运送方式、运费；
- 设置退货规则。

11.2.3　刊登商品

刊登商品时对商品图片的要求如下：

- 每个刊登的商品至少需要 1 张图片；
- 图片的长边至少有 500 像素；
- 图库图片只能用于全新物品，不能用于二手物品；
- 图片不得添加边框、文本或插图；
- 可以使用水印来标明图片所有权和归属权，但不能用于营销。

下面以美国站为例说明刊登商品的步骤。

1）输入要卖的商品，如图 11-16 所示。

2）选择一个合适的分类，如果清单中没有合适的类目，则单击"Browse categories"选项卡选择合适的分类，如图 11-17 所示。

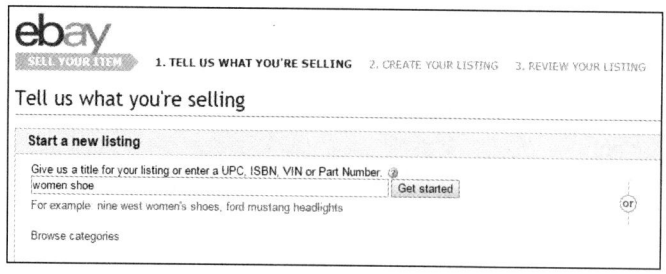

图 11-16 输入要卖的商品

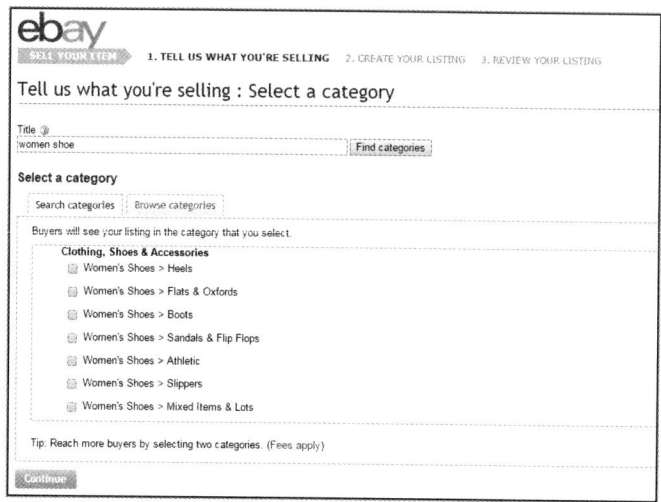

图 11-17 为商品选择合适的分类

3）在商品刊登页输入商品信息，设置属性、图片、标题、物流等，如图 11-18 所示。这部分在基础操作章节有详细讲解，这里不再赘述。

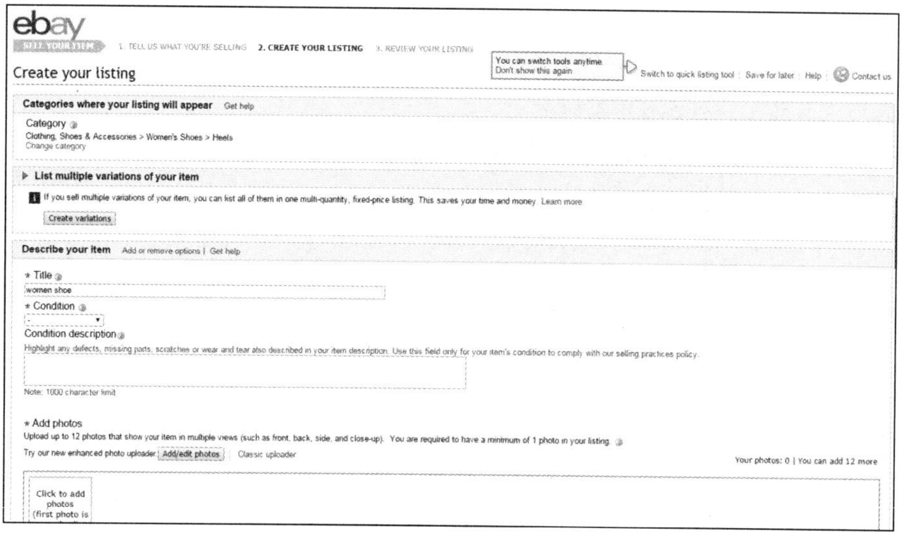

图 11-18 输入商品信息

4）选择商品的销售方式，如果是以拍卖形式销售的，则选择"Auction"选项卡，并输入起拍价；如果是以一口价形式销售的，则选择"Fixed price"选项卡，如图 11-19 所示，完成商品的刊登。

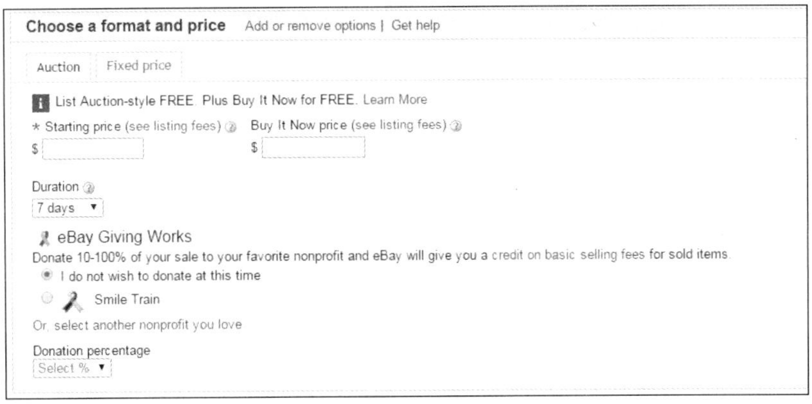

图 11-19　选择商品的销售方式

11.2.4　订单管理

1. 查收货款

在 eBay 账户注册后需要绑定卖家的 PayPal 账户，在买家下单后，卖家可以在 PayPal 里查看收到的款项。PayPal 和支付宝都是第三方支付工具，PayPal 和支付宝的区别是：支付宝有"担保交易"的功能，即买家收货确认后卖家才可拿到钱，而在 PayPal 上是卖家收到钱后再发货。

如果卖家没有及时发货，则买家可以通过申述要求撤回付款。此外，PayPal 支持多种货币的支付，同样是跨境电商交易的理想工具。

2. 取消交易

买家未付款时取消交易。如果买家拍下商品但未付款，则卖家可采取一些措施：通过 E-mail、eBay 讯息匣、电话联络等方式提醒买家付款。在商品刊登 3~30 日内可以向拍下但未付款的买家发送付款提示。将该商品出售给其他出价的买家或再次刊登该商品时可退回上一次未成功交易的刊登费。卖家可在成交日后 4~32 天内向平台提出未付款个案。

买家付款后取消交易。如果买家已付款，由于卖家原因需要取消交易，则会影响卖家的不良交易率；如果是买家的原因取消交易，则不会影响卖家的不良交易率。买家付款后取消交易有以下两种途径。

- 与买家沟通取消交易。买家确认收到退款后，会收到一封来自 eBay 的通知来启动取消交易的流程。
- 在 eBay 的纠纷调解中心取消交易。在纠纷调解中心发起个案，由调解中心为买卖双方跟进交易进展。

买家自行取消交易。交易成立后，在卖家上传物流跟踪号之前，买家有 1 个小时的时间可以自行取消交易。买家提出取消交易后，卖家在 3 个工作日内可以做出以下选择。

- 卖家同意取消。eBay 将退还成交费；买家不能再留中差评和低分；卖家同意取消交易后，需要在 10 个工作日内退款，10 日后买家可以开启个案。
- 卖家拒绝取消。交易将继续进行。
- 卖家不回应。若超过时间卖家不回应，则视为卖家拒绝，交易继续进行。

11.2.5 售卖专家

售卖专家（Selling Manager）是 eBay 为交易量较大的卖家准备的店铺管理工具，可以管理未来刊登的商品、出售中的商品、售后活动。售卖专家分为普通版售卖专家（Selling Manager）和专业版售卖专家（Selling Manager Pro）。

1．普通版售卖专家的功能

普通版售卖专家的基本功能主要有以下几项。

- "摘要总览"页可提供售后活动和备忘录的资料，这也是售卖专家的首页。
- 使用"设定刊登的商品"页管理将在未来刊登的商品。页面上会显示已设定刊登时间但尚未开始出售的商品。
- 利用"出售中的商品"页追踪正在出售中但尚未卖出的商品。
- 利用"已卖出的商品"页管理已成功卖出的商品。
- 在"未卖出的商品"页会显示已结束刊登但未卖出的商品，可在此页重新刊登商品。
- 在"已结束的刊登"页会显示所有已结束的刊登商品，包括已卖出、未卖出或被取消的商品。
- 在"已存档的商品"页会显示在 90 日后自动存档或在"已卖出的商品"页手动存档的刊登商品。

普通版售卖专家的特色功能有以下三项。

- 追踪和管理售后活动，包括信用评价、电子邮件、付款和运送方式。
- 完成大量工作项目，包括刊登商品、重新刊登未卖出的商品、留下信用评价、发送电子邮件和列印账单。
- 下载交易记录。

2．专业版售卖专家的功能

专业版售卖专家的基本功能主要有以下几项。

- 设定刊登商品。显示已设定刊登时间但尚未开始出售的商品。
- 出售中的商品。显示正在出售中但尚未卖出的商品。
- 未卖出的商品。显示已结束刊登但未卖出的商品。
- 已卖出的商品。显示成功卖出的商品。
- 已结束的刊登。显示所有已结束的刊登商品,包括已卖出、未卖出或被取消的商品。
- 已存档的商品。显示在 90 日后自动存档,或者在"已卖出的商品"页手动存档的刊登商品。
- 物品总管。卖家可以追踪商品的存货数目、设定这些商品的刊登范本,以及设定自动刊登或重新刊登的规则。
- 自动化功能设定。刊登时间、与买家通信和信用评价均将自动化。

专业版售卖专家的特色功能有以下两项。

- 完整的销售管理功能,包括批量创建和定时上线商品刊登、用免费的页面魔法师(Listing designer)创建效果更加专业的商品刊登、自动增加或减少存货、补充库存提醒。
- 节省时间的自动化功能,包括定时上线需要自动重复或重新刊登的商品、自动更新付款、当买家付款时自动给买家信用评价、在收到付款和商品发货后自动给买家发送电子邮件(付款收讫,商品已发)。

11.2.6 促销工具

1. 扩大订单(Order discount)

用于促销整个店铺、一个商品分类或一组商品。扩大订单是一种操作简单的促销方式,可为买家在购买多件商品或一笔交易消费超过一定金额时提供一些折扣,还可附赠赠品或赠赠品加折扣(如买一送一再优惠 50%),引导买家购买多件商品。

2. 优惠通道(Codeless coupon)

通过优惠券吸引买家。优惠券可通过电子邮件以链接方式发送给买家,也可刊登到社交媒体网站和店铺中等。优惠信息不会出现在自然搜索中,只有单击链接的买家才会看到。

3. 运费折扣(Shipping discount)

用于推广设置了运费规则的所有商品。通过设置促销运费规则(如购买 2 件以上商品免运费等),可推广符合条件的商品以增加订单。

4. 降价活动(Sale event)

用于推广所有的打折商品,方便买家购买。可将价格优惠的商品自动显示在打折页面,同时每件打折商品在主要的购物页面上都有链接,吸引买家访问此页面,还可将买家经常一起购买的商品或补充商品进行分组促销。

5. 捆绑销售（Accessory discount）

用于激励买家购买经常搭配在一起的特定商品。通过将相关的商品捆绑到一件主要商品上，关联商品的优惠可在商品刊登中促销特定的 SKU（如推荐特定相机的镜头）。只要买家购买主要商品，那么每种关联的商品即可按不同百分比的折扣购买。

11.2.7 PayPal 提现

eBay 卖家通过 PayPal 账户进行收款，有三种方式可以提现。

- 提现到中国内地银行卡。
- 提现到中国香港离岸账户。

电汇方便快捷，但收费较高，电汇的收费标准如图 11-20 所示。

银行地点	币种	提现费	退还费
中国内地	各币种	35.00 USD	15.00 USD
中国香港	HKD	免费（提现额大于或等于 1,000.00 HKD） 3.50 HKD（提现额小于 1,000.00 HKD）	20.00 HKD
美国	USD	免费	无

图 11-20　电汇的收费标准

- 向 PayPal 申请支票提现，申请支票提现的收费较低，但等待时间较长并且存在寄丢的风险。

11.3　eBay 平台规则

11.3.1　卖家表现衡量标准

eBay 卖家表现的衡量标准为不良交易率（Defect Rate）。不良交易率是用下列一种或多种情况的不良交易数除以卖家所有成功交易数所得的比例：

- 买家在"商品与描述相符（Item as described）"一项给予了 1、2 或 3 分评级；
- 买家在"运送时间（Shipping time）"一项给予了 1 分评级；
- 买家留下中评或差评；
- 买家要求退货，且原因与"商品与描述不符"相关；
- 买家通过 eBay 退款保障（又称 eBay 买家保障）或 PayPal 购物保障开启了商品未收到或商品与描述不符的纠纷；

- 因卖家过失而取消交易。

1. 评估周期

评估日期为每月 20 日，当过去三个月的交易达到或超过 400 笔时，评估期为过去三个月；当过去三个月的交易不足 400 笔时，评估期为过去一年。当评估期内的不良交易来自至少 5 位不同的买家时，会影响账号的优秀卖家评估；当评估期内的不良交易来自至少 8 位不同买家时，会影响账号的合格卖家评估。

2. 卖家不良交易率要求

对合格卖家不良交易率的要求：不良交易率不能超过 5%或不良交易笔数不超过 8 笔，未解决纠纷比例不能超过 0.3%或未解决纠纷笔数不超过 2 笔。

对优秀卖家不良交易率的要求：不良交易率不能超过 2%或不良交易笔数不超过 5 笔，未解决纠纷比例不能超过 0.3%或未解决纠纷笔数不超过 2 笔；年度交易数超过 100 单，年度交易额超过 10000 美元。

11.3.2 互评机制

每完成一个订单，买卖双方都可以互相评价，评价包括正面（+1 分）、中立（0 分）、负面（–1 分）。这些评分积累后以用户等级的形式呈现，在用户信息栏用不同颜色的星星代表用户的不同等级。

11.3.3 平台重要违规行为

1. 虚假出价

虚假出价的定义是，在以拍卖方式刊登商品时，通过亲戚朋友虚假出价以达到抬高价格的行为。在被判定为虚假出价时，eBay 会根据情节轻重做出不同的惩罚，主要包括：

- 取消刊登的商品；
- 限制账户权利；
- 取消"超级卖家"资格；
- 暂时或永久冻结卖家账户。

2. 高额运费

卖家为逃避交易费，将商品价格设低，将运费设高。

3. 滥用关键字

使用和商品无关的关键字以吸引买家。

4. 违反知识产权

销售假冒或侵权的商品都会受到处罚，可参照本书前面所提到的知识产权内容。

5. 不正当取得信用评价

通过自卖、自买、自评取得信用评价。

11.3.4 搜索排序系统

eBay 的搜索排序系统标准被称为最佳匹配（Best Match），即推荐给买家的商品是买家真正想要的。

最佳匹配的影响因素包括：

- 近期的销售转化率；
- 拍卖类商品即将下架的时间；
- 服务评分的表现，包括商品质量、发货速度、物流时长、售后服务；
- 买家满意度；
- 商品的相关度，买家搜索的关键词与商品标题关键词之间的匹配度；
- 商品的价格和运费。

卖家需要迎合买家来提高最佳匹配排名，以下是可以优化的地方：

- 准确的标题、精美的图片、精准的分类定位、有竞争力的价格和优惠的物流费用；
- 做好服务和售后，提高客户满意度；
- 合理使用拍卖形式，并合理设置拍卖结束时间；
- 免运费。

第 12 章

Wish 平台介绍

学习目标：

- 掌握 Wish 平台推送原理
- 了解 Wish 平台买家浏览特点
- 学会创建店铺
- 掌握商品优化要素
- 掌握物流和售后规则

12.1　Wish 平台概况

Wish 是一款移动端购物 App，有 iOS、安卓、Web 三个版本，iOS 客户端如图 12-1 所示。截至 2016 年年底，Wish 平台注册用户超过 3.3 亿人，日均活跃用户 700 万人以上，SKU 有 8000 多万个。Wish 商品推送的原理是，根据用户的注册信息和网络浏览行为进行分析，有针对性地把用户可能感兴趣的商品进行主动推送。

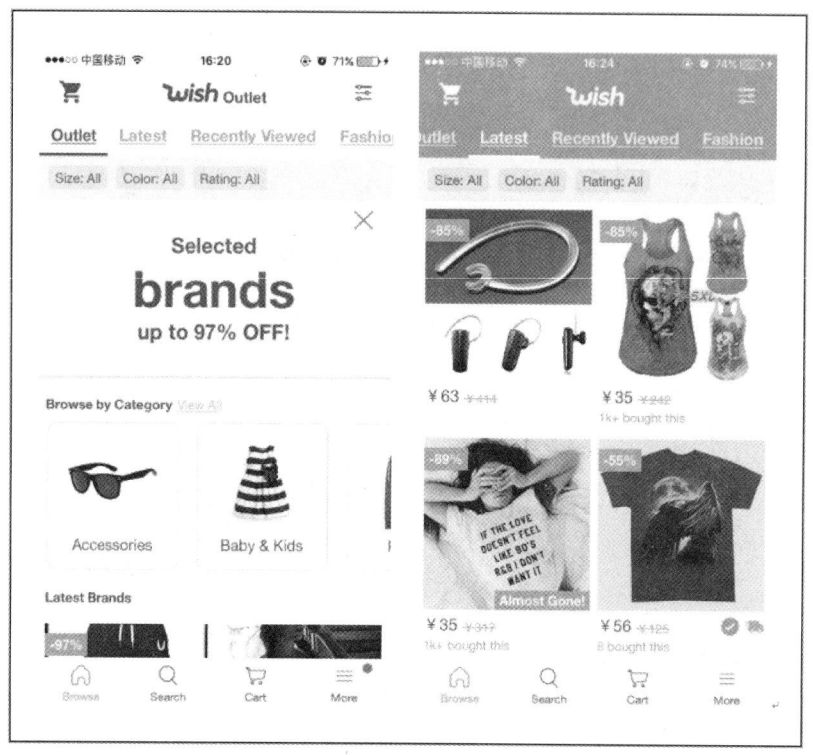

图 12-1　iOS 客户端的 Wish 平台

Wish 平台的买家端体验和其他跨境电商平台的买家端体验相比，具有自身的独特之处。

- 个性化定制：Wish 平台买家端首页有设置偏好的按钮，平台可根据用户设置提供个性化页面展示。
- 用户需求的碎片化：大部分买家不是因为特定的需要才到 Wish 平台寻找商品，而是被兴趣引导才浏览商品。
- 时间的不确定性：移动端用户随时随地都可能打开手机浏览感兴趣的商品信息。
- 移动端屏幕界面：移动端适合使用简洁清晰的商品图片，文字排版应适合手机屏幕阅读，不适合放太复杂的商品介绍。
- 冲动的购买决策：因为浏览时间和地点的限制，使用移动端不方便比价和长时间考虑，所以购买决策的过程相对较短。

12.2　Wish 平台销售特点

Wish 平台有其独特的商品推送原理，卖家在 Wish 平台上销售运营和在其他平台上销售运营有一些区别。

12.2.1　商品推送原理

Wish 平台轻店铺，注重商品本身的区别和良好的用户体验。在商品相同的情况下，以往服务记录良好的卖家会得到更多的商品推送机会。

Wish 平台上推送权重最大的要素是标签（Tag）。平台根据用户注册信息，加上用户后期的浏览内容、购买行为，系统会自动为用户打上标签，并且不间断地记录和更新用户标签，根据用户多维度的标签推算用户感兴趣的商品。这些信息记录、更新、计算的过程都是由系统自动完成的。

12.2.2　类目和商品策略

Wish 平台上排名前五的类目分别是 Fashion、Gadgets、Hobbies、Beauty、Home。比较受买家青睐的类目普遍具有这些特点：商品种类丰富、更换频率高、容易产生话题。对于新卖家，在选择类目时建议考虑即将被拓展或有潜力的类目，可以避免激烈的竞争，为自己赢取更大的发展空间。

卖家在选择具体商品时，需要选择差异化的商品，因为 Wish 的后台数据算法会判断同一个页面和同一个卖家，重复或相似度高的商品就会被判定为同款，只推荐其中一个商品，其他同质商品就不再推荐了。在 Wish 上发布同质化的商品不会带来任何流量和曝光率。

12.2.3　平台的流量特点

Wish 平台上 98%的用户来自移动端，主要以欧美地区的用户为主，北美地区的用户占比为50%、欧洲用户占比为 45%。大部分流量是从 Facebook 等 SNS 网站引流到 Wish 平台上的，所以用户的互动性高，浏览习惯以兴趣为导向。

Wish 卖家可以使用 SNS 网站作为营销渠道，根据目标群体的兴趣，制造话题或策划活动来吸引用户的关注和参与，从而达到引流的目的。

12.3　Wish 平台运营

12.3.1　创建店铺

1）登录 Wish 商户平台，单击如图 12-2 所示的"免费使用"按钮注册 Wish 会员。

图 12-2　单击"免费使用"按钮注册 Wish 会员

2）注册邮箱会收到一封从 Wish 发来的邮件，单击如图 12-3 所示的"Enter My Store"按钮。

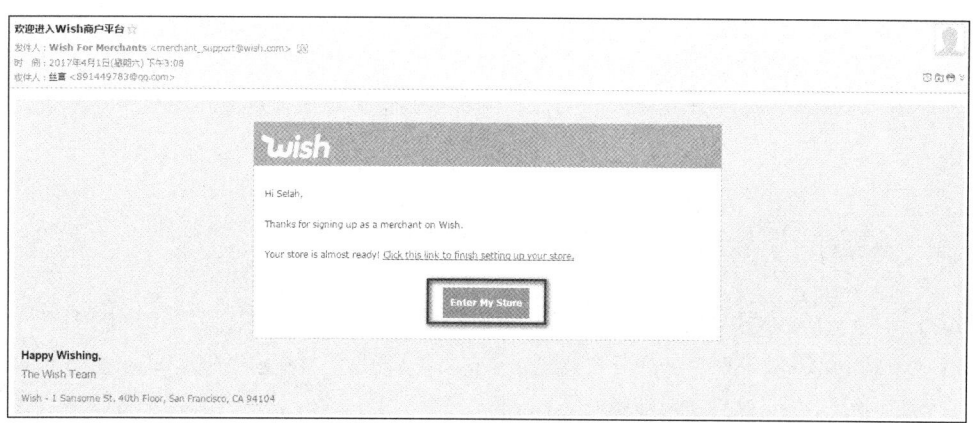

图 12-3　单击"Enter My Store"按钮

3）打开创建店铺页面，如图 12-4 所示，输入相关信息创建店铺。

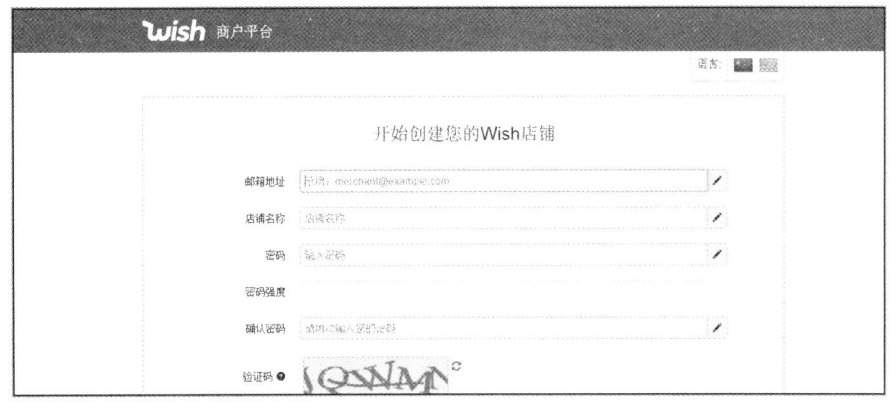

图 12-4　创建店铺页面

在注册过程中，如果有问题不知道怎么解决，可单击"查看注册指南"链接，如图 12-5 所示，在注册指南中查找解决办法。

图 12-5　单击"查看注册指南"链接

4）提交商品进行店铺审核，店铺审核过程中 Wish 平台会给每个店铺分配一位客户经理，客户经理会发送一封邮件收集卖家的信息。

5）设置配送范围。默认仅配送到美国，卖家可以在后台修改配送到全球。若仅设置配送到美国，则只能获取来自美国的流量。

12.3.2　商品优化要素

Wish 平台的商品优化需要多维度去考虑，完善这些细节，为商品带来更多的流量和曝光。下面列举商品优化要素的核心要点。

- 高质量的商品图片：由于用户使用移动端屏幕，浏览时更多的是看图片而非文字，所以对图片的质量要求很高，例如多角度拍摄商品、商品轮廓清晰、画面简洁明了、图片数量不超过 6 张。
- 标题简洁：平台不注重搜索，所以不需要做标题优化，不用堆砌关键词，写标题的时候要注意简洁明确，包含必要的品牌名、商品名、关键词属性。另外，可以给商品特征加上一个描述词，这个描述词可以增强买家的感官认知。注意，不要带敏感词和侵权词。
- 认真填写标签：标签在平台推送中的权重很高，需要认真对待。标签最多可以填写 10 个，包含精准词、宽泛词、商品词、属性词，标签写得越精准，转化率就越高，在系统判断推送时所占的权重就越高。
- 商品描述简洁清晰：图片无法表达清楚的信息，就需要进行文字说明，文字内容要简洁明了、排版清晰，适合手机端屏幕阅读，尽量不要有 HTML 代码。
- 颜色和尺寸：Wish 平台对于服装的尺码有一套官方尺码表，颜色和尺寸两个属性要仔细填写，有利于增加曝光。
- 价格策略：卖家可以对商品的价格进行定位，合理地设置价格对成交非常有帮助，比如销售过程中需要降价促销，当价格调低后就会被系统监测到，每次商品降价，系统都会通知用户，所以首次定价可以比原价高一些，3~5 天做一次降价调整。
- 商品优化：抓住热点，了解热卖商品的关键字，对自己的商品进行优化和标签词的修改。
- 影响商品是否被系统推送的因素还有商品以往转化率、商品评价、物流时间、库存是否稳定。

12.3.3 店铺优化要素

Wish 平台用户是因为兴趣而产生了碎片化浏览，通常没有明确的购买目标，搜索权重在排名因素里占比很低。所以，卖家希望提升流量只能从以下几个方面着手。

- 上新频率：尽量保持高频率的新品上架。当有新品上架时就会有流量增加，如果每天有节奏地上新品，相对应的每天都会有流量增加。
- 信息真实：库存量要输入真实的数量，系统会通过卖家的发货速度及相关因素来佐证卖家的库存量是否真实；商品信息描述也要真实，买家收到商品时，如果商品和网页描述一致，买家就会做出正向的反馈。
- 及时上传证件：与品牌相关的证件、证书等信息一定要在开店的时候第一时间上传，在开店初期，平台对于提供了品牌相关证件类的店铺有流量给予，过了初期阶段，后续上传证件就不能获得相应流量了。
- 动销率：动销率指店铺已经产生销量的商品占所有上架商品的比率。动销率会影响平台对店铺其他商品的流量分配，如果新上架的商品一段时间后还是没有产生销量，就应该及时优化或下架，保持良好的动销率是获得平台流量的重要因素。
- 妥投率：接到订单后一定要快速发货，在价格能承受的范围内挑选速度快、运输时间稳定的物流公司。Wish 平台对部分国家要求必须有妥投信息，妥投率高意味着卖家的物流服务是有保障的。
- 退款率：退款率高代表卖家的商品或服务不能达到买家的要求，因此平台会把流量向退款率低的卖家倾斜。
- 用户评分：争取让买家打 5 星好评，用户评分也是平台分配流量的重要因素。

12.3.4 物流和售后

Wish 平台很注重物流的速度，物流速度是买家满意度中很重要的因素，因此发货速度在系统计算权重中占比也很高。Wish 物流体系分为线上发货和海外仓物流，线上发货可以选择 Wish 官方渠道或第三方物流。

Wish 物流系统要求卖家在交易后 5 天内上传物流跟踪号，否则系统会自动退款给买家，在实际操作中建议在 3 天内上传物流跟踪号。货物妥投时间要控制在平均时长以内，比如到美国的平均妥投时间是 14 天。

卖家需要注意以下关于售后的要点。

- 因缺货导致的退款率。因缺货导致无法发货是非常不好的用户体验，所以缺货的商品一定要下架，而不是仅把库存设置成 0。
- Ticket 处理速度和投诉率。当买家有售后、投诉问题时是通过 Ticket 来呈现的，遇到 Ticket 时尽量在 24 小时内处理完毕。
- 回复评价。对买家的评价，卖家可以选择公开回复或私下回复，所有买家评价都是永久性的，卖家无法删除。
- 退单率。因质量问题、物流问题、客服问题引起的退单，卖家应尽量避免。
- 退款退货。商家都是默认接受 Wish 平台"100%保证买家满意"政策的，即接受"收货后 30 天无条件退换货"条款。
- 发货时间设置。订单发出后 Wish 平台会要求买家做出评价，评价系统为 5 星，5 星最高，1 星最低。Wish 平台会根据卖家设置的发货时间来判断买家是否收到货了，并向买家发出评价邀请。所以，卖家需要准确设置发货时间，否则可能买家还没收到货时就收到了系统发送的评价邀请。

12.3.5 平台费用

Wish 平台没有基础费用，平台按照每笔订单成交额的 15%收取佣金。例如，一件商品售价 20 美元，运费 3 美元，佣金是：（20+3）×15%=3.45 美元。

另外，使用 PayPal 收款的情况下，PayPal 会收取一定比例的手续费，这笔手续费是单独计算的，详细收费标准可参考 PayPal 官方网站。

第 13 章

Lazada 平台介绍

学习目标：

- 了解 Lazada 平台概况
- 熟悉卖家注册流程
- 理解订单管理和卖家评级的关系
- 掌握平台的物流规则
- 了解平台的禁限售规则
- 熟知平台主要促销活动

13.1　Lazada 平台概况

Lazada 成立于 2012 年，平台在创建初期以自营为主，一年后逐渐向第三方卖家开放，转型成为电商平台，2014 年 5 月在新加坡设立总部。

2016 年，阿里巴巴集团投资 Lazada，成为该平台控股股东，Lazada 平台快速发展为东南亚地区最大的零售电商平台之一，覆盖印度尼西亚、马来西亚、菲律宾、新加坡、泰国和越南，目前销售约 3000 万种商品。Lazada 在韩国、英国、俄罗斯、中国香港等国家和地区都设有办事处。

Lazada 平台的类目涵盖汽配产品、生活用品、运动户外、婴幼儿产品、手表/太阳镜/珠宝、电视/音频/视频游戏/配件、媒体/音乐/书籍、时尚、玩具游戏、电脑、相机、手机及平板、旅行箱包、健康美容、家居生活、家用电器共 16 大类。

13.2　Lazada 平台运营

13.2.1　卖家注册

跨国卖家注册 Lazada 平台后，将在马来西亚站点首先开始销售，然后扩大到其他国家，如印度尼西亚、泰国、新加坡和菲律宾。卖家注册步骤如下。

1）申请表格：在 Lazada 平台填写申请表格，并上传有效的营业执照扫描件，在线签署电子协议。

2）激活卖家中心：卖家会收到题为"Registration for Seller Center"的邮件，重设密码并激活卖家中心账户。

3）参加培训：卖家收到题为"Get trained and pass the test"的邮件，可选择参加"线上真人入驻培训"或"自行观看入驻视频和课件"，并通过入驻考试，入驻考试达到 85 分为通过。

4）Payoneer 注册对接：卖家收到题为"Sign up to Payoneer to get paid"的邮件，按要求提供文件并注册 Payoneer 第三方支付账户。

5）1 个 SKU 通过审核：卖家收到题为"Upload your first SKUs"的邮件，按要求上传 SKU 到卖家中心，至少有 1 个通过审核（审核通常需要 3 个工作日）。

13.2.2　商品图片

为了保证上传商品图片的质量，卖家需要注意以下几个方面。

- 图片背景：所有类别的商品均可使用非纯白背景，允许图片内含有生活场景、多场景和模特。
- 商品所占画布比例：允许商品所占画布比例低于80%。
- 图片中的Logo、水印、文字：允许图片中有Logo、水印、文字。
- 赠品模板：可使用任何赠品模板。
- 商品裁剪：允许商品非全貌，但必须保证商品的主要特征清晰可见。
- 反光、倒影：允许商品含有反光或倒影内容概览。

Lazada平台对商品图片尺寸和质量的要求详见表13-1。

表13-1 Lazada平台图片尺寸和质量

名 称	必 须	建 议
图片数量	至少上传1张商品照片	上传2~8张商品照片
图片大小和分辨率	1. 图片最小为500像素×500像素，最大为2000像素×2000像素。 2. 分辨率不低于72dpi。 3. 图片上的商品轮廓清晰，不可模糊、有噪点或像素化	1. 图片大小在850像素×850像素以上。 2. 使用1:1图片比例。 3. 商品需占据画布最长边80%或以上的比例。 4. 使用纯白色背景
商品视图	1. 商品主视图需清晰，不能被阻挡或覆盖。 2. 多种类、多角度和多颜色的商品可出现在同一张图片上，但实际售卖的商品及颜色需在名称或卖点中描述清楚。 3. 商品在包装之外展示，若未拆包装，需要展示清晰可见的商品图像。 4. 商品必须以正常的比例展示，不能比例失调	1. 展示商品主视图或30°角视图。 2. 图片经专业人士拍摄，展示商品全貌。 3. 商品上没有人物或其他物品倒影。 4. 保持商品清洁，没有灰尘或指纹。 5. 商品外表面和材质清晰展示
其他	1. 商品图须与商品内容相符。 2. 内衣、内裤、睡衣、泳装应考虑当地文化的敏感性，根据实际情况决定使用模特、人体模型或仅商品展示	图片没有水印、Logo、文字、图案

13.2.3 订单管理

1. 卖家评级

Lazada平台每周更新一次卖家评级，根据前一周的平均权重计算，以1~5星代表卖家评分总绩效。影响卖家评级的因素有三点：准时发货率及分拣中心准时到达率、取消订单率、退货率，如表13-2所示。

表13-2 影响卖家评级的因素

准时发货率及分拣中心准时到达率≥98%	取消订单率≤1%	退货率≤1%
在48小时内将订单状态更新成"Ready To Ship"的比率（不包含星期六、星期日及国家法定节假日），以及包裹在订单创建7个日历天内准时到达分拣中心的比率	卖家因为以下原因取消订单的比率：缺货、未及时发货、定价错误	因以下原因在7天内退货（相对于妥投订单）的比率：发错货品、发错内容、零部件缺失、货品损坏、质量差

Lazada 平台的卖家评级会影响店铺销量，评分低的卖家有每日订单限量的限制，即 OVL，OVL 初始值是 10 笔订单/天；当卖家评分高于 4 颗星时，有利于提高 OVL。

2．如何提升卖家评级

发生交易后要尽量避免取消订单，平台对订单取消有相应的惩罚措施。

Lazada 对于上一周取消订单率达到 50%及以上的卖家，要求店铺下线、卖家必须参加培训并提交行动计划，才能重新开店。在重新开店之前，卖家无法登录卖家中心。若被关店多次，账号将被冻结，Lazada 会降低卖家评级的每日订单限量。

订单被取消的主要原因有以下几种。

- 在收到订单后的 48 小时内，卖家未能将订单状态从"Pending"更新为"Ready To Ship"。
- 在收到订单后的 7 个日历天内，包裹未抵达分拣中心。
- 卖家因为库存不足，无货可发。
- 卖家因为定价错误，不肯发货。

Lazada 会针对订单取消的原因对卖家进行罚款，罚款金额如表 13-3 所示。

表 13-3　订单取消的情况及相应罚款

情　况	罚　款
卖家未能在 48 小时内将订单状态更新为"Ready to Ship"	5 美元/件商品
卖家未将订单状态更新为"Ready To Ship"，并自行在 48 小时内取消订单	2 美元/件商品
卖家在 48 小时将订单状态更新为"Ready To Ship"，但包裹未能在 7 个日历天内抵达分拣中心	5 美元/件商品
因为定价错误取消订单	5 美元/件商品

3．订单管理

避免订单取消的有效措施如下。

- 经常更新库存数据，确保店铺显示的库存是真实的。
- 及时发货，一定要在 48 小时内将订单状态更新为"Ready To Ship"。
- 商品定价要以当地货币定价，不要以美元或人民币定价。

Lazada 平台的订单管理需要注意以下几点。

- 不要合并订单发货。
- 如果收到订单后 48 小时内没有发货，即使系统内还未取消，也不要发货（之后会被取消）；已被取消的订单，不要发货。
- 买家付款方式为"No Payment"，若买家选择的是优惠券支付，这种情况请正常发货。
- 如果付款方式为 COD（现金支付），请不要发货，一定要联络香港合作伙伴支援中心。
- 务必从卖家中心打印 Invoice 和 LGS 物流标签，Invoice 随商品置于包裹内，LGS 物流标签贴在包裹上。

- 如果一笔订单下面的多件商品分开发货，即为拆单发货，必须使用不同包裹和不同物流标签发货。

查看订单和销售数据的方法是：单击"卖家中心"→"Analytics（数据）"→"Sales Report（销售报告）"→"Orders"或"Sales"，然后选择数据周期。可以任意选择周期进行对比，如图 13-1 所示。

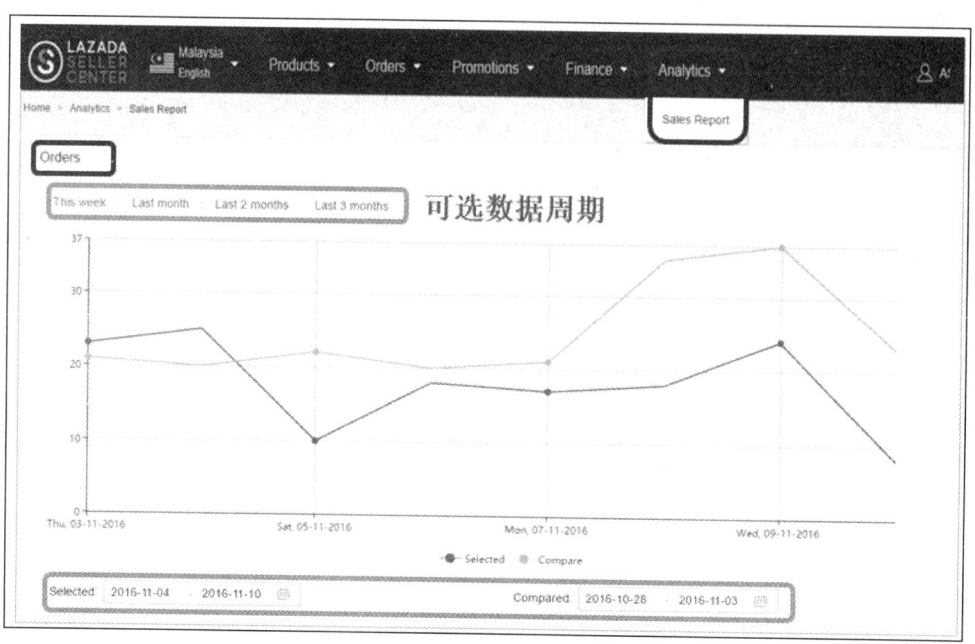

图 13-1　任意选择周期进行数据对比

查看订单状态的操作步骤如下。

1）订单创建成功，会显示在"Pending"（待处理）选项卡中。如图 13-2 所示为卖家后台订单管理界面的操作步骤。

2）必须在订单创建后的 48 小时内在"Pending"选项卡中单击"Ready to ship"（准备发货），将订单更新到"Ready to ship"选项卡。除非没有库存无法发货，否则不要单击"Cancel"。

3）在包裹运抵分拣中心并成功出货扫描的下一个工作日，系统会将订单更新到"Shipped"（运输中）选项卡，订单状态为"In Transit"（在途中）。

4）在包裹运抵目的地国家的物流中心后，系统会将订单状态更新为"Shipped"。

5）在"Shipped"选项卡中，请勿单击后面的"Delivery failed"，否则即便买家收到包裹，Lazada 也不会结算付款。

6）买家签收包裹后，订单根据物流信息自动更新到"Delivered"（妥投）选项卡。卖家中心的订单状态可能会延误 2 天才更新。

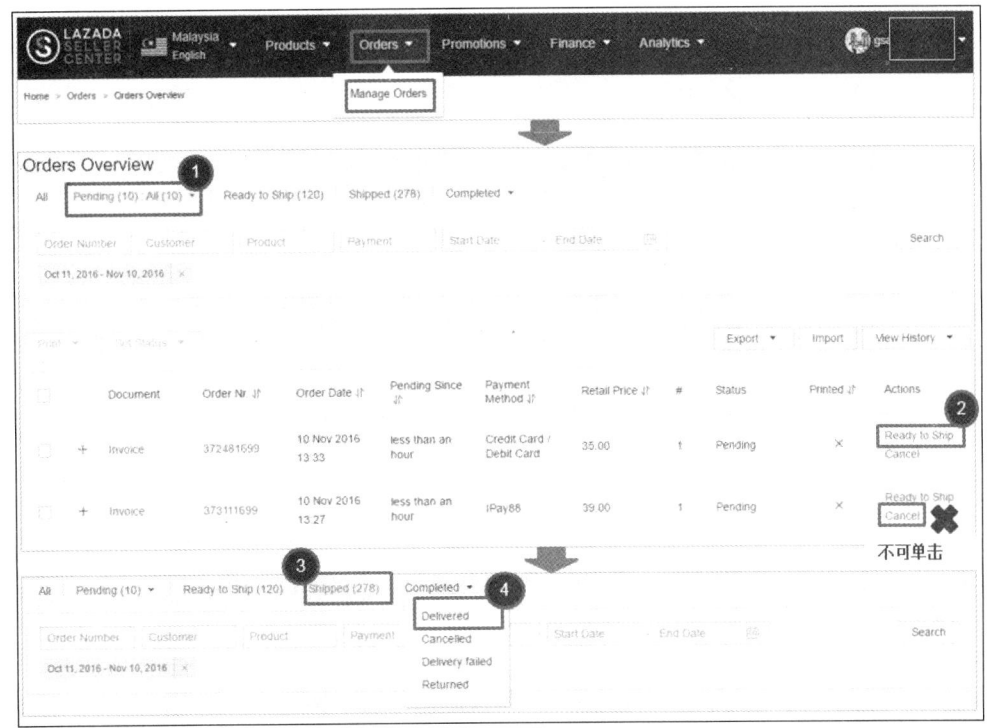

图 13-2　卖家后台订单管理界面

只要订单状态为"Shipped"，Lazada 就会启动 LGS 运费计算；只有订单状态为"Delivered"，Lazada 才会启动付款。

4．退货管理

Lazada 跨境卖家所售商品必须加入"100%消费者保护"退货政策保障。当买家收到的商品与承诺不符时，买家可以在 7 日内退货并获得全额退款。

在 Lazada 平台上经营的卖家不需要直接与买家进行沟通，卖家的客服工作统一由 Lazada 平台提供。卖家不需要配备懂得当地语言的客服，对于不符合退货条款的退货要求会被 Lazada 客服拒绝。

退货成立的订单，买家退回的货物统一寄到 Lazada 仓库，再由 Lazada 做质检并退还给卖家。

Lazada 在印度尼西亚和泰国设置了跨境中心，用来处理投递失败和退货后仍可继续销售的商品。商品在印度尼西亚或泰国停留的四个星期中，如果商品被重购，将直接从印度尼西亚或泰国当地寄送；如果在此期间并未出单，则按照一般退货程序退给卖家。

要查看退货记录，可在卖家中心单击"Orders"→"Manage Order"→"Completed Returned"→"Returned"。单击"Order Nr"（订单号），可以查看该订单的退货原因，如图 13-3 所示。

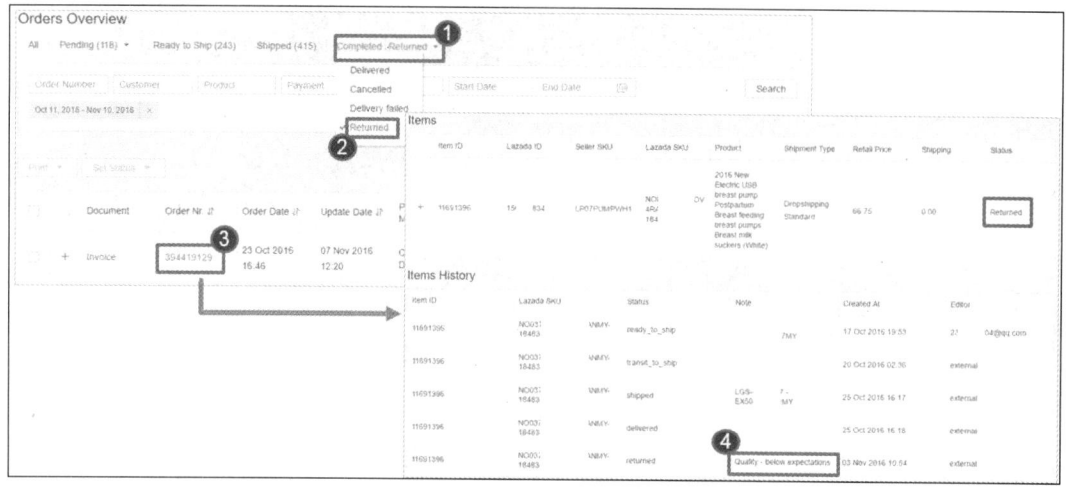

图 13-3 查看订单的退货原因

退货时如果出现以下情况,卖家可以向 Lazada 申请退货索赔:

- Lazada 平台未在 60 天内将货物退回至指定仓库(按照中国香港时间);
- 因 Lazada 平台错误执行而未收到货物(因具体问题而异);
- 商品价格高于 10 美元,但无法退回(换算为等值当地货币,商品价值为订单生成时的销售价格)。

13.2.4 Lazada 物流

LGS(Lazada Global Shipping)是 Lazada 平台提供的全球物流方案。中国卖家将包裹寄往国内的分拣中心,再由分拣中心统一送往东南亚。中国的三个分拣中心分别设在香港、深圳、义乌。中国卖家产生订单时,卖家应在 48 小时内将订单状态更新为"Ready to ship",并保证 7 天内将包裹送达分拣中心。

从包裹到达分拣中心到货物妥投需要 5~11 天,这段路程的物流由 Lazada 负责。派送不成功时,包裹会被退回到 Lazada 当地仓库,由 Lazada 当地仓库退回香港仓,包裹抵达香港仓后,卖家会收到退货通知,然后将包裹从香港仓退回卖家,如图 13-4 所示。

当买家退货时,包裹会被退回到 Lazada 当地仓库,由 Lazada 平台对商品进行质量检查,价值超过 10 美元的商品会被安排退给卖家,同样先抵达香港仓,然后退回卖家,如图 13-5 所示。

第 13 章　Lazada 平台介绍

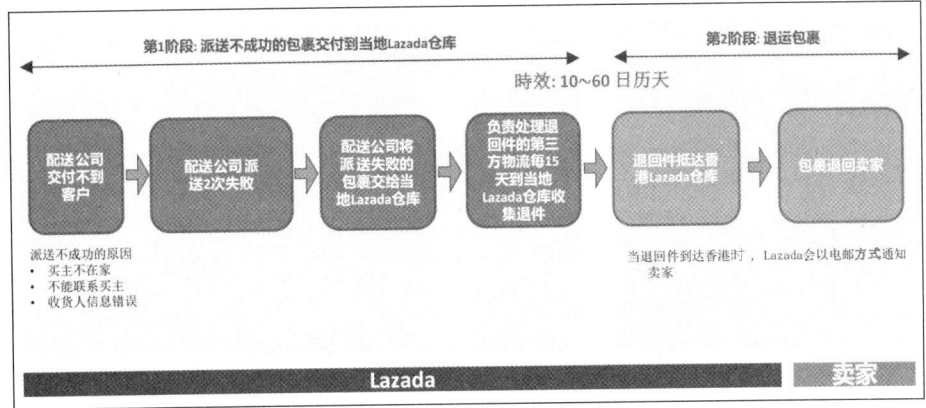

图 13-4　派送不成功的退货流程

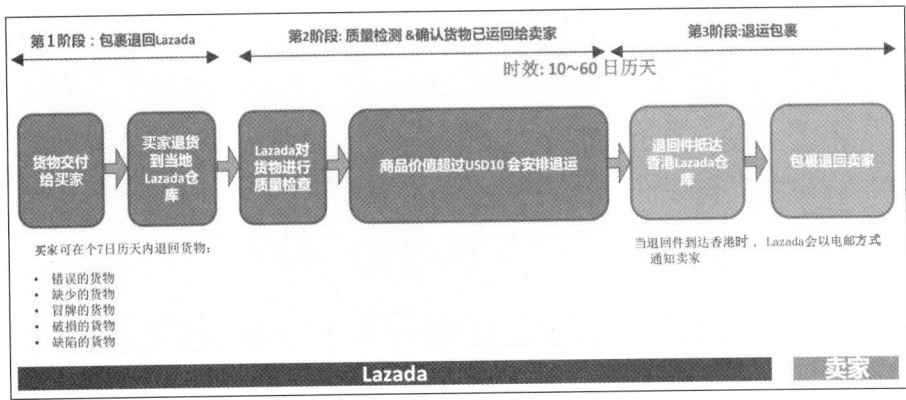

图 13-5　买家退货流程

13.2.5　Lazada 收付款

东南亚买家的银行付款方式尚不成熟，70%的用户没有传统的银行服务，一些信用卡渗透率低于 5%，Lazada 平台根据市场特点为买家提供以下付款方式。

- Cash on Delivery（现金）。
- Credit/Debit Card（信用卡/储蓄卡）。
- PayPal/AMEX（贝宝/美国运通）。
- MasterPass（万事达）。
- HelloPay（Lazada 推出的支付工具）。

Lazada 平台卖家必须使用 Payoneer 账号进行收款。Payoneer 是 Lazada 的付款方案，卖家需要绑定企业银行账户。

货物妥投后，Lazada 会每周向卖家提供财务报表，并按周付款到卖家的 Payoneer 账户。卖家可随时以当地货币提款到当地银行账户，款项处理过程需 1~3 个工作日。

273

13.2.6 Lazada 禁限售

1. 平台禁限售商品

Lazada 平台禁止销售的商品类别如下。

- 食品、食品补充剂、保健品,以及被列为国家特定禁售食品名单的。
- 电子通信设备。
- 毒品。
- 烟草、香烟和酒精。
- 医疗产品,包括传统药物和医疗设备。
- 武器,包括刀、枪、武器的任何组件、弹药、轮、墨盒、激光枪、指环、气体喷雾、防弹背心、腐蚀性物质和酸、核技术和大规模杀伤性武器。
- 烟花和炸药。
- 黄金首饰、铂金首饰和钻石。
- 成人出版物、货物、报纸、需要审查的电影和成人玩具。
- 煽动性的材料。
- 含危险原材料的儿童和婴儿用品及玩具包,更多细节请参阅 FDA 标准。
- 盗版或仿制的商品。
- 动物和植物。
- 护肤品、食品补充剂。
- 此外,不同的国家还有更具体的禁限售商品,比如新加坡禁售口香糖,卖家需要了解清楚。

2. 禁限售处罚

违反禁限售规则可能会受到以下处罚:

- 商品下架;
- 罚款;
- 限制卖家账户的交易活动;
- 账户冻结/所有商品下线;
- 提起法律诉讼;
- 报告相关司法机构。

13.3 促销活动

Lazada 平台的卖家可以在卖家中心页面看到活动介绍,并且提交要参加活动的商品,提交的商品由平台审核批准后可以正式参加。

获得审批通过的前提条件：

1）符合该活动对商品的特定要求；

2）价格有竞争力；

3）满足活动要求的库存。

Lazada 平台针对卖家的大型促销活动有以下几项：

- 2 月东南亚农历新年大促；
- 3 月 Lazada 周年庆；
- 6 月斋戒月活动；
- 7 月 Lazada 最佳品牌活动；
- 11~12 月年末大促，包括"双 11"和"双 12"大促。

电子工业出版社优秀跨境电商图书

阿里巴巴官方作品，速卖通宝典丛书（共8册）

书号：978-7-121-27562-3
定价：49.00元

书号：978-7-121-27620-0
定价：55.00元

书号：978-7-121-27679-8
定价：69.00元

书号：978-7-121-27678-1
定价：78.00元

书号：978-7-121-27677-4
定价：49.00元

书号：ISBN 978-7-121-32584-7
定价：89.80元

书号：ISBN 978-7-121-32582-3
定价：59.00元

书号：ISBN 978-7-121-32583-0
定价：59.00元

跨境电商图书兄弟篇

跨境电商基础、策略与实战
ISBN 978-7-121-28044-3
定价：59.00元
出版日期：2016年3月
阿里巴巴商学院 组织编写
柯丽敏 王怀周 编著
主要内容：进口出口外贸跨境电商教程，配有PPT课件。

跨境电商多平台运营（第2版）——实战基础
ISBN 978-7-121-31412-4
定价：69.00元
出版日期：2017年6月
易传识网络科技 主编 丁晖 等编著
主要内容：速卖通、Amazon、eBay、Wish和Lazada五大平台运营攻略。
畅销教程全新升级，兼顾跨境电商从业者与院校学员，提供PPT支持。

跨境电商——阿里巴巴速卖通宝典（第2版）
ISBN 978-7-121-26388-0
定价：79.00元
出版日期：2015年7月
速卖通大学 编著
主要内容：阿里巴巴速卖通运营。
阿里巴巴官方跨境电商B2C权威力作！
第2版全新升级！持续热销！

亚马逊跨境电商运营宝典
ISBN 978-7-121-34285-1
定价：69.00元
出版日期：2018年6月
老魏 著
作者拥有12年外贸和跨境电商从业经历，助你系统解决亚马逊运营痛点。

阿里巴巴国际站"百城千校·百万英才" **跨境电商人才认证配套教程**　　教程与PPT咨询，请致电编辑：010-88254045

从0开始 跨境电商实训教程
阿里巴巴（中国）网络技术有限公司 编著
ISBN 978-7-121-28729-5
适用于一切需要"从零开始"的跨境电商企业从业人员和院校学员！

跨境电商B2B 立体化实战教程
阿里巴巴（中国）网络技术有限公司
浙江商业职业技术学院 编著
ISBN 978-7-121-35828-9
图书+PPT课件+在线视频学习资源
+跨境电子商务师认证